本书为四川大学2035先导计划.文明互鉴.中华续道藏编纂与儒释道融通研究方向（项目编号：2035xd-03）的研究成果

蜀学文库·巴蜀学案

张栻学案

申圣超 著

中国社会科学出版社

图书在版编目（CIP）数据

张栻学案/申圣超著.—北京：中国社会科学出版社，2024.3
（蜀学文库·巴蜀学案）
ISBN 978-7-5227-3281-7

Ⅰ.①张… Ⅱ.①申… Ⅲ.①张栻(1133-1180)—哲学思想—研究 Ⅳ.①B244.995

中国国家版本馆 CIP 数据核字(2024)第 053882 号

出 版 人	赵剑英
责任编辑	郝玉明
责任校对	谢　静
责任印制	王　超

出　　版	中国社会科学出版社
社　　址	北京鼓楼西大街甲 158 号
邮　　编	100720
网　　址	http://www.csspw.cn
发 行 部	010-84083685
门 市 部	010-84029450
经　　销	新华书店及其他书店

印　　刷	北京君升印刷有限公司
装　　订	廊坊市广阳区广增装订厂
版　　次	2024 年 3 月第 1 版
印　　次	2024 年 3 月第 1 次印刷

开　　本	710×1000　1/16
印　　张	15.5
字　　数	249 千字
定　　价	78.00 元

凡购买中国社会科学出版社图书，如有质量问题请与本社营销中心联系调换
电话：010-84083683
版权所有　侵权必究

《蜀学文库》编委会

学术顾问(按姓氏笔画排序):

  王中江 朱汉民 刘学智 杜泽逊 李存山 李晨阳
  李景林 吴 光 张新民 陈 来 陈祖武 陈 静
  单 纯 郭齐勇 景海峰 廖名春

编 委 会(按姓氏笔画排序):

  王小红 王智勇 王瑞来 尹 波 刘复生 杨世文
  吴洪泽 张茂泽 郭 齐 黄开国 彭 华 粟品孝
  舒大刚 蔡方鹿

主 编：舒大刚

总　　序

　　岷山巍巍，上应井络；蜀学绵绵，下亲坤维。

　　蚕丛与鱼凫，开国何茫然？《山经》及《禹记》，叙事多奇幻。往事渺渺，缙绅先生难言；先哲谭谭，青衿后学乐道。班孟坚谓："巴蜀文章，冠于天下。"谢莤庵言："蜀之有学，先于中原。"言似夸诞，必有由焉。若乎三皇开运，神妙契乎天地人；五主继轨，悠久毗于夏商周。天皇地皇人皇，是谓三皇；青赤白黑黄帝，兹为五帝。三才合一，上契广都神坛；五行生克，下符《洪范》八政。

　　禹兴西羌，生于广柔，卑彼宫室，而尽力于沟洫；菲吾饮食，而致孝乎鬼神。顺天因地以定农本，报恩重始而兴孝道。复得河图演《连山》，三易因之肇始；又因洛书著《洪范》，九畴于焉成列。夏后世室，以奠明堂之制；禹会涂山，乃创一统之规。是故箕子陈治，首著崇伯；孔子述孝，无间大禹。

　　若乎三星神树，明寓十日秘历；金沙赤乌，已兆四时大法。苌弘碧珠，曾膺仲尼乐问；尸佼流放，尝启商君利源。及乎文翁化蜀，首立学校，建国君民，教学为先；治郡牧民，德礼莫后。蜀士鳞比，学于京藩；儒风浩荡，齐鲁比肩。七经律令，首先畅行蜀滇；六艺诗骚，同化播于巴黔。相如、子云，辉映汉家赋坛；车官、锦官，衣食住行居半。君平市隐，《老子指归》遂书；儒道兼融，道德仁义礼备。往圣述作，孔裁六艺经传；后贤续撰，雄制《太玄》《法言》。"伏牺之易，老子之无，孔子之元"，偕"扬雄之玄"以成四教；"志道据德，依仁由义，冠礼佩乐"，兼"形上形下"而铸五德。落下主《太初》之历，庄遵衍浑天之说。六略四部，不乏蜀人之文；八士四义，半膺国士之选。涣涣乎，文章冠冕天下；济济焉，人材充盈河汉。

自是厥后，蜀学统序不断，文脉渊源赓连。两汉鼎盛，可谓灵光鲁殿；魏晋弘宣，堪比稷下学园。隋唐五代，异军突起；天下诗人，胥皆入蜀。两宋呈高峰之状，三学数蜀洛及闽。蒙元兵燹，啼血西川；巴蜀学脉，续衍东南。明有升庵，足以振耻；清得张（问陶）李（调元），可堪不觑。洎乎晚清民国，文风丕振，教泽广宣。玉垒浮云，变幻古今星汉；锦江风雨，再续中西学缘。尊经存古，领袖群伦；中体西用，导引桅帆。于是乎诵经之声盈耳，文章之美绍先。蜀学七期三峰，无愧华章；蜀勒六经七传，播名国典。

蜀之人才不愧于殊方，蜀之文献称雄于震旦。言经艺则有"易学在蜀"之誉，言史册而有"莫隆于蜀"之称，言文章则赞其"冠于天下"，言术数则号曰"天数在蜀"。人才不世出，而曰"出则杰出"；名媛不常有，犹称"蜀出才妇"。至若文有相如、子瞻，诗有太白、船山，历有落下、思训，易有资中、梁山，史有承祚、心传，书有东坡、菑庵，画有文同、大千。博物君子，莫如李石、杨慎；义理哲思，当数子云、南轩。开新则有六译、槐轩，守文则如了翁、调元，宏通有若文通、君毅，讲学则如子休、正元。方技术数，必举慎微、九韶；道德文章，莫忘昌衡、张澜。才士尤数东坡、升庵，才女无愧文君、花蕊，世遂谓"无学不有蜀，无蜀不成学"矣！宋人所谓"蜀学之盛，冠天下而垂无穷"云云者，亦有以哉！

蜀之经籍无虑万千，蜀之成就充斥简编。石室、礼殿，立我精神家园；蜀刻石经，示彼经籍典范。三皇五帝，别中原自为一篇；道德仁义，合礼乐以裨五典。谈天究玄妙之道，淑世著实效之验。显微无间，体用一源。

至乎身毒偎人爱人，已见《山经》；佛法北道南道，并名《丹铅》。蜀士南航，求佛法于瀛寰；玄奘西来，受具足于慈殿。若夫蜀人一匹马，踏杀天下；禅门千家宗，于兹为大。开宝首雕，爰成大藏之经；圭峰破山，肇启独门之宗。菩萨在蜀，此说佛者不可不知也。

至若神农入川，本草于焉始备；黄帝问疾，岐伯推为医祖。涯涯水浃，云隐涪翁奇技；莽莽山峦，雾锁药王仙迹。经效产宝，首创始于昝殷；政和证类，卒收功乎时珍。峨眉女医，发明人工种痘；天回汉简，重见扁鹊遗篇。雷神火神，既各呈其神通；川药蜀医，遂称名乎海外矣。

又有客于此者，亦立不世之名，而得终身之缘。老子归隐青羊之肆，张陵学道鹤鸣之山；女皇降诞于广元，永叔复生乎左绵；司马砸缸以著少年之奇，濂溪识图而结先天之缘。横渠侍父于涪，少成民胞物与之性；蠋叟随亲诞蜀，得近尊道贵德之染。是皆学于蜀者大，入于蜀者远也。

系曰：巴山高兮蜀水远，蜀有学兮自渊源。肇开郡学兮启儒教，化育万世兮德音宣。我所思兮在古贤，欲往从之兮道阻艰。仰弥高兮钻弥坚，候人猗兮思绵绵。

舒大刚

目 录

研究缘起与综述 …………………………………………………（1）

第一章　生平事迹 ………………………………………………（9）

第二章　著述考录 ………………………………………………（16）

第三章　学术源流 ………………………………………………（22）
    第一节　家学 …………………………………………………（22）
    第二节　师承 …………………………………………………（23）
    第三节　交游 …………………………………………………（23）

第四章　学术要旨 ………………………………………………（28）
    第一节　觉心悟性的易学观 …………………………………（28）
    第二节　居敬穷理的修养论 …………………………………（30）
    第三节　知行互发的认识论 …………………………………（31）
    第四节　心主性情的心性论 …………………………………（32）
    第五节　性善情恶的人性论 …………………………………（33）
    第六节　察识涵养相须并进的工夫论 ………………………（34）
    第七节　重理贵义的孝道观 …………………………………（35）

第五章　论著辑评 ………………………………………………（46）
    第一节　经学 …………………………………………………（46）

第二节　史学 …………………………………………………（72）
　第三节　文学 …………………………………………………（81）

附　录 ……………………………………………………………（93）
　附录一　张栻传记资料汇编 …………………………………（93）
　附录二　张栻著述序跋汇编 …………………………………（115）
　附录三　张浚传记资料汇编 …………………………………（128）
　附录四　张浚著述序跋汇编 …………………………………（224）

参考文献 …………………………………………………………（231）

研究缘起与综述

一 研究缘起

理学名儒张栻（1133—1180），南宋初期学者、教育家。孝宗乾道元年，主管岳麓书院教事，从学者达数千人，初步奠定了湖湘学派的规模。其学自成一派，与朱熹、吕祖谦鼎立，为"一代学者宗师"（陈亮语），时称"东南三贤"。孝宗淳熙七年（1180）去世，谥曰宣，后世又称张宣公。其事迹《宋史》《宋元学案》等有载。张栻现存的著作主要有：《南轩易说》三卷、《南轩太极图解》、《论语说》三卷、《孟子说》七卷、《诸葛武侯传》一卷、《伊川粹言》二卷、《南轩先生文集》四十四卷、《南岳倡酬集》一卷附录一卷等。已佚的有：《书说》、《诗说》、《中庸解》、《通鉴论笃》三卷、《经世纪年》二卷、《南轩奏议》十卷、《南轩语录》十二卷、《希颜录》一卷附录一卷、《南轩先生问答》四卷、《四家礼范》五卷、《洙泗言仁说》、《张宣公帖》四卷等。张栻流传下来的作品被四川大学古籍整理研究所杨世文先生整理成《张栻集》。

张栻的学术思想在湘学、蜀学和闽学中皆产生了重要影响。为了再现张栻学术思想发展的真实面貌，本书以张栻为中心，进行学案体研究，系统梳理其学术传承与交往，深入挖掘其学术思想与价值。

二 研究综述

作为二程的四传弟子，张栻在理学南传及湖湘学派的形成过程中皆起到了关键作用。但由于种种原因，张栻在学术界并没有受到应有的重视，不过自20世纪80年代以来，这种状况有所改变。为了更好地研究张栻思想及其学说发展等相关问题，首先需要对已有的研究成果进行整理与分析。从已收集的文献资料来看，主要有以下方面内容。

对张栻及其相关文献资料的收集、整理与考证。蔡东洲等刊登在《中华文化论坛》上的三篇文章《张栻后代辨析》《绵竹张栻祖墓的历史考察》《关于张栻祖墓碑的重建》分别对张栻"有后""无后"、《武都居士墓铭》和《宋贤良张公碑》、张栻祖墓等相关问题进行了考证分析，这对研究张栻及家族核心成员张纮、张咸乃至整个家族都有重要的文献价值。杨世文、粟品孝先生先后在《濂溪周元公全集》中发现了较为完善的《太极解义》，为学界的相关研究提供了新的文献资料。杨世文先生还对张栻"诗说""易说"的佚文进行了辑录，以窥探其概貌。有关张栻作品的整理目前最为权威的版本当数杨世文先生点校的《张栻集》，该书广校宋、明、清各种版本，吸收其精华，附人名索引、传记序跋资料、引用书目，是研究宋代思想文化的珍贵资料，对研究中华传统文化亦有重要的参考价值。

易学思想。舒大刚先生等指出，张栻《南轩易说》补续《程传》。[1] 金生杨亦认为，张栻继承张浚易学之传，又师承胡宏而集湖湘学之大成。他重义理而不废象数，而尤重《系辞》，主张觉心悟性，于言意之表识《易》，进一步发扬二程学说。其《系辞》以下注文，一度被当作程颐《易传》的补充。[2]

本体论。陈谷嘉先生认为，张栻构制了一个以太极、性、理和心等为基本范畴的具有层次性的本体论逻辑结构体系[3]，其中重点阐述了以"性"为本体的道德学说。他指出，张栻以性本论为基础，始终以人道为出发点，由人道而及天道，从而构成了以伦理为本位的湖湘学派理学思想的特色。[4] 郭齐先生指出，张栻受胡宏性本体论的影响，但并未亦步亦趋，而是通过对胡宏太极范畴的改造，克服其理论缺陷，使其性本体论向二程靠拢。[5]

心性论。李文在评蔡方鹿先生《一代学者宗师：张栻及其哲学》时

---

[1] 参见舒大刚、李冬梅《巴蜀易学源流考》，《周易研究》2011年第4期。
[2] 参见金生杨《巴蜀易学与中国学术的转型》，《周易文化研究》2014年第6辑。
[3] 参见陈谷嘉《论张栻本体论的逻辑结构体系》，《孔子研究》1988年第4期。
[4] 参见陈谷嘉《论张栻以"性"为本体的道德学说》，《求索》1990年第3期。
[5] 参见郭齐《胡宏性本体论对张栻的影响》，《船山学刊》2014年第1期。

指出，蔡方鹿先生通过分析比较，提出张栻心性论承续了孟子以来董仲舒、邵雍、二程等人思想，又有所变通。在宇宙本源上，将客观精神的"性""理"与主观精神的"心"并列。张栻将"性""心"并列，并非简单地将宇宙客观绝对与人的主观精神混淆为一，而是有着相互制约、补充的意义在内的。即：一方面，"心"无"性""理"则不成方圆，失去了道德判断的客观标准；另一方面，"性""理"又必须依靠"心"这一人类主观认识能力去表现、外化自己，使抽象观念转化成现实的思想、行为。从某种意义上看，后一方面更具现实性。这就是"心主性情""心以成性"，即以人心这个认识主体，通过认识天地万物而最终体现作为宇宙、社会之理的"性"。[1]

工夫论。王丽梅指出，张栻的工夫论是其理学思想的一个重要内容，也是歧义最大、最易被忽视的部分。研究者或站在胡宏的观点和立场，或从朱熹的价值与视域等来看待和理解张栻的思想，很少有人从张栻自身的观点和立场出发，客观而独立地探讨张栻工夫论的内涵及其意义。因此，主张全面、动态地考察张栻的工夫论。经研究认为，张栻的工夫论是一个完整的、相续的动态系统。[2]

实学思想。蔡方鹿先生指出，张栻在对佛老的批判中，提出经世致用和求实、求理的实学思想，强调道德性命离不开日用实际，重躬行践履，主张把义理与训诂相结合，并且对湘蜀文化进行了沟通[3]，这对现代社会纠正不良风气有一定的启示和借鉴意义。[4]

对待佛教的态度。一些学者认为，张栻对佛教持批判态度。如刘学智先生指出，张栻从立本虚实、心性与理欲以及修养工夫等方面，深入辨析儒佛之异，尽力去划清儒学与佛教"异端"在本体论、心性论和修养工夫论等方面的思想界限。[5] 蔡方鹿先生亦认为，张栻对佛教进行批

---

[1] 参见李文《评蔡方鹿〈张栻及其哲学〉》，《文史杂志》1992年第6期。
[2] 参见王丽梅《"己丑之悟"新考：张栻晚期工夫论》，《求索》2006年第4期。
[3] 参见蔡方鹿《张栻、魏了翁的实学思想及对湘蜀文化的沟通》，《湖南大学学报》（社会科学版）2005年第1期。
[4] 参见蔡方鹿《张栻的经世致用思想探讨》，《船山学刊》2014年第1期。
[5] 参见刘学智《张栻"儒佛之辨"刍议》，《湖南大学学报》（社会科学版）2014年第1期。

判，指出佛教理论虚妄不真，目的在于维护儒家正统学说。[①] 王煜指出，张栻告诫自己毋陷溺于枯木禅云，认为佛家的"舍离"违反中庸之道。[②] 李承贵先生则评价说，张栻存在对佛教误读的情形。[③]

政治思想。张栻主张内圣外王、修德立政，德本刑辅、先教后刑，勤政爱民、整肃吏治[④]，这对当代社会有积极的借鉴意义。对于君臣关系，他恪守三纲五常、忠于君主、劝君治国，使君臣关系达到一种相对"和谐"的状态。[⑤]

孝道思想。张栻是一位发展较为全面的学者，他的价值似乎不仅仅局限于"理学"和"湖湘学"上，如在孝道方面，他"忠孝传家，世生贤达"，"仁以孝悌为本，孝以爱敬为实"，"教育以明伦为本，明伦以教孝为先"和"政治以励俗为本，劝俗以孝悌为要"。[⑥]

教育思想。张栻将道德教育融入教育中，根据人性本善、通过学习可以复善的原理，提出"传道济民"的教育宗旨，以匡正科举追名逐利之失。[⑦] 张栻强调教育要服从、服务于统治者政治的需要，主张以理治国，突出教育对实现良好社会风气及富民的重要作用。他以儒家经典和天下万事万物作为学习的主要内容，采取阅读与思考、博学与简约、讲授与问答相结合的教学方法，对今天教学实践与教育改革有重要的启示意义。[⑧] 张栻十分重视人才，提出"学而至圣"，注重学思并重，主张"下学"与"上达"相结合。这些都对岳麓书院在当时的兴盛起到了积极的推动作用。

文学思想。宁淑华对张栻的文学作品进行了较为系统的分析，指出，张栻的文学思想包括理学家的文道观和教育家的文学观。其文学作品主

[①] 参见蔡方鹿《张栻"异端"观研究》，《湖南大学学报》（社会科学版）2014年第1期。
[②] 参见王煜《胡宏、张栻与魏了翁对佛教的批判》，《湖南大学社会科学学报》1992年第1期。
[③] 参见李承贵《张栻佛教观探微》，《四川师范大学学报》（社会科学版）2007年第3期。
[④] 参见何英旋、吕锡琛《论张栻德治思想》，《船山学刊》2008年第2期。
[⑤] 参见张连勇《张栻君臣关系之窥探》，《衡水学院学报》2012年第6期。
[⑥] 舒大刚：《南轩"孝悌"学案》，《宋代文化研究》2014年第21辑。
[⑦] 参见朱人求《南宋书院教化与道学社会化适应——以朱熹为中心的分析》，《孔子研究》2010年第2期。
[⑧] 参见王丽梅《论张栻的教育思想》，《江苏社会科学》2006年第S1期。

要包括明修攘之计、修儒者之政、论尚实重行之学、规友尚诚、品评作育人才；其艺术特色包括知道而健于文、文风和平含蓄、骈文工整流利；其诗歌山水清景有辋川遗韵、送和唱酬得靖节风味。① 周君燕认为，张栻的辞赋作品在主题上有共同的特征，即传达对理学观念的文学阐释；其艺术风格是以理节情、崇尚议论。② 王利民、陶文鹏以张栻《后杞菊赋》《遂初堂赋》《风雩亭词》为例，揭示其辞赋的哲理内涵。③ 张栻在诗歌创作上，提出了"学者之诗"与"诗人之诗"的区别，主张"不可直说破""婉而成章"的诗风。④ 他要求诗歌应在"贯道明理"的基础上，表现出诗人"兼济天下"之志，雅正、无邪。他的理气诗风格平实而又不失高远，将"哲学诗化"，继承、发展了邵雍的理气诗，影响了后代的理学诗人。⑤

四书学。张栻对《论语》进行了创造性的阐释，表现出专注于阐发义理、追求义理连贯和意义圆通的特色。同时将理学观念融于《论语》，赋予《论语》以鲜明的理学色彩。⑥ 作为张栻思想成熟时期的代表作，《论语解》将哲学诠释与经学诠释结合起来，在继承和发展二程思想的基础上，提出了较为系统、完整的理学思想体系，丰富并发展了中国哲学。⑦《孟子说》则是张栻晚期的代表作，它在义利之辨、王霸之辩、心性论等方面皆有创获。⑧

与其他学者的关系。（1）与王十朋。王十朋曾举荐过张栻，而在张栻眼中，王十朋也是一身正气、刚言直谏的前辈。对于王十朋的离世，张栻亦有诗文表达祭奠之情。⑨（2）与杨万里。杨万里论儒家六经，皆以

---

① 参见宁淑华《南宋湖湘学派的文学研究》，博士学位论文，福建师范大学，2009 年，第 161—211 页。
② 参见周君燕《论张栻的辞赋创作》，《齐齐哈尔大学学报》（哲学社会科学版）2014 年第 1 期。
③ 参见王利民、陶文鹏《杞菊之眷·遂初之求·舞雩之风》，《船山学刊》2009 年第 2 期。
④ 参见叶文举《张栻的〈诗经〉研究及其诗学思想》，《船山学刊》2014 年第 3 期。
⑤ 参见冯伟《张南轩理气诗论》，《中国韵文学刊》2003 年第 1 期。
⑥ 参见肖永明《张栻〈论语解〉的学风旨趣与思想意蕴》，《湖南大学学报》（社会科学版）2011 年第 5 期。
⑦ 参见唐明贵《张栻〈论语解〉的理学特色》，《哲学动态》2010 年第 8 期。
⑧ 参见何兆泉、胡晓静《张栻〈孟子说〉及其思想探析》，《求索》2011 年第 6 期。
⑨ 参见姜锡东、周云逸《论王十朋对南宋理学家的影响》，《浙江学刊》2013 年第 2 期。

贴近百姓日用常行为特色，这种解经以致用的致思方向与其求学于张浚、友于南轩，得湖湘学之精神是有重要关系的。①（3）与周必大。周必大因与张栻之父张浚同事孝宗而得以结识张栻，其后两人私交甚笃，经常讨论学术问题。如"知则无不能行""假先儒以济其私"等问题。②余英时先生认为，周必大和孝宗时代四大理学宗师（朱熹、张栻、吕祖谦、陆九渊）在学术思想上互相尊重，在政治上更是彼此支持。③（4）与胡宏。张栻早期对胡宏思想的传承主要体现在：存养为工夫之本、以仁为心、性之善恶三个方面，后期对其学术观点进行调整，即以二程的心性论与胡宏的工夫论相融合，从而形成融蜀学、洛学、湖湘学于一体的南轩之学。④（5）与朱熹。二人有共同的学术渊源，皆由二程之学而来。张栻与朱熹多次会面，并讨论"先察识、后涵养"和"未发已发"等问题。⑤"南轩与朱子为友，而立说不苟同。"（《南轩易说跋》）二人的学术思想互为影响。（6）与吕祖谦。二人在学术渊源上，有同门之谊。张栻曾师从胡宏，而吕祖谦之师胡宪是胡宏的堂兄弟。宋孝宗乾道五年（1169），吕祖谦和张栻皆在严州任职。在张栻的支持下，吕祖谦大力整顿严州书院，精心制定了一套学规。次年，二人先后被召回，再度在朝廷共事，时常相与讨论。张栻病逝后，吕祖谦亦身染恶疾，但仍在病榻上为张栻写下了祭文。⑥

评价。朱熹评价张栻说："论道于家而四方学者争相往之。其学之所就，既足以名于一世。"（《南轩文集序》）晏建怀在《张栻不仅仅是一位思想家》中指出，张栻不仅仅是一位思想家，他还直言朝政、力主抗金，革除弊政、经世济民等，其文化影响和历史地位是许多位宋孝宗叠加在一起都无法比肩的。

地位和影响。张栻的思想不仅影响了湖湘文化的发展⑦，对蜀学、闽

---

① 参见郑晓江、肖义巡《论杨万里的儒学思想》，《南昌大学学报》（人文社会科学版）2005年第2期。
② 参见邹锦良《"知行"之辩：周必大与张栻的学术交谊考论》，《孔子研究》2013年第4期。
③ 转引自邹锦良《南宋文化视野下的周必大研究》，《孔子研究》2014年第6期。
④ 参见钟雅琼《张栻胡宏思想的传承及调整》，《孔子研究》2014年第3期。
⑤ 参见张琴《胡宏与朱熹关于〈中庸〉心性思想之分歧》，《求索》2010年第9期。
⑥ 参见吴莺莺《南宋理学三贤：朱熹、张栻与吕祖谦》，《朱子学刊》2009年第19辑。
⑦ 参见陈谷嘉《论张栻本体论的逻辑结构体系》，《孔子研究》1988年第4期。

学的发展也产生了重要影响①。首先，他创立的理学及哲学体系，对宋明理学的儒家道德本体论等的建立和完善作出了独特的贡献，其道德哲学对后世儒学思想亦有深远影响。其次，张栻在师承胡宏等人思想的基础上，确立了湖湘学派的基本理论和学术地位，培养了大批弟子，促进了湖湘学和湖湘文化的发展。再次，对宋代蜀学和巴蜀文化的发展有重要影响。最后，他的本体论、心性论、道德涵养论等对闽学的影响很大，尤以对朱熹的影响最突出。② 如张栻"先察识后涵养"和"未发已发"对朱熹早期心性论产生了重要影响；"己丑之悟"以后朱熹与张栻辩难，最终二人提出了察识和涵养并进的工夫论和各自心性论的纲领和核心——"心主性情"和"心统性情"，朱熹在张栻影响下建构起较为完备的心性论的体系。③

意义与当代价值。第一，张栻思想集众家之长的特点，有利于打破门户之见，促进学术的发展；第二，张栻的重民思想、爱国主义精神对弘扬中华民族的优良传统具有重要意义；第三，张栻重躬行践履、知行统一的思想，有利于促进理论与实践相结合；第四，张栻的治学方法和教学论及其所倡导的自由讲学、相互辩难的学风，值得后人吸取。第五，张栻重视道德教化，批判封建迷信，反对封建买卖婚姻和拐卖妇女的思想对当前精神文明建设具有一定的借鉴意义。④ 此外，以张栻为代表的湖湘学派以心性哲学为基础、以经世致用为目的，对后世学术、军政等人才的培养有重要意义。⑤

此外，程元敏的《张栻〈洙泗言仁〉编的源委》、蒋励材的《醇儒张南轩的湘学》等对张栻及其思想进行了研究。哲学史类著作，如台湾学生书局出版的罗光的《中国哲学思想史》（宋代篇）、陈荣捷的《朱学论集》、钱穆的《朱子新学案》（第三册）等部分章节中有对张栻、张栻与朱熹论学等相关问题的阐述。另外，林尹、高明主编的《中文大辞

---

① 参见蔡方鹿《首届张栻学术讨论会综述》，《哲学研究》1991年第12期。
② 参见陶亚舒《首届张栻学术讨论会述要》，《孔子研究》1992年第2期。
③ 参见张卉《张栻对朱熹心性论的影响》，《四川师范大学学报》（社会科学版）2013年第6期。
④ 参见蔡方鹿《首届张栻学术讨论会综述》，《哲学研究》1991年第12期。
⑤ 参见王立新《湖湘学派与核心湖湘文化》，《湘潭大学社会科学学报》2003年第1期。

典》、罗光的《中国哲学思想史》（宋代篇）、钱穆的《宋明理学概述》中均涉及湖湘学派的源流。如《中文大辞典》认为，湖湘学派是指，宋代胡宏、张栻、胡大时、胡大原等所成学派，与朱熹之说相左。罗光认为，湘学的第一人为胡安国，继起的是其子胡寅、胡宏，发扬光大的则是张栻。① 湘学在当时称为盛，因胡氏和张氏都是两大家，父子兄弟都是学者，胡安国、胡寅、胡宏为一大家，张浚、张栻、张构、张忠恕、张洽、张庶为一家，当时从张栻授业者多人。② 钱穆指出，南渡以后，洛学传统有两大派。一传自杨时，其后有朱熹，称闽学。一传自胡安国、胡宏父子。宏有大弟子张栻，称湖湘之学。③

美国学者田浩先生指出，岳麓书院的湖湘学在张栻主教书院期间曾达到顶峰，但1194年朱熹重返长沙、兴学岳麓时，岳麓书院的学术风向开始有所变化，呈现出融合朱熹学派的道学的趋势。④

从所收集到的文献资料来看，有关张栻研究的专著主要有：何尊沛的《张浚 张栻》（1986），陈谷嘉的《张栻与湖湘学派研究》（1991），蔡方鹿的《一代学者宗师——张栻及其哲学》（1991）等。除此之外，中国哲学史、思想史如侯外庐等主编的《宋明理学史》、张立文主编的《道》《气》、粟品孝的《朱熹与宋代蜀学》、李仁群的《道家与中国哲学》、美国学者田浩的《朱熹的思维世界》等著作中有涉及张栻的相关内容；黄尚毅等的《民国绵竹县志》、傅增湘的《宋代蜀文辑存》、许肇鼎的《宋代蜀人著作存佚录》等介绍了张栻及相关著作的存佚情况。另外，有期刊论文和学位论文中涉及张栻的易学、经学、政治、教育、伦理、文学等思想。总的来说，自20世纪80年代以来，有关张栻的研究呈上升趋势。相关论著、论文逐渐增多，研究相对系统，范围较广，但成果依然有限，尤其中国港台地区及国外学术界的研究成果相对较少。总之，有关张栻及其思想的研究还有待进一步推进。

---

① 参见罗光《中国哲学思想史》（宋代篇），台北：台湾学生书局1984年版，第563页。
② 参见罗光《中国哲学思想史》（宋代篇），台北：台湾学生书局1984年版，第600页。
③ 参见钱穆《宋明理学概述》，台北：联经出版事业公司1998年版，第128页。
④ 参见[美]田浩《宋代中国的儒家书院》，黄梓根译，《湖南大学学报》（社会科学版）2005年第6期。

第一章

生平事迹

张栻（1133—1180），字敬夫，改字钦夫，又字乐斋，号南轩，汉州绵竹（今四川绵竹）人。父张浚，南宋名相、抗金名将，建炎四年（1130）出任川陕宣抚处置使。绍兴改元（1131）率吴玠、吴璘大败金军于和尚原后，奏迎太夫人（张栻祖母）从广汉到阆中奉养，其妻（张栻母亲）随往。绍兴三年（1133），张栻生于四川阆中。绍兴十六年（1146）七月，张浚落职连州，亲自教授张栻《易》，并告之以圣人之道。张栻"生有异质，颖悟夙成，忠献公爱之。自其幼学，而所以教者莫非忠孝仁义之实"[①]。同年，与宋子飞吟诗酬唱。绍兴十七年（1147），从王大宝（1094—1170）学。王大宝，字元龟，建炎二年（1128）中进士，历任南雄州教授、枢密院计议、差监登闻鼓院等，对儒学颇有研究，尤长易学。

绍兴二十五年（1155）十月，为弟张构（1140—1198）作《憩斋铭》。绍兴二十九年（1159），裒集颜子言行，作《希颜录》上下篇。闻胡宏（1102—1161）在衡山传二程之学，遂去信求教质疑。同年，与杨万里（1127—1206）交。

绍兴三十一年（1161），禀父命，从胡宏问河南程氏学，宏告之孔门论仁亲切之旨，并不无欣喜地说："圣门有人，吾道幸矣。"同年，与刘颖（1136—1213）交，吴猎（1130—1213）从栻学《易》。吴猎，字德夫，号畏斋，潭州醴陵人，长期在地方任职。

[①] （宋）朱熹：《朱子全书》，朱杰人、严佐之、刘永翔主编，上海古籍出版社、安徽教育出版社2002年版，第24册，第4131页。

绍兴三十二年（1162）十一月，与宣抚判官陈俊卿（1113—1186）应召赴行在奏事。张栻上疏："陛下上念宗社之仇耻，下闵中原之涂炭，惕然于中，而思有以振之。臣谓此心之发，即天理之所存也。愿益加省察，而稽古亲贤以自辅，无使其或少息，则今日之功可以必成，而因循之弊可革矣。"（《南轩集补遗·上省察君心疏》）

隆兴元年（1163）正月，辟宣抚司都督府书写机宜文字，除直秘阁。时，天子新立，张浚亦起谪籍，开府治戎，参佐皆极一时之选。张栻周旋其间，内赞密谋、外参庶务，幕府诸人皆自叹不如。符离战败，张栻与父亲坚守盱眙数月，为稳定军心，又奉父亲之命，回建康接家属到维扬。

九月，公复被召，以内机入奏，引见于德寿宫，奏卢忠贤辱国无状，诏下忠贤大理寺，夺三官。又引至东华门，与孝宗论人才之事。"南轩以内机入奏，引至东华门。孝宗因论人才，问王十朋如何。对曰：'天下莫不以为正人。'上曰：'当时出去，有少说话待与卿说。十朋向来与史浩书，称古则尹、周，今则阁下，是何说话？'对曰：'十朋岂非谓浩当尹、周之任而责之乎？'上曰：'更有一二事，见其有未纯处。'对曰：'十朋天下公论归之，更望陛下照常主张。臣父以为陛下左右岂可无刚明腹心之臣，庶几不至孤立。'上曰：'刚患不中，奈何？'对曰：'人贵夫刚，刚贵夫中。刚或不中，犹胜于柔懦。'上默然。……上又尝曰：'难得仗节死义之臣。'南轩对曰：'陛下欲得仗节死义之臣，当于犯颜敢谏中求之。'"（《鹤林玉露》丙编卷六《南轩辨梅溪语》）

同年，与赵棠交，其子赵方（？—1221）从张栻学。赵方，字彦直，衡山人。父赵棠，少从胡宏学，慷慨有大志。

隆兴二年（1164），张浚判福州，力辞不许，知泉州，返回长沙，行至江西余干时病逝。张栻与其弟遵父遗愿，护柩归葬湖南。"行次余干，得疾，手书付二子曰：'吾尝相国，不能恢复中原，雪祖宗之耻，即死，不当葬我先人墓左，葬我衡山下足矣。'讣闻，孝宗震悼，辍视朝，赠太保。"[①] 九月扶柩过豫章，朱熹（1130—1200）登舟哭之，送至丰城，与张栻作三日谈。十一月，葬父于宁乡西。丧毕，上疏论南宋败因："吾与

[①] （元）脱脱等：《宋史》，中华书局2000年版，第8982页。

虏人有不共戴天之仇，异时朝廷虽尝兴缟素之师，然旋遣玉帛之使，是以讲和之念未忘于胸中，而至忧恻怛之心无以感格于天人之际，此所以事屡败而功不成也。今虽重为群邪所误，以蠹国而召寇，然亦安知非天欲以是开圣心哉？谓宜深察此理，使吾胸中了然无纤芥之惑，然后明诏中外，公行赏罚，以快军民之愤，则人心悦，士气充，而敌不难却矣。继今以往，益坚此志，誓不言和，专务自强，虽折不挠，使此心纯一，贯彻上下，则迟以岁月，亦何功之不济哉？"（《南轩集补遗·论复仇疏》）疏入不报。

乾道元年（1165），郴州李金反，张栻佐湖南安抚使刘珙（1122—1178）破贼。同年，为胡宏《知言》作序，并与诸学者论学。

乾道二年（1166）十一月，潭州重修岳麓书院成，请张栻主持讲学。张栻对刘珙兴学之举极为称赞，作《潭州重修岳麓书院记》，从此往来城南、岳麓二书院，授学者以公私义利之辨。一时之间，求学者众。《朱文公文集》卷九七《观文殿学士太中大夫知建康军府事兼管内劝农使充江南东路安抚使马步军都总管营田使兼行宫留守彭城郡开国侯食邑一千六百户食实封二百户赐紫金鱼袋赠光禄大夫刘公行状》："潭州故有岳麓书院……公一新之，养士数十人……属其友广汉张侯栻敬夫进往游焉。与论《大学》次第，以开其学者于公私义利之间，闻者风动。"冬，杨万里来访。同年，与朱熹论校正二先生集误字。《河南程氏粹言》《诸葛忠武侯传》成，作《静江府学记》。

乾道三年（1167）九月初八，朱熹来访。十一月，偕朱熹登衡山，林用中从行，彪居正、胡实、范念德等皆来会，一路吟诗唱和。"乾道丁亥秋，新安朱熹元晦来访予湘水之上，留再阅月，将道南山以归，乃始偕为此游，而三山林用中择之亦与焉。粤十有一月庚午，自潭城渡湘水。甲戌，过石滩，始望岳顶。……乙亥抵岳后。丙子小憩，甚雨，暮未已，从者皆有倦色。湘潭彪居正德美来会，亦意予之不能登也。……戊寅明发，穿小径，入高台寺。……己卯，武夷胡实广仲、范念德伯崇来会，同游仙人桥。……庚辰……下山。"（《南轩集》卷一五《南岳唱酬序》）是月，刘珙上奏孝宗，言张栻学行才能及破贼之功，请亟召用。同年，《经世纪年》成，作《过胡文定公碧泉书堂》。

乾道四年（1168），作《陪舍人兄过陈仲思溪亭深有买山卜邻之意舍人兄预以颙鋆见名因成古诗赠仲思》《郴州学记》《送张荆州序》《艮斋铭》。

乾道五年（1169）十二月，入见孝宗，连论奏。时丞相虞允文（1110—1174）数次遣人致殷勤，公以不愿结党而不答。"时宰相虞允文以恢复自任，然所以求者类非其道，意栻素论当与己合，数遣人致殷勤，栻不答。入奏，首言：'先王所以建事立功无不如志者，以其胸中之诚有以感格天人之心，而与之无间也。今规画虽劳，而事功不立，陛下诚深察之日用之间，念虑云为之际，亦有私意之发以害吾之诚者乎？有则克而去之，使吾中扃洞然无所间杂，则见义必精，守义必固，而天人之应将不待求而得矣。夫欲复中原之地，先有以得中原之心，欲得中原之心，先有以得吾民之心。求所以得吾民之心者，岂有他哉？不尽其力，不伤其财而已矣。今日之事，固当以明大义、正人心为本。然其所施有先后，则其缓急不可以不详；所务有名实，则其取舍不可以不审，此又明主所宜深察也。'"① 同年，作《谢太师加赠表》《桂阳军学记》。

乾道六年（1170）五月，召为上书吏部员外郎。闰五月十七，赴召。六月，入见孝宗，连论奏。"栻见上，上曰：'卿知敌国事乎？'栻对曰：'不知也。'上曰：'金国饥馑连年，盗贼四起。'栻曰：'金人之事，臣虽不知，境中之事，则知之矣。'上曰：'何也？'栻曰：'臣切见比年诸道多水旱，民贫日甚，而国家兵弱财匮，官吏诞谩，不足倚赖。正使彼实可图，臣惧我之未足以图彼也。'上为默然久之。栻因出所奏疏读之曰：'臣窃谓陵寝隔绝，诚臣子不忍言之至痛，然今未能奉辞以讨之，又不能正名以绝之，乃欲卑词厚礼以求于彼，则于大义已为未尽。而异论者犹以为忧，则其浅陋畏怯，固益甚矣。然臣窃揆其心意，或者亦有以见我未有必胜之形，而不能不忧也欤。盖必胜之形，当在于早正素定之时，而不在于两阵决机之日。'上为竦听改容。栻复读曰：'今日但当下哀痛之诏，明复仇之义，显绝金人，不与通使。然后修德立政，用贤养民，选将帅，练甲兵，通内修外攘、进战退守以为一事，且必治其实而不为虚文，则必胜之形隐然可见，虽有浅陋畏怯之人，亦且奋跃而争先矣。'上为叹息褒谕，以为前始未闻此论也。其后因赐对反复前说，上益

---

① （元）脱脱等：《宋史》，中华书局2000年版，第9978页。

嘉叹，面谕：'当以卿为讲官，冀时得晤语也。'"①

十一月，郊祀礼成，再论奏："陛下之心，即天心也。陛下之心欲定未定，故上天之应乍阴乍晴。天人一体，象类无间，深切著明，有如此者。臣愿陛下毋以此为祥瑞之事，而如此存敬戒之心。试思夫次日御楼肆赦之际，日光皎然，四无纤翳，天其或者何不早撤云阴于行事之时，使圣怀坦然无复忧虑，而必示其疑以为悚动？然则丁宁爱陛下之意深矣。天意若曰：今日君子小人之消长治乱之势、中外之形皆有所未定，特在陛下之心何如耳。若陛下之心严恭兢畏，常如奉祠之际，则君子小人终可治，治道终可成，国耻终可灭。当如祀事，终得成礼，惟陛下常存是心，实天下幸甚！"（《宋史全文》卷二五上）

十二月，兼权左司侍立官，奏罢发运使职。是月，兼侍讲，除左司员外郎。

同年，与吕祖谦（1137—1181）、朱熹论《知言》，与陈傅良（1137—1203）论学。《洙泗言仁录》成，刊《太极通书》《二程先生遗书》。

乾道七年（1171）二月，开经筵，为孝宗讲《诗经》，借机向孝宗进言："'治常生于敬畏，乱常起于骄淫。使为国者每念稼穑之劳，而其后妃不忘织纴之事，则心之不存者寡矣。周之先后勤俭如此，而其后世犹有以休蚕织而为厉阶者，兴亡之效，于此见矣。'既又推广其言，上陈祖宗自家刑国之懿，下斥当时兴利扰民之害详焉。"②

三月，孝宗欲任外戚张说（？—1180）签枢密院事，张栻连夜草疏力陈不可，并面责宰相虞允文，虞允文无言以对。此后，张栻又向孝宗启奏："文武诚不可偏，然今欲右武以均二柄，而所用乃得如此之人，非惟不足以服文吏之心，正恐反激武臣之怒。"③孝宗醒悟，任用张说一事作罢。

六月，出知袁州。同年，作《洙泗言仁序》《主一箴》《敦复斋铭》，跋《西铭》。

---

① （元）脱脱等：《宋史》，中华书局 2000 年版，第 9979 页。
② （宋）朱熹：《朱子全书》，朱杰人、严佐之、刘永翔主编，上海古籍出版社、安徽教育出版社 2002 年版，第 4135 页。
③ （元）脱脱等：《宋史》，中华书局 2000 年版，第 9979—9980 页。

乾道八年（1172），与吕祖谦论存养省察之功，与朱熹论在中之义，与陈平甫、潘叔昌、曾致虚等学者论居敬主一之旨。提出"道统"二字。是年秋，弟张构自桂林归，赋诗《喜闻定叟弟归》。

乾道九年（1173）正月，偕许及之（？—1209）登卷云亭，望岳麓积雪，分韵赋诗。十二月，弟构官严陵，赠诗《别离情所钟十二章四句送定叟弟之官严陵》。同年，《论语说》《孟子说》成，作《书说》《诗说》，修改《仁说》《易说》《洙泗言仁》，裒集《系辞说》，重订《希颜录》。

淳熙元年（1174），知静江府经略，安抚广南西路。是年，作《跋范文正公帖》《风雩亭赋》《邵州复旧学记》，改《论语解》《孟子说》。

淳熙二年（1175），作《无倦斋记》《谕俗文》《三先生祠记》《尧山漓江二坛记》《韶州濂溪周先生祠堂记》，刻石豁《中庸解》于桂林郡学宫。

是年，赴静江府任。任上，整顿纪纲，改革风俗，奏请与宪漕共究财赋、定盐法及官卖盐价，奏改诸州息钱并减阳朔、荔浦、修仁三县税米，奏请推办本路保伍、奏邕州提举巡检官，奏改马政、摄宪漕两台等。

淳熙三年（1176），刊刻《范文正公帖》《三家昏丧祭礼》于桂林郡学宫。

淳熙四年（1177），与吕季克、王居之等论《原说》之弊。跋《了翁责沈》，并刻于桂林学宫。作《雷州学记》《钦州学记》《水月洞题名》，改《论语说》。

是年，诏特转承事郎，直宝文阁，再任。八月，公妻宇文安人卒，子张焯护丧，归葬长沙。以奉祠请辞，不获命，再辞。

淳熙五年（1178）三月，丞相史浩（1106—1194）荐朱熹、吕祖谦、张栻、曾伯逢等人，不赴。五月朔，除秘阁修撰、荆湖北路转运副使，改知江陵府，安抚本路。到任首严缉捕之令，并整顿军政。

是年，作《袁州学记》《道州重建濂溪周先生祠堂记》，改《论语说》《孟子说》。子张焯病卒。

淳熙六年（1179），孝宗下诏与诸司议弓弩手事，张栻上奏。后斩奸民出塞为盗者数人，缚亡奴送于北方。上奏弹劾信阳守刘大辨，初不报，张栻累进章，刘大辨始得去。李仁甫（1115—1184）守武陵，奏乞度田立额，事下诸司，张栻违其议，连名具奏，上从之。

是年，与陆九龄（1132—1180）论学，作《楚望记》《后杞菊赋》。十一月，疾。

淳熙七年（1180）正月，疾甚，上奏请免职，不许，乃以病请。二月初二，因病卒于江陵府舍，年四十有八。二月初六，诏张栻以右文殿修撰、提举武夷山冲佑观。弟张构护丧归葬于其父张浚墓旁。

嘉定八年（1215），赐谥曰"宣"。淳祐初年（1241），从祀孔庙。景定二年（1261），诏封为华阳伯，并从祀孔子庙庭。

第 二 章

著述考录

张栻一生著述颇丰，但有许多著作是未完之稿。如朱熹云："平生所著书，唯《论语说》最后出，而《洙泗言仁》、《诸葛忠武侯传》为成书。其它如《书》、《诗》、《孟子》、《太极图说》、《经世编年》之属，则犹欲稍更定焉而未及也。"① 在后来流传过程中，也有很多散佚。

散佚的著作有：

（1）《希颜录》一卷附录一卷（《晞颜录》）

绍兴二十九年（1159），张栻裒集颜渊言行为《希颜录》上、下篇，后认为"《希颜录》旧来所编，不甚精切。颜子气象但当玩味于《论语》中，及考究二程先生所论，则庶几得所循求矣"②。乾道元年（1165）八月，他又对其"复加考究，定著为一卷，又附录一卷"③。宋代已有刻本，《直斋书录解题》卷九、《文献通考》卷二一〇、《蜀中广记》卷九一有著录。明清以后未见著录。

（2）《经世纪年》二卷

乾道三年（1167）正月，《经世纪年》④ 一书脱稿。张栻在世时，该书已刊行，流传于世。《直斋书录解题》卷四、《文献通考》卷一九三、《蜀中广记》卷九二有著录。《经义考》卷二七一云未见。清代以后不见

---

① （宋）朱熹：《朱子全书》，朱杰人、严佐之、刘永翔主编，上海古籍出版社、安徽教育出版社2002年版，第24册，第4140页。
② （宋）张栻：《张栻集》，杨世文点校，中华书局2015年版，第1141页。
③ 《南轩集》卷三三《跋希颜录》。《五峰集》卷三《题张敬夫希颜录》。《五峰集》卷二《与张敬夫》载有《希颜录》。
④ 《南轩集》卷一四《经世纪年序》。《朱文公文集》卷四五《答廖子晦》载有《经世纪年》。

传本。

(3)《洙泗言仁》

乾道七年（1171）十二月，归长沙后，张栻序定《洙泗言仁》① 一书。后来张栻进行了一些修订。乾道八、九年间已有刻本。《遂初堂书目》有著录。

(4)《书说》（张晞颜辑）

《书说》② 最初为张晞颜记录，后经张栻整理。《续文献通考》卷一七三著录《无逸解》一卷。《经义考》卷八一云《张氏（栻）书说》，佚。据朱熹《右文殿修撰张公神道碑》，该书未最后定稿。

(5)《诗说》

《诗说》③ 是张栻裒录二程以来理学家对《诗经》的解说，并附以己见。据朱熹《右文殿修撰张公神道碑》，该书是未完之稿，今无传本。《吕氏家塾读诗记》载张栻《诗说》十余条，宋元《诗》学文献中亦有引录。

(6)《中庸解》

《南轩集》卷二五《答胡伯逢》："《中庸解》录未毕。"《永乐大典》中录有片段遗文。

(7)《通鉴论笃》三卷

乾道八、九年间，张栻作《通鉴论笃》④。《直斋书录解题》卷四、《文献通考》卷二〇〇、《蜀中广记》卷九二均著录三卷。《宋史·艺文志》著录四卷。《明书》卷七六《经籍志·史》《玉海》卷四七有著录。《国史经籍志》著录二部，各三册，均非完帙。清以后未见著录。

(8)《南轩先生问答》四卷

《郡斋读书附志》著录四卷。《南轩集》卷二九至卷三二共四卷为

---

① 《南轩集》卷一四《洙泗言仁序》。《南轩集》卷二〇《答朱元晦秘书》、卷三〇《答陈平甫》，《朱子语类》卷一一八有载。
② 《南轩集》卷二七《答范主簿》，《四朝闻见录·甲集》，《鹤山先生大全文集》卷七九《张晞颜墓志铭》载有《书说》。
③ 《南轩集》卷二八《与吴晦叔》载《诗》。《南轩集》卷二一《答朱元晦秘书》载《诗解》。
④ 《朱文公文集·续集》卷四《答李伯谏》载有《论笃》。

《答问》，共十六篇。

（9）《南轩语录》（蒋迈记）十二卷

《直斋书录解题》卷九著录九卷。《文献通考》卷二一〇著录十二卷。《文渊阁书目》卷四著录《南轩语录》一部三册。《国史经籍志·性理类》、《明书》卷七六《经籍志·性理》皆有著录。清以后未见著录。《黄氏日抄》摘抄《南轩语录》若干条。《鹤山先生大全文集》卷七九《张晞颜墓志铭》载，张庶（晞颜）"记南轩语，题曰《诚敬心法》"。

（10）《三家礼范》

《直斋书录解题》卷六著录《四家礼范》五卷。朱熹《跋三家礼范》。明杨士奇《东里集·续集》卷一八云《三家礼范》。可知，明朝时此书还有流传。后世书目未见著录。

（11）《南轩奏议》十卷

朱熹编《南轩文集》，未将张栻的奏议文字收入其中。他在《答胡季随》书中说："《南轩文集》方编得略就，便可刊行。最好是奏议文字及往还书中论时事处，确实痛切，今却未敢编入。异时当以奏议自作一书，而附论事书尺于其后。"① 后来朱熹是否编写《南轩奏议》已不得而知，但南宋时确有一部十卷本《南轩奏议》刊行流传。《直斋书录解题》卷二二、《文献通考》卷二四七皆有著录。明代《文渊阁书目》卷四云《张南轩奏议》一部一册，《蜀中广记》卷九九、《国史经籍志》卷五《集类》著录十卷。《明书》卷七六《经籍志·经济》也有著录。此后未见著录。

现存的著作有：

(1)《南轩易说》（《南轩先生张侍讲易说》），残本

乾道九年前后，张栻裒集《系辞说》。② 该书是未定之稿。元至元二十九年（1292），赣州路儒学学正胡顺父曾刊行《南轩易说》。《国史经籍志》卷二《经类》著录《南轩易说》四卷。《文渊阁书目》著录《南轩易说》一部四册、《南轩易说》一部三册、《南轩系辞说》一部四册。

---

① （宋）朱熹：《朱子全书》，朱杰人、严佐之、刘永翔主编，上海古籍出版社、安徽教育出版社2002年版，第22册，第2506页。

② 《南轩集》卷二八《与吴晦叔》、卷三〇《答陈平甫》、卷二三《答朱元晦》有载。

《明书》卷七五《经籍志·易》著录《南轩系辞说》。《经义考》卷二八云《张氏（栻）易说》十一卷，未见。《续通志》卷一五六著录《南轩易说》三卷。国家图书馆现藏曹溶钞本《南轩先生张侍讲易说》五卷。《四库》本据曹溶钞本传写，始于《系辞》"天一地二"章，仅存《系辞上》卷下、《系辞下》、《说卦》、《序卦》、杂卦，分为三卷。沈家本《枕碧楼丛书》本据曹溶钞本刊行，分作五卷，将《说卦》《序卦》《杂卦》三篇析为三卷，除个别字句有出入外，内容大体与《四库》本无异。相较《枕碧楼丛书》，《四库》本为善。张栻著有《易说》，无疑义，但全本无存。不过宋元以后，历代《易》著对其多有征引。

（2）《论语解》三卷（《论语说》《癸巳论语解》《南轩论语解》《南轩论语说》《论语南轩解》《语解》《语说》）

乾道九年（1173），张栻所撰《论语说》[①]、《孟子说》二书成稿。实际上，早在乾道三年（1167）前后，张栻就已开始撰写《论语说》。乾道九年癸巳（1173），完成初稿，故又称《癸巳论语解》。此后张栻进行了多次修订，并向朱熹等好友征求意见。[②]《论语说》为张栻平生著作最后出者，宋时已有刻本。[③]《直斋书录解题》卷三著录《南轩论语说》十卷。《郡斋读书附志》著录《论语说》三卷。《经义考》卷二一八著录《南轩论语解》十卷。《宋史》卷二〇二《艺文志·经类》论语类著录张栻《解》十卷。《文献通考》卷一八四著录南轩《论语说》十卷。《续通志》卷一五六著录《癸巳论语解》十卷。《文渊阁书目》卷四著录《论语南轩解》一部三册，并云《论语张宣公解》一部三册阙。《明书》卷七六《经籍志·四书》著录《论语张宣公解》。今存版本主要有：《通志堂经解》本、《张宣公全集》本（题为《南轩先生论语解》十卷）、《四库全书》本、《摛藻堂四库全书荟要》本、《学津讨原》本、《丛书集成初编》本（题为《癸巳论语解》十卷）。

[①] 《张栻集》卷一四《论语说序》。《朱文公文集》卷二四《与曹晋叔》载《语》说，疑即未完稿的《论语说》。

[②] 《南轩集》卷二八《与吴晦叔》、卷二四《答朱元晦》，《朱文公文集》卷七六《张南轩文集序》。

[③] 《东莱集·别集》卷八《与朱侍讲元晦》（四库本）、《朱文公文集》卷三四《答吕伯恭》。

(3)《孟子解》七卷(《癸巳孟子说》《南轩孟子说》《孟子详说》《孟子南轩解》《孟子张宣公解》)

乾道九年（1173），《孟子解》完成初稿。后多次征求朱熹意见。据朱熹《右文殿修撰张公神道碑》说，该书并非最后定稿。《直斋书录解题》卷三、《文献通考》卷一八四、《玉海》卷四一均著录《孟子说》十七卷。《续通志》卷一五六著录《癸巳孟子说》七卷。《宋史》卷二〇五《艺文志》著录张栻《孟子详说》十七卷，又《孟子解》七卷。《经义考》卷二三四著录《癸巳孟子说》七卷，并云《张氏（栻）孟子详说》十七卷，未见。《文渊阁书目》卷四著录《孟子张南轩解》一部七册，并云《孟子张宣公解》一部四册（阙）。今存版本有：《通志堂经解》本、《张宣公全集》本（题为《南轩先生孟子说》七卷）、《四库全书》本、《摛藻堂四库全书荟要》本（题为《癸巳孟子说》七卷）。各本文字几乎无异。

(4)《汉丞相诸葛忠武侯传》一卷

乾道二年（1166）前后，张栻写成《汉丞相诸葛忠武侯传》一卷。宋时已刊刻。《直斋书录解题》卷七、《宋史》卷二〇三《艺文志》均著录《诸葛武侯传》一卷。《郡斋读书附志》亦有著录。今存宋刻本，藏上海图书馆。《四部丛刊续编》诸本据宋本影印。另有《宛委别藏》本、《明辨斋丛书初编》本、《十万卷楼丛书》本、《续古逸丛书》本，等。

(5)《南轩先生文集》四十四卷

张栻的文集在去世后才编刻。据朱熹《南轩文集序》，张栻去世后，其弟张构"哀其故稿，得四巨编"，请他编订。大约在张栻去世后第四年，即淳熙十一年（1184），朱熹完成了《南轩文集》的编纂工作，并亲自作序，交付建阳书商刊刻。但在付刻过程中遇到一些周折，到淳熙十三年（1186）仍未完工。最后，《南轩文集》基本按朱熹编纂本付印，即"淳熙甲辰本"。《国史经籍志》卷五、《直斋书录解题》卷一八、《文献通考》卷二三九均著录《南轩集》三十卷。《续通志》卷一六二著录《南轩集》四十四卷。《蜀中广记》卷九九著录《南轩文集》三十卷。《宋史》卷二〇八《艺文志》著录《南轩文集》四十八卷。《遂初堂书目》别集类著录《张南轩集》。《明书》卷七六《经籍志·文集》著录《张南轩文集》。《文渊阁书目》卷九著录《张南轩文集》一部三十册、

《张南轩文集》一部十五册、《张南轩文集》一部十册、《张南轩遗文》一部四册等。今存《四库全书》本、道光本、咸丰本（题为《张宣公全集》）、《正义堂全书》本、《丛书集成初编》本、《国学基本丛书》本（题为《南轩先生文集》七卷），等。

(6)《太极图说解义》(《太极解义》)

张栻《太极图说解义》作成于乾道八年（1172），付刻于高安。《遂初堂书目》著录《南轩太极图解》。《郡斋读书附志》著录《张子太极解义》一卷。宋以后不见著录。宋本《周元公集》、《西山读书记》等著录有片段。明弘治中琴川周木刻本《濂溪周元公全集》有完整的张栻《解义》。张栻还作有《太极图解序》和《后序》，录于《周濂溪集》的《太极图说》后。

第三章

学术源流

第一节　家学

祖父，张咸，元丰二年（1079）进士，官宣德郎、签书剑南西川节度判官，绍圣元年（1094）中贤良方正，赠太师，封雍国公。"覃思载籍，诸子百氏之说无不贯穿，而折衷于六经。"①

父，张浚（1097—1164），字德远，号紫岩，相高宗、孝宗。政和八年（1118）进士，历枢密院编修官、侍御史等，封魏国公。隆兴二年（1164）卒，乾道五年（1169）谥忠献。著有《易解》并杂记十卷、《书》、《诗》、《礼》、《春秋》、《中庸》亦各有解，文集十卷，奏议二十卷等。

张浚学邃于《易》，传于张栻。张栻裒集颜子言行，并以之为做人准的，亦为父亲所授。"学圣人必学颜子，则有准的。颜氏之所以为有准的，何也？以其复也。复则见天地之心，成位乎中，而人道立矣。然而欲进于此，奈何？其惟格物以至之，而克己以终之乎！呜呼！此先公之所以教某者。"②

弟，张构，张浚次子，字定叟。以父恩授承奉郎，历广西经略司机宜、通判严州。

子，张焯，承奉郎，早逝。

---

① （宋）朱熹：《朱子全书》，朱杰人、严佐之、刘永翔主编，上海古籍出版社、安徽教育出版社2002年版，第25册，第4352页。

② （宋）张栻：《张栻集》，杨世文点校，中华书局2015年版，第1301页。

侄，张忠恕，张构子，字行父，历澧州籍田令、户部右曹郎、将作监等。

侄，张庶，字晞颜。张栻讲学岳麓书院时，张庶"执笔为司录"，题曰《南轩书说》，所私记者曰《诚敬心法》。张浚逝，侍张栻护丧归长沙。

孙，张洽，张焯子，学于张忠恕。曾为白鹿书院山长，昌明家学。

第二节　师承

胡宏，字仁仲，号五峰，崇安（今福建武夷山）人。湖湘学派创立者，著有《知言》《五峰集》等。绍兴二十九年（1159），张栻闻胡宏在衡山传二程之学，遂去信求教质疑。绍兴三十一年（1161），禀父命，从胡宏问河南程氏学。是年，胡宏卒。"始时闻五峰胡先生之名，见其话言而心服之，时时以书质疑求益。辛巳之岁，方获拜之于文定公书堂。……然仅得一再见耳，而先生没。"[1]《朱子语类》卷一〇三曰："胡氏之说，惟敬夫独得之。"可见，张栻虽从师胡宏时间不长，但受其影响甚大。乾道元年（1165），为胡宏《知言》作序。淳熙三年（1176），胡大时辑其父胡宏诗文为《五峰集》，张栻为之作序。

王大宝，字元龟，潮州海阳（今广东潮安）人。建炎二年（1128）进士，授南雄州教授，历官知连州、知袁州，除国子司业、崇政殿说书、直敷文阁、知温州，提点福建刑狱，官终礼部尚书。王大宝知连州时，张浚亦谪居，遂命其子张栻从王大宝学。时，张浚俸禄不能按时发放，"大宝以经制钱给之"[2]。王大宝对儒学颇有研究，尤长于易学，著有《谏坦奏议》《周易证义》《毛诗国风证义》《诗解》《王元龟遗文》等。

第三节　交游

朱熹，字元晦，又字仲晦，号晦庵，徽州婺源（今江西婺源）人，绍兴十八年（1148）进士。隆兴元年（1163），"上初召魏公，先召南轩

---

[1] （宋）张栻：《张栻集》，杨世文点校，中华书局 2015 年版，第 1156 页。
[2] （元）脱脱等：《宋史》，中华书局 2000 年版，第 9358 页。

来。某亦赴召至行在，语南轩云"①。张栻与朱熹相见。朱熹早年师从程颐的三传弟子李侗，"受《中庸》之书，求喜怒哀乐未发之旨，未达而先生没。……闻张钦夫得衡山胡氏学，则往从而问焉"②。于是，乾道三年（1167）九月，访张栻于长沙。十一月，张栻偕朱熹登衡山，林用中从行，彪居正、胡实、范念德等皆来会，一路吟诗唱和，辑成《南岳唱酬集》。张栻卒后，其弟张构收辑遗稿，交朱熹论订，朱熹又访得学者所传数十篇，加以平日往还书疏，删削张栻早年未定之论，编为《南轩集》。著有《四书章句集注》等。

吕祖谦，字伯恭，其先河东人，后徙寿春，六世祖迁至开封，曾祖始居婺州。隆兴元年（1163）进士，累官直秘阁、主管明道宫。乾道五年（1169），吕祖谦任严州教授，时张栻知严州。此后，二人书信往来不断。乾道六年（1170），二人均被召回朝廷，居所相望，时常切磋学问。淳熙七年（1180），张栻病卒，吕祖谦在病榻上撰写了《祭张荆州文》。淳熙八年（1181）卒，年四十有五，谥曰成。其弟吕祖俭及其侄吕乔年整理遗稿，编为《东莱集》。

赵汝愚（1140—1196），字子直，饶州余干（今江西余干）人。乾道二年（1166）状元及第。历任签书宁国事节度判官、秘书省正字、集英殿修撰、知福州、吏部尚书等。庆元二年（1196）卒，年五十有七。《宋元学案》卷四六《玉山学案》："师友如张南轩。"开禧三年（1207），赐谥忠定，追赠太师、沂国公。端平二年（1235），配享宁宗庙廷，追封福王，后改周王。著有《忠定集》十五卷、《太祖实录举要》若干卷、《宋朝诸臣奏议》三百卷。

潘时，字德鄜，金华人。官至安抚，进直显谟阁，除尚书左司郎中，不就。卒，年六十有三。"中年游张敬夫、吕伯恭间，切劘不倦。"③ 著有《石桥录》等。

---

① （宋）黎靖德编：《宋子语类》，王星贤点校，中华书局1986年版，第2608页。
② （宋）朱熹：《朱子全书》，朱杰人、严佐之、刘永翔主编，上海古籍出版社、安徽教育出版社2002年版，第24册，第3634页。
③ （清）黄宗羲：《宋元学案》，全祖望补修，陈金生、梁运华点校，中华书局1986年版，第843页。

吴松年，字公叔。张浚尝曰："士当为有用之学，不必苦心词章。"①因令与其子张栻游。著有《江湖集》。

张杰，字孟远，衢州人。尝游张浚之门，乾淳间，与张、朱、吕交，而师事者为玉山。

陈傅良，字君华，号止斋，温州瑞安人。乾道八年（1172）进士，官至宝谟阁待制、中书舍人兼集英殿修撰，谥文节。"陈止斋入太学，所得于东莱、南轩为多。"② 著有《周礼说》三卷、《春秋后传》、《左氏章指》四十二卷、《毛诗解诂》二十卷、《建隆编》一卷、《读书谱》一卷、《西汉史钞》十七卷、《止斋文集》五十二卷等。

胡大本，字季立。从胡宏学，与张栻共学于岳麓书院。

张寓，"知临江军，尝与南轩共学"③。

吕陟，字升卿，零陵人。累官监司，与张栻交，受学于杨万里。

赵不息（1121—1187），累官大宗正，封崇国公，谥宣简。乞赐张栻谥号。

刘靖之，字子和，庐陵人。绍兴二十四年（1154）进士。卒，"广汉张敬夫栻为刻铭纳圹中"④。

刘清之（1133—1189），字子澄，刘靖之弟，早年受业于其兄刘靖之，绍兴进士。《宋元学案》卷五九《清江学案》："广汉张公守严陵时，尚未识先生。已深知先生为人，其后书问往复，神交心契。"著有《曾子内外杂著篇》《训蒙新书》《外书》《戒子通录》《墨庄总录》等。

丘崇（约1135—1208），字宗卿，江阴军人。隆兴元年（1163）进士。卒，谥忠定。《宋元学案》卷七九《丘刘诸儒学案》云：丘崇为"张吕同调"。

员兴宗，字显道，仁寿人。著有《九华集》，集中有与张栻往复

---

① （清）黄宗羲：《宋元学案》，全祖望补修，陈金生、梁运华点校，中华书局1986年版，第1151页。

② （清）黄宗羲：《宋元学案》，全祖望补修，陈金生、梁运华点校，中华书局1986年版，第1711页。

③ （清）黄宗羲：《宋元学案》，全祖望补修，陈金生、梁运华点校，中华书局1986年版，第2384页。

④ （清）黄宗羲：《宋元学案》，全祖望补修，陈金生、梁运华点校，中华书局1986年版，第1940页。

书信。

史尧弼（1118—约1157），字唐英，眉州人。绍兴十一年（1141），张浚谪居潭州，史尧弼以《古乐府》《洪范》等论见张浚，张浚谓其大类苏轼，留馆于潭，令张栻与其游，每开以正大之学。后史尧弼与张栻有书信往来，"今岁来绵竹，五收所惠书，三得所著文"（《莲峰集》卷一〇《与张丞相子钦夫》），史尧弼在不到一年的时间里，"五收"张栻之书、"三得"张栻之文。绍兴二十七年（1157），与弟尧文同登进士，未授官而卒。著有《莲峰集》三十卷。

赵棠，衡山人。少从胡宏学，慷慨有大志。张浚敬其才，欲以右选官之，不为屈，乃命子张栻与其交。赵棠之子赵方从张栻学。

孙蒙正，字正孺，江陵人。张栻拜谒胡宏，胡宏最初不见。于是张栻通过孙蒙正了解到其中缘由，最终见到胡宏，得湖湘之传。"初，钦夫累求见五峰，不得，莫解其故，因托先生微叩之。五峰笑曰：'渠家学佛。'先生以告，钦夫涕泣求见，遂得湖湘之传。钦夫尝叹曰：'栻若非正孺，几乎迷路！'"[①]

林用中，字择之，一字敬仲，号东屏，又号草堂，福州古田（今属福建）人。乾道三年（1167），与范念德随朱熹访张栻于长沙，同登衡山，一路吟诗唱和。

范念德，乾道三年，与林用中随朱熹访张栻于长沙，同登衡山，一路吟诗唱和。

胡实，乾道三年，与张栻、朱熹登衡山，一路吟诗唱和。

彪居正，乾道三年，与张栻、朱熹登衡山，一路吟诗唱和。

杨万里（1127—1206），字廷秀，吉州吉水人，绍兴二十四年（1154）进士。绍兴二十九年（1159），杨万里为零陵丞。时张浚谪永，杜门谢客，杨万里数往不得见，张栻为之介绍，乃得见。乾道二年（1166）冬，杨万里访张栻于长沙，居南轩。

张孝祥（1132—1170），字安国，别号于湖居士，历阳乌江（今安徽和县乌江镇）人。《宣城张氏信谱传》，"与敬夫志同道合"，"会敬夫、

---

① （清）黄宗羲：《宋元学案》，全祖望补修，陈金生、梁运华点校，中华书局1986年版，第839页。

定夫扶魏公柩至州境，不能入蜀，公为营葬于属县宁乡之西，遂与敬夫讲性命之学，日夕不辍，筑敬简堂以为论道之所，而四方之学者至焉。公自篆'颜渊问仁'章于中屏，晦庵、南轩各为诗文以记之"，"乾道五年己丑，偶不豫，遂力请祠侍亲，疏凡数上。帝深惜之，进显谟阁直学士致仕。南轩为文以饯之，荆南士民哭送登舟，仍给小像祀于湘中驿，南轩为之赞"。张栻作《敬简堂记》《归芜湖序》，赠诗，并评价"谈笑翰墨，如风无踪"。张孝祥去世后，张栻著文以悼之。著有《于湖居士文集》《于湖词》等。

周必大（1126—1204），字子充，号省斋，庐陵（今江西吉安）人。绍兴二十一年（1151）进士，历任翰林学士，礼部、吏部、兵部侍郎、尚书，参知政事，枢密使，右丞相，左丞相等，谥文忠。因与张浚同事孝宗结识其子张栻，其后两人私交甚笃，经常探讨学术问题。淳熙七年（1180），张栻卒，周必大撰文以祭之。著有《省斋文稿》《平园集》等。

第四章

学术要旨

第一节 觉心悟性的易学观

张栻"以圣门事业为己任"（魏了翁语），其易学在继承张浚、胡宏之学的基础上有所发展，重义理而不轻象数，其《易说》甚至被认为是对《程传》的"补续"。①

第一，太极论。作为易学的重要范畴，"太极"一词最早见于《周易·系辞传上》："易有太极，是生两仪，两仪生四象，四象生八卦。"唐代孔颖达《周易正义》，"太极谓天地未分之前，元气混而为一，即是太初、太一也"，将"太极"解释为"气"。在张栻这里，太极是万物产生的本原和存在的根据，天地万物统一于太极。"'太极'之说，某欲下语云：《易》也者，生生之妙也；太极者，所以生生者也。"② 太极动产生阴阳二气，阴阳二气变化产生万物，人和物皆以太极为本原。"太极动而二气形，二气形而万物化，生人与物俱本乎此者也。"③《易》之太极是天、地、人"函三为一"的本体，"《易》有太极者，函三为一，此中也。如立天之道曰阴与阳，而太极乃阴阳之中者乎！立地之道曰柔与刚，而太极乃刚柔之中者乎！立人之道曰仁与义，而太极乃仁义之中者乎！此太极函三为一，乃皇极之中道也"④。太极分为阴阳、刚柔、仁义，同

---

① 参见舒大刚、李冬梅《巴蜀易学源流考》，《周易研究》2011年第4期。
② （宋）张栻：《张栻集》，杨世文点校，中华书局2015年版，第1057页。
③ （宋）张栻：《张栻集》，杨世文点校，中华书局2015年版，第931页。
④ （宋）张栻：《张栻集》，杨世文点校，中华书局2015年版，第18页。

时又存乎其中，作为它们存在的依据。

第二，《易》为载道之书。张栻受其父张浚"圣人作《易》，将以载道"的影响，亦将《易》视为载道之书。他说："《易》之书所以载道，以其载道，故不可远。如居则观其象而玩其辞，动则观其变而玩其占，譬之日月之于人，水火之养生，人虽欲远之，有不可得者，故曰不可远，故其为道也屡迁。……人能弘道，非道弘人。虽载道而不可远道，虽屡迁而未始有常，神而明之，存乎其人者也，苟非其人，则道安能虚行乎？"① 圣人之道存于《易》，人要像离不开日月、水火一样地观玩象、占、辞、卦，以把握住道，并且将道弘扬开来。因此，道不可远，否则就难以推行于天下。张栻强调，《易》所载之道就是天、地、人三才之道。"《易》之为书，所以载三才之道，此其所以为广大悉备也。立天之道曰阴与阳，立地之道曰柔与刚，立人之道曰仁与义：此《易》所以六画而成卦，六位而成章。六者非他，乃三才之道也。"② 《易》之道涵盖了自然天地和人类社会，是万物之本原，同时也是指导人们行为的准则。

第三，道器论。张栻强调，道是形而上的抽象规律，器是形而下的具体事物，二者有形而上、形而下之别。"道不离形，特形而上者也；器异于道，以形而下者也。……《易》之论道器，特以一形上下而言之也。"③ 道、器虽有形而上下之分，但它们是一体的，"形而上曰道，形而下曰器，而道与器非异体也"④。如果割裂了二者之间的关系，就会失之恍惚而不可为象，这是老庄之"道"，非《易》之道。就道、器关系而言，张栻认为，"道托于器而后行"，"道虽非器，礼乐刑赏，是治天下之道也。礼虽非玉帛，而礼不可以虚拘；乐虽非钟鼓，而乐不可以徒作。刑本遏恶也，必托于甲兵，必寓于鞭朴；赏本扬善也，必表之以旗常，必铭之于钟鼎。是故形而上者之道托于器而后行，形而下者之器得其道而无弊"⑤。道虽不是器，但礼乐刑赏这些治理天下之道需要通过玉帛、钟鼓、甲兵、鞭朴、旗常、钟鼎等具体的器物才能得以实施。因此，器先而道后。

---

① （宋）张栻：《张栻集》，杨世文点校，中华书局2015年版，第49—50页。
② （宋）张栻：《张栻集》，杨世文点校，中华书局2015年版，第52页。
③ （宋）张栻：《张栻集》，杨世文点校，中华书局2015年版，第25页。
④ （宋）张栻：《张栻集》，杨世文点校，中华书局2015年版，第181页。
⑤ （宋）张栻：《张栻集》，杨世文点校，中华书局2015年版，第25页。

第二节　居敬穷理的修养论

与宋代其他理学家一样，张栻主张居敬。他说："平日之涵养一于敬。"① 那么，张栻所推崇的"敬"究竟是指什么呢？"夫主一之谓敬，居敬则专而不杂，序而不乱，常而不迫，其所行自简也。"② 在他看来，"敬"就是"主一"，摒弃一切杂念，专注于一件事。如对于事君者来说，"主于敬其事而已。官有尊卑，位有轻重，而敬其事之心则一也"③。要时刻保持"敬"心，须臾不能去。"'君子无终食之间违仁'，是心无时而不存也；'造次必于是，颠沛必于是'，主一之功也。"④ 针对"荒怠因循""蹙迫寡味"二病，张栻在《答吕子约》中强调"深思"，"于主一上进步"，"但所谓二病，若曰荒怠因循，则非游泳之趣；若曰蹙迫寡味，则非矫揉之方。此正当深思，于'主一'上进步也"⑤。而"深思""于主一上进步"的关键是从"本源"上用功，这个"本源"就是持守"敬"心。"纷纷扰扰，灭于东而生于西。要须本源上用工，其道固莫如敬。若如敬字有进步，则弊当渐可减矣。"⑥

在张栻这里，提高自我修养，不外乎一个"敬"字。做到"敬"，修身之道亦在其中，进而可以推广到齐家、治国、平天下。"修己之道，不越乎敬而已。敬道之尽，则所为修己者亦无不尽，而所以安人、安百姓者皆在其中矣。盖一于笃敬，则其推之家以及于国、以及于天下，皆是理也。"⑦ 居敬是穷理的前提和基础，但二者又相互影响、互相促进。"盖居敬有力，则其所穷者益精；穷理浸明，则其所居者益有地。二者盖互相发也。"⑧ 居敬有力，穷理益精；穷理愈明，居敬愈纯。张栻认为，居敬穷理不能急于求成，否则有害于天理。应当循序渐进，一事一物穷究

---

① （宋）张栻：《张栻集》，杨世文点校，中华书局2015年版，第215页。
② （宋）张栻：《张栻集》，杨世文点校，中华书局2015年版，第143页。
③ （宋）张栻：《张栻集》，杨世文点校，中华书局2015年版，第264页。
④ （宋）张栻：《张栻集》，杨世文点校，中华书局2015年版，第125页。
⑤ （宋）张栻：《张栻集》，杨世文点校，中华书局2015年版，第1142页。
⑥ （宋）张栻：《张栻集》，杨世文点校，中华书局2015年版，第1142页。
⑦ （宋）张栻：《张栻集》，杨世文点校，中华书局2015年版，第249页。
⑧ （宋）张栻：《张栻集》，杨世文点校，中华书局2015年版，第1157页。

事物之理。首先，"潜心圣贤，博考载籍。闻见之多，于以蓄德"①。只有这样，用心专一、工夫积累多，才会体察有力。"及其久也，融然无间，涣然和顺，而内外、精粗、上下、本末功用一贯，无余力矣。"②

第三节　知行互发的认识论

张栻强调知先行后，"所谓'知之在先'，此固不可易之论"③，又倡导知行互发。他批评了当时社会上重知轻行的风气。"近岁以来，学者又失其旨，曰吾惟求所谓知而已，而于躬行则忽焉。故其所知特出于臆度之见，而无以诸其躬，识者盖忧之。此特未知致知力行互相发之故也。孔子曰：'学而不思则罔，思而不学则殆。'历考圣贤之意，盖欲使学者于此二端兼致其力，始则据其所知而行之，行之力则知愈进，知之深则行愈达。是知常在先，而行未尝不随之也。知有精粗，必由粗以至精；行有始终，必自始以及终。"④ 张栻认为，脱离了行的知，只是一种"臆度之见"，而非真知，这是知行脱离的弊端。为了纠正这种弊端，张栻倡导致知力行互相启发、互相促进。"致知力行，互相发也。盖致知以达其行，而力行以精其知，工深力久，天理可得而明，气质可得而化也。"⑤ 人们依据已有的知识去行动，在行动中不断深化认识，进而用这种深化了的认识去指导行动，二者之间是相互促进的关系。张栻将认识视为一个过程，指出，首先获得的"知"是粗知，随着知行互发、知行并进，知"由粗以至精"。他强调从"声气容色之间，洒扫应对进退之事"做起，致知力行相须并进，"极其终"便能把握"非思勉之所能及"的天道。原因就在于，这些日用常行之事"虽为人事之始"，但却包含了精微深奥的天道，可以视为致知、力行之原。

---

① （宋）张栻：《张栻集》，杨世文点校，中华书局2015年版，第1320页。
② （宋）张栻：《张栻集》，杨世文点校，中华书局2015年版，第958页。
③ （宋）张栻：《张栻集》，杨世文点校，中华书局2015年版，第1056页。
④ （宋）张栻：《张栻集》，杨世文点校，中华书局2015年版，第969—970页。
⑤ （宋）张栻：《张栻集》，杨世文点校，中华书局2015年版，第994—995页。

第四节　心主性情的心性论

张栻先是继承其师胡宏性体心用、已发为心等观点，后通过与朱熹辩论，使朱熹接受了自己的观点，"《中庸》未发、已发之义，前此认得此心流行之体，又因'程子凡言心者，皆指已发而言'，遂目心为已发、性为未发"①。经过一段时间的思考，朱熹开始怀疑，尤其在乾道五年（1169）的"己丑之悟"，朱熹思想发生了较大的转变，提出了性体情用、心统性情等观点。"'喜怒哀乐之未发谓之中，性也；发而皆中节谓之和，情也。'子思之为此言，欲学者于此识得心也。心也者，其妙情性之德者欤？"②"'（心）以成性者也'，此句可疑。欲作'而统性情也'，如何？"③朱熹的"己丑之悟"反过来又影响了张栻。张栻认识到心、性不能分开，"心性分体用，诚为有病"④，也可从朱熹给张栻的信中窥知一二，"向见所著《中论》有云：'未发之前，心妙乎性；既发，则性行乎心之用矣'"⑤，喜怒哀乐未发之前，心存于性中，与性合而为一；已发之后，性又在心的日用常行中发挥着作用，依然没有离开心。张栻同时对朱熹的"心统性情"有所修正，"'统'字亦恐未安，欲作'而主性情'，如何？"朱熹称赞道："所改'主'字极有功。"⑥未发为性为体，已发为情为用，心则贯穿始终。"性情之所以为体用，而心之道则主乎性情者也。"⑦在性情之中，在已发未发的动静往复中，心始终存在，并发挥着

---

① （宋）朱熹：《朱子全书》，朱杰人、严佐之、刘永翔主编，上海古籍出版社、安徽教育出版社2002年版，第23册，第3130页。
② （宋）朱熹：《朱子全书》，朱杰人、严佐之、刘永翔主编，上海古籍出版社、安徽教育出版社2002年版，第21册，第1403页。
③ （宋）朱熹：《朱子全书》，朱杰人、严佐之、刘永翔主编，上海古籍出版社、安徽教育出版社2002年版，第24册，第3555页。
④ （宋）朱熹：《朱子全书》，朱杰人、严佐之、刘永翔主编，上海古籍出版社、安徽教育出版社2002年版，第24册，第3562页。
⑤ （宋）朱熹：《朱子全书》，朱杰人、严佐之、刘永翔主编，上海古籍出版社、安徽教育出版社2002年版，第21册，第1317页。
⑥ （宋）朱熹：《朱子全书》，朱杰人、严佐之、刘永翔主编，上海古籍出版社、安徽教育出版社2002年版，第24册，第3555页。
⑦ （宋）张栻：《张栻集》，杨世文点校，中华书局2015年版，第1032页。

它对性情的主宰、统摄作用。

第五节　性善情恶的人性论

　　同朱熹一样，张栻亦反对胡宏"善恶不足以言性"的观点，"栻曰：论性而曰'善不足以名之'，诚为未当，如元晦之论也。夫其精微纯粹，正当以至善名之。龟山谓'人欲非性也'，亦是见得分明，故立言直截耳。《遗书》中所谓'善固性也，恶亦不可不谓之性也'，则如之何？譬之水澄清者，其本然者也。其或浑然，则以夫泥滓之杂也。方其浑也，亦不可不谓之水也。夫专善而无恶者，性也，而其动则为情。情之发，有正有不正焉。其正者，性之常也；而其不正者，物欲乱之也。于是而有恶焉。是岂性之本哉！其曰'恶亦不可不谓之性'者，盖言其流如此，而性之本然者，亦未尝不在也"①。他以水作喻，认为性"专善而无恶"，并体现为仁义礼智四德，人照此发展下去，便会产生恻隐、羞恶、辞让、是非之心。"所谓善者，盖以其仁义礼知之所存，由是而发，无人欲之私乱之，则无非恻隐、羞恶、辞让、是非之心矣。人之有不善，皆其血气之所谓，非性故也。"②但由于气禀不同，受物欲影响，使情之已发有正与不正的区别，正者为善，不正者为恶，"论性之存乎气质，则人禀天地之精，五行之秀，固与禽兽草木异。然就人之中不无清浊厚薄之不同，而实亦未尝不相近也。不相近则不得为人之类矣，而人贤不肖之相去或相倍蓰，或相什百，或相千万者，则因其清浊厚薄之不同，习于不善而日远耳。习者，积习而致也"③。张栻认为，恶性不是不可以改变的，他主张变化气质，以"复其初"。方法有二。一是教。"人所禀之质虽有不同，然无有善恶之类，一定而不可变者。盖均是人也，原其降衷何莫而不善？故圣人有教焉，所以反之于善也。……盖气有可反之理，人有能反之道，而教有善反之功，其卒莫之能反者，则以其自暴自弃而已。"④

---

① （宋）胡宏：《胡宏集》，吴仁华点校，中华书局1987年版，第331页。
② （宋）张栻：《张栻集》，杨世文点校，中华书局2015年版，第398页。
③ （宋）张栻：《张栻集》，杨世文点校，中华书局2015年版，第275页。
④ （宋）张栻：《张栻集》，杨世文点校，中华书局2015年版，第264页。

一是学。"上知下愚一存于气禀乎？曰：不然。上知固生知之流，然亦学而可至也。均是人也，虽气禀之浊，亦岂有不可变者乎？惟其自暴自弃而不知学，则为安于下愚而不可移矣。"① 人由于气禀不同而有上智、下愚之分，但这种区分是可以改变的，"下愚"通过学而可至"上智"。"善学者克其气质之偏，以复其天性之本，而其近者亦可得而一矣。"② 通过教和学，变化气质，恢复本初的善性。

第六节 察识涵养相须并进的工夫论

胡宏说："齐王见牛而不忍杀，此良心之苗裔因利欲之间而见者也。一有见焉，操而存之，存而养之，养而充之，以至于大。大而不已，与天同矣，此心在人，其发见之端不同，要在识之而已。"③ 他认为，在察识到良心之后，还要对良心进一步体认、扩充，才能把握大道。张栻早期继承了胡宏这一观点，非常重视从日用常行中察识端倪，通过存养扩充来识得仁之大体，"尝试察吾终日事亲从兄、应物处事，是端也其或发见，亦知其所以然乎？诚能默识而存之，扩充而达之，生生之妙，油然于中，则仁之大体岂不可得乎？"④ 即后儒所谓"先察识后涵养"。朱熹早年接受这一观点，并称赞南轩"'端倪'两字极好"⑤。他在给门人的信中说道："钦夫尝收安问，警益甚多。大抵衡山之学，只就日用处操存辨察，本末一致，尤易见功。某近乃觉知如此，非面未易究也。"⑥ "去冬走湖湘，讲论之益不少。然此事须是自做工夫于日用间行住坐卧处，方自有见处。然后从此操存，以至于极，方为己物尔。敬夫所见，超诣卓

---

① （宋）张栻：《张栻集》，杨世文点校，中华书局2015年版，第275页。
② （宋）张栻：《张栻集》，杨世文点校，中华书局2015年版，第275页。
③ （宋）朱熹：《朱子全书》，朱杰人、严佐之、刘永翔主编，上海古籍出版社、安徽教育出版社2002年版，第24册，第3561页。
④ （宋）张栻：《张栻集》，杨世文点校，中华书局2015年版，第900—901页。
⑤ （宋）黎靖德编：《朱子语类》，王星贤点校，中华书局1986年版，第2605页。
⑥ （宋）朱熹：《朱子全书》，朱杰人、严佐之、刘永翔主编，上海古籍出版社、安徽教育出版社2002年版，第25册，第4747页。

然，非所可及。"① 不过，后来朱熹思想有所转变，"五峰曾说，如齐宣王不忍觳觫之心，乃良心，当存此心。敬夫说'观过知仁'，当察过心则知仁。二说皆好意思。然却是寻良心与过心，也不消得。只此心长明，不为物蔽，物来自见"②。

随着阅历的丰富、知识的积累，张栻"省过矫偏"，对前说进行修正和调整，明确提出存养、省察应当并进，"存养省察之功固当并进，然存养是本，觉向来工夫不进，盖为存养处不深厚"③。又说："但当常存乎此，本原深厚，则发见必多。而发见之际，察之亦必精矣。若谓先识所谓一者而后可以用力，则用力未笃，所谓一者只是想象，何由意味深长乎？"④ 张栻意识到一味强调省察的弊端，他在答胡大时的信中说："人人固有秉彝。若不栽培涵泳，如何会有得？古人教人自洒扫应对进退礼乐射御之类，皆是栽培涵泳之意。若不下工夫，坐待有得而后存养，是枵腹不食而求饱也。"⑤ 如果存养之功欠缺，省察则力将不逮。"存养体察，固当并进。存养是本，工夫固不越于敬，敬固在主一。"⑥ "若专一，工夫积累多，自然体察有力。只靠言语上苦思，未是也。"⑦ 张栻认识到存养的重要性，主张存养、省察应当相须并进，标志着其工夫论的成熟和确立。

第七节　重理贵义的孝道观

张栻说："儒者之言曰'立爱惟亲'，又曰'立爱自亲始'。曰'立'云者，则可见其大本矣。"⑧ 将孝视为一切德行的"大本"（即"大始"）。他不仅积极阐发孝道思想，而且自觉躬行孝道于治家、为官之中，"靖康

---

① （宋）朱熹：《朱子全书》，朱杰人、严佐之、刘永翔主编，上海古籍出版社、安徽教育出版社2002年版，第22册，第1871页。
② （宋）黎靖德编：《朱子语类》卷一○一，中华书局1986年版，第2593页。
③ （宋）张栻：《张栻集》，杨世文点校，中华书局2015年版，第1133页。
④ （宋）张栻：《张栻集》，杨世文点校，中华书局2015年版，第1184页。
⑤ （宋）张栻：《张栻集》，杨世文点校，中华书局2015年版，第1265页。
⑥ （宋）张栻：《张栻集》，杨世文点校，中华书局2015年版，第1180页。
⑦ （宋）张栻：《张栻集》，杨世文点校，中华书局2015年版，第1052页。
⑧ （宋）张栻：《张栻集》，杨世文点校，中华书局2015年版，第1215页。

之变，国家之祸乱极矣。小大之臣，奋不顾身以任其责者，盖无几人。而其承家之孝，许国之忠，判决之明，计虑之审，又未有如公者"①。这与其幼时所受过庭之训和家族门风熏陶渐渍不无关系。诚如朱熹在为张栻所撰《右文殿修撰张公神道碑》中所说，父张浚"爱之。自其幼学，而所以教者莫非忠孝仁义之实"。

第一，守身为事亲之本。《孟子·离娄上》曰："事孰为大？事亲为大。守孰为大？守身为大。不失其身，而能事其亲者，吾闻之矣；失其身而能事其亲也，吾未之闻也。孰不为事？事亲，事之本也。孰不为守？守身，守之本也。"张栻解曰："反复言之，又欲人以守身为事亲之本也。"② 先守其身，然后才能孝其亲；否则，即使每天用"三牲"（牛、羊、猪）来奉养父母，也是不孝。李二曲借用《孝亲说》之言将"人子之身生于父母"比作"草木之生于根本"，认为人子从头到脚，"皆父母精血所遗"，子身就是亲身，"爱其亲者，则必爱其身矣"。③ 子女身体是父母"精血"在另一种形式上的延续，父母既然全而生之，子女理应全而还之。因此，保护好自己的身体，使其不受伤害，是孝之本，亦是孝之始，"身体发肤，受之父母，不敢毁伤，孝之始也"（《孝经·开宗明义章》）。在这里，"不敢毁伤"还有另外一层含义，那就是不作奸犯科、冒犯刑辟等。《论语·颜渊》曰："一朝之忿，忘其身以及其亲，非惑与？"由于古代刑法实行肉刑，犯法者被处以墨、劓、剕、宫、辟五刑，身体会受到毁坏。《论衡·四讳》云："孝者怕入刑辟，刻画身体，毁伤发肤，少德泊行，不戒慎之所致也。愧负刑辱，深自刻责，故不升墓祀于先。"当然，为国家和民族利益毁伤身体者除外，这部分人不但不违背孝道，反而是更高层次的"孝"。孔子就赞成"能执干戈以卫社稷"的童子享成人葬礼，甚至提倡"无求生以害仁，有杀身以成仁"；曾子也说"战陈无勇，非孝也"，都赞赏在大义面前，能够勇于献身。相反，如果战场上临阵脱逃，则会让父母蒙羞、让国家蒙难，那样的话，即使苟全性命也不是孝。

---

① （宋）朱熹：《朱子全书》，朱杰人、严佐之、刘永翔主编，上海古籍出版社、安徽教育出版社2002年版，第24册，第4134页。
② （宋）张栻：《张栻集》，杨世文点校，中华书局2015年版，第460页。
③ （清）李颙：《二曲集》，陈俊民点校，中华书局1996年版，第352页。

《礼记·祭义》载：曾子的弟子乐正子春下堂时不小心伤了脚，几个月不出家门，脸上还带着忧色。弟子问其故，乐正子春借用孔子的话回答说，"父母全而生之，子全而归之，可谓孝矣。不亏其体，不辱其身，可谓全矣，故君子顷步而弗敢忘孝也。……不辱其身，不羞其亲，可谓孝矣"。可见，"守身"，除了保全身体，避免"辱身"外；还要谨言慎行，避免"羞亲"。张栻《思终堂记》取《礼记》"慎行其身，不遗父母恶名，可谓能终"之义，告诫人子曰："盖人子之于亲，终其事之为难也。"什么是"终其事"呢？就是能够持守"吾身"。亲人殁后，看到他用过的"杯棬"则奉之而泣，看到故乡"桑梓"则飒然而敬。同样，对待"吾之此身"也要敬爱，因为它得之"吾亲"，无异于"亲之遗体"。如何敬爱呢？"身体发肤，不敢毁伤，不敢以遗体行殆"是也。对于形体，尚且要注意保护，对于使我们这副躯壳获得活泼泼生命（赋是形以生）的"性"，又如何能"使之或亏"呢？因此，凡是"视听言动之不庄不钦，以至朋友之不信，事君之不忠，莅官之不敬"，都可视为"非孝"。换句话说，只有做到遵礼、守信、尽忠、尽职，才算尽了孝。因为在以上行为中，倘若"一毫有歉乎其中，则为有辱乎其亲"，就会损伤自己的本性，"故君子战战兢兢，每惧或失之，凡欲以顺保其性，以无失其身，而无辱乎其亲"。由此可知，曾子所说的"全而归之"，即"能终其事"，也就是"行身而不遗父母恶名"。《孝经·开宗明义章》曰："立身行道，扬名于后世，以显父母，孝之终也。"要想显亲扬名，立身行道是关键。然而，有人恰恰相反，急切地追求功名利禄，却不知"枉道苟得，戕贼天性"，结果反而"负乘播恶，耻加遗体"。可见，以"道"行身，"虽处贫贱，而其所为事亲者未尝不得"；相反，"不以其道，则至于居富贵，而所为辱亲者"。① 由此看来，追求富贵利达以显亲，结果反而羞亲、辱亲。与其如此，不若处贫贱以安亲。

第二，孝子之心，莫不以尊亲为至。"孩提之童，莫不知爱其亲，及其长也，莫不知敬其兄。此其知岂待于虑乎？而其能也，又岂待于学乎？此所谓良能良知也。"② 在张栻看来，孝悌是与生俱来的本性，是先天具

---

① （宋）张栻：《张栻集》，杨世文点校，中华书局2015年版，第956—957页。
② （宋）张栻：《张栻集》，杨世文点校，中华书局2015年版，第595页。

有的良知良能，无须学习、无须勉强，乃"性之自然"。《礼记·祭统》曰："孝者，畜也。"畜者，养也。可见，孝的基本含义就是养亲。简单说来，就是"冬温而夏清，昏定而晨省"（《礼记·曲礼上》）。"且夫为孝必自冬温夏清、昏定晨省始，为弟必自徐行后长者始，故善言学者必以洒扫应对进退为先焉。"① 在张栻看来，"洒扫应对进退"看似小事，却是尽孝的必修课；虽为"人事之始"，却可以体现出天道深奥微妙的道理来。践行孝道从此处入手，由浅入深，由易到难，存养扩充，如此便能"尽性至命"。他还说，古代"礼"的总纲有三百多条、细目有三千多条，但都存在于五伦之际，洒扫应对、献酬交酢，以至于坐立寝食之间，极其细致周全，而后成其天理。因此，应当从洒扫应对进退等小事做起，修成至德以凝道。

仅仅做到上述这些还远远不够，《大戴礼记·曾子事父母》载："单居离问于曾子曰：'事父母有道乎？'曾子曰：'有，爱而敬。'"邢疏引刘炫曰："爱恶俱在于心，敬慢并见于貌。爱者隐惜而结于内，敬者严肃而形于外。"② 爱生于心，敬显于貌，一内一外，一隐一显，内外合一，才是孝亲。可见，真正的孝子，即使没有丰厚的物质奉养，只要心诚礼敬，菽水亦能让亲人高兴，故《礼记·檀弓下》有"菽水承欢"之说。相反，如果通过贪赃枉法、索贿受贿来养亲，则不能算是孝。由此看来，相比于养亲，尊亲敬亲更重要，"夫孝子之心，莫不以尊亲为至也"③。张栻还将父母与天地并立，主张"以事天之道事亲"，"以事亲之道事天"，"惟人之生，受之天地，而本乎父母者也。然则天地其父母乎！父母其天地乎！故不以事天之道事亲者，不得为孝子；不以事亲之道事天者，不得为仁人"④。人的出生受之天地、本于父母，不以事天之道事父母，就不是孝子；不以事父母之道事天，就不是仁人。事天、事父母，是实然之理。"实然之理具诸其性。有是性，则备是形以生。性无不善也，凡其

---

① （宋）张栻：《张栻集》，杨世文点校，中华书局2015年版，第933页。
② （唐）李隆基注，（宋）邢昺疏：《孝经注疏》，金良年整理，上海古籍出版社2009年版，第8页。
③ （宋）张栻：《张栻集》，杨世文点校，中华书局2015年版，第507页。
④ （宋）张栻：《张栻集》，杨世文点校，中华书局2015年版，第953—954页。

所为，视听言动莫不有则焉，皆天之理也，性则然矣。"① 实然之理具有其性，有性就有了身体和性命。性是善的，其视听言动都有规则，这就是天理。性与理一，才是孝子仁人。人出生时，爱之理具于其性，但由于私意蔽隔，理虽存而人道几乎窒息了。因此，君子克己存理，使人与仁合而为人道。人与仁之所以能够合为人道，原因就在于，爱之理为仁，"事亲之道，人人具于其性"②。那么，如何克己存理呢？这就是立人达人的为仁之方，"人惟有己则有私，故物我坐隔，而昧夫本然之理。己欲立而立人，己欲达而达人，于己而譬，所以化私欲而存公理也"③。

《论语·为政》载，孔子就弟子有关"何谓孝"的问题给予回答，张栻对此作出解释。对于子游之"养而不知敬"，张栻主张"事亲以敬为本，养而不知敬，则但为养而已，是何以别乎？以敬为本，则所以养者固亦在其敬之中矣"④。

世俗皆以能养为孝，但若"养而不知敬"，便与饲养犬马无别；相反，"以敬为本"，则养在其中矣。由此看来，孝是奉养之行与爱敬之心的结合，缺少哪一方面都不是真正的孝。相较于"养"，"敬"是更高层次的孝。养亲容易，但要做到事事敬亲悦亲却非易事。对父母之敬还包括和颜悦色、辞气温厚，非爱敬之至、和顺充积而不能为，这一点，即使圣门高弟子游、子夏也未必能做好。因此，张栻在解子夏之"色难"时说："色难，《记》所谓愉色婉容者是已，盖非爱敬之至，和顺充积，则形于外者不能常然也。意者子夏于事亲之际犹或少此与？游、夏圣门高弟，其于致养服勤盖所优为，故一则告之以'敬'，一则告之以'色难'，皆勉其所未尽，而所以进之者远矣。"⑤

可见，服劳奉养以安其身，不若愉色婉容以悦其心。对于孟武伯之"父母惟其疾之忧"，张栻主张"人子以父母之心为心，舍有疾之外，其他无以忧其亲者，则其一举足、一出言之不敢忘可知矣。然而不幸而遇

---

① （宋）张栻：《张栻集》，杨世文点校，中华书局2015年版，第954页。
② （宋）张栻：《张栻集》，杨世文点校，中华书局2015年版，第466页。
③ （宋）张栻：《张栻集》，杨世文点校，中华书局2015年版，第154—155页。
④ （宋）张栻：《张栻集》，杨世文点校，中华书局2015年版，第106页。
⑤ （宋）张栻：《张栻集》，杨世文点校，中华书局2015年版，第106页。

疾可也，若所以卫养者不谨，自取疾疢以贻亲忧，则亦为非孝而已"①。

对于孟懿子问孝，孔子回答"无违"，但孟懿子并未深究。孔子后来告诉樊迟说："生，事之以礼；死，葬之以礼，祭之以礼。"（《论语·为政》）此处将"孝"解释为"无违"，即无违于"礼"。那么，什么是"礼"呢？在张栻看来，"礼"就是宋明理学家所言"天理"，"所谓礼者天之理也，以其有序而不可过，故谓之礼"②。在这里，"序"指"轻重亲疏小大远近之宜"③，也就是宗法亲疏等级秩序，此秩序是人与生俱来、不可改变、不能违背的。建立在血缘亲疏、戚属远近基础之上的宗法等级秩序与纲常伦理在本质上是一致的，因此张栻意在强调后者的合理性、必然性和绝对性。张栻指出，礼即天理，与"己私"或"人欲"相对，一切违背礼义的行为，也都违背天理。换句话说，如果有非礼的行为存在，那就是没有恪守天理或是放纵人欲的结果。张栻主张无违于"礼"（"理"），即使养、葬、祭皆出于亲心、用于亲身，也不可以。"无违，谓无违于理也。礼者，理之所存也。生事之以礼，以敬养也；死葬之以礼，必诚必信也；祭之以礼，致敬而忠也。亲虽有存没之间，而孝子之心则一而已。存是心而见于节文者无不顺，所谓'以礼'也。以孟懿子之不能问也，故因樊迟之御以告之。使懿子因圣人之言而有发，则夫三家之所以养其亲，与所以葬、所以祭者，皆违理之甚者也，其敢斯须而安之乎？"④

张栻以"理"释"礼"，甚至将"理"视为行孝与否的重要标准，指出一切不符合天理的行为，都是"不孝"。"孟子所论不孝五者，盖言世俗之所谓不孝者，世俗之所共知者也。若夫君子之行身，则居处不庄，非孝也；事君不忠，非孝也；莅官不敬，非孝也；朋友不信，非孝也；战阵无勇，非孝也。一失其所以行身之理，则为非孝矣。"⑤

第三，仁莫先于爱亲。"尧、舜之道，孝弟而已矣。孝弟足以尽尧、舜之道。盖人性之德，莫大于仁义。仁莫先于爱亲，义莫先于从兄。此

---

① （宋）张栻：《张栻集》，杨世文点校，中华书局2015年版，第105页。
② （宋）张栻：《张栻集》，杨世文点校，中华书局2015年版，第1163页。
③ （宋）张栻：《张栻集》，杨世文点校，中华书局2015年版，第542页。
④ （宋）张栻：《张栻集》，杨世文点校，中华书局2015年版，第105页。
⑤ （宋）张栻：《张栻集》，杨世文点校，中华书局2015年版，第496页。

孝弟之所由立也。尽得孝弟，则仁义亦无不尽。是则尧、舜之道，岂不可一言蔽之乎？人孰无是心哉？顾体而充之何如耳。"① 张栻认为，即使尧舜那样的贤明君主也是扩充孝悌之道的结果。因为尧舜是仁义之君，而仁义的根本是孝悌，所以他赞同孟子"尧、舜之道，孝弟而已矣"的论断。尧舜之所以能成为圣人，原因就在于其孝敬父母、友爱兄弟，促成家族和睦，继而平章百姓、协和万邦，使天下百姓都能和睦相处。可见，孝悌乃为仁之根本，后世君王若能以孝悌为本、施仁政于民，便"可使制梃以挞秦、楚之坚甲利兵矣"。因此，张栻在解"王如施仁政于民"章时指出，减免刑罚、减轻赋税，让百姓精心耕种、衣食无忧，他们才有时间去尽孝悌；建立学校，向百姓讲明孝悌之道，爱敬之心笃，才有忠君敬长之行生。民心同一，就没有谁能够战胜了。他又说："予尝观孟子论王政，其于学曰：'谨庠序之教，申之以孝悌之义。'而后知先王所以建庠序之意，以教之孝悌为先也。"② 为何先王建庠序、以教之孝悌为先呢？原因就在于："孝悌者天下之顺德，人而兴于孝悌，则万善类长，人道之所由立也。譬如水有源，木有根，则其生无穷矣。故善观人者，必于人伦之际察之，而孝弟其本也。"③ 正因为孝悌为顺德，所以为人孝悌者很少犯上，更不会有"悖理乱常之事"。可以说，判断一个人是否善类端人，看其行孝悌与否即可，故而孔子又将孝悌看作成为士人的重要因素之一。《论语·子路》载：子贡问如何才能成为"士"。孔子答："宗族称孝焉，乡党称弟焉。"宗族称孝、乡党称悌，虽然不知其见于用如何，但其孝悌之行已取信于人。他在解"孝弟也者，其为仁之本与"时说："'其为人也孝弟'……盖言人之资质有孝弟者，孝弟之人和顺慈良，自然鲜好犯上。不好犯上，况有悖理乱常之事乎？'君子务本'，言君子之进德每务其本，本立则其道生而不穷。孝弟乃为仁之本，盖仁者无不爱也，而莫先于事亲从兄。人能于此尽其心，则夫仁民爱物皆由是而生焉。故孝弟立则仁之道生。未有本不立而末举者也。或以为由孝弟

---

① （宋）张栻：《张栻集》，杨世文点校，中华书局2015年版，第565—566页。
② （宋）张栻：《张栻集》，杨世文点校，中华书局2015年版，第891页。
③ （宋）张栻：《张栻集》，杨世文点校，中华书局2015年版，第891—892页。

可以至于仁，然则孝弟与仁为异体也，失其旨矣。"①

行仁须以孝弟为本、为始，否则，所行之仁便会成为无源之水、无本之木。也就是说，人只有通过践履孝弟之道才能为仁，二者是先与后、本与末的关系。张栻用"孝弟"与"仁"将"性"与"心"统一起来。孝弟为仁之本，乃人之"性"；而孝弟之于仁的无穷性则需要在一定条件下表现出来，即"心"之所发。关于"孝弟为仁之本"的解读，旧说纷纭。如程颐将"为"作"行"解，指出孝弟是践行仁德的起点。张栻亦赞同此观点，他在《答潘叔度》中说："来书得以窥近日所存，甚幸。但以鄙见，尚恐未免于迫切之病。如云以是心事亲则为孝，以是心从兄则为弟，视听言动无非是心，推之无所不用其极之类，辞气皆伤太迫切。要当于勿忘、勿助长中优游涵泳之，乃无穷耳。'孝弟为仁之本'，《遗书》中有一段说，非是谓由孝弟可以至仁，乃是为仁自孝弟始，此意试玩味之。"② 在张栻看来，为仁必始于孝弟，原因就在于，孝弟是为仁之本；反过来，孝弟则不一定可以至仁，它只是践行仁德的一个途径。

既然孝弟是行仁的根本（"大本"）和前提，那么，文人士子要想践行仁德，就必须从孝弟做起，由重视亲亲之情、强调亲疏之别的家庭伦理扩充至"泛爱众"的社会伦理，从而推动仁的实现。什么是"仁"呢？张栻言仁，从"爱之理"出发，继承程子观点，突出爱之"理"，以"爱之理"说明性、情、爱、仁四者不可不分别（后与朱子沟通交流过程中，接受其"爱之理"说），再由"仁"推出"仁"能贯通四德，进而论孟子以人心言仁说。他继承孟子以"人心"释"仁"的观点，"'仁，人心'者，天理之存乎人也"③。此处"人心"乃根源于性、合乎天理的本心。天理存于人心，就是"仁"，赋予自然界以道德的意义。在张栻看来，人是自然界的一部分，人心和天理是相通的。他又说："盖仁者天地之心，天地之心而存乎人，所谓仁也。"④ 以"天地之心"释仁，使仁获得本体论的意义。就仁之本体而言，"人心"即"天地之心"，仁本为粹

---

① （宋）张栻：《张栻集》，杨世文点校，中华书局2015年版，第96页。
② （宋）张栻：《张栻集》，杨世文点校，中华书局2015年版，第1184—1185页。
③ （宋）张栻：《张栻集》，杨世文点校，中华书局2015年版，第554页。
④ （宋）张栻：《张栻集》，杨世文点校，中华书局2015年版，第970页。

然至善的天地之心，为人性所固有。但从现实来看，二者又有区别，天地之心正、公、大，人心邪、私、小，这是因为后者被私欲蒙蔽而丧失天理的缘故。因此，人必须克己去欲、保存天理，使人心与天地之心相似，从而达到"仁"的境界。由家庭孝亲开始，继而推己及人、践行仁德，最终达到"万物一体"的境界。言"万物一体"，是达"仁"之后的情形，张栻赞同程氏"一体"贯通"周遍"说。

第四，若不幸而有悖于理，害于事，则当察而更之。《孟子·万章上》曰："人悦之，好色，富，贵，无足以解忧者，惟顺于父母可以解忧。"养亲安亲、敬上顺长，固然是孝之大伦，但倘若父母有过，做子女的又该如何去做呢？张栻主张"察而更之"，他在解"孟庄子之孝"时说："以为难能，特曰为之不易云耳。盖父之臣与父之政必善矣，固当奉而笃之；若不幸而有悖于理，害于事，则当察而更之，是乃致其诚爱于亲也。孟庄子之所以终不改者，意者其事虽未为尽善，而亦不至于悖理害事之甚与？故有取其不忍以改也。盖善而不改，乃其常耳，不必称难能；恶而不改，则是成父之恶，不可称难能也。"①

张栻认为，当父母"悖于理，害于事"时，要"察而更之"，否则就是"成父之恶"，有陷亲于不义的危险。因此，他在解"父在观其志"章时，明确提出："父在，人子有不得行其志者。志欲为之而有不得行焉，则孝子之所以致其深忧者，亦可得而推矣。'父没观其行'者，首于其居丧之际而观之也。三年无改于父之道，志哀而不暇他问也。或曰：如其非道之甚，则亦待三年乎？盖三年无改者，言其常也，可以改而可以未改者也。若悖理乱常之事，则孝子其敢须臾以宁？不曰孝子成父之美，不成父之恶乎？曰父之道，则固非悖理害常之事也。"②

由此看来，就尽孝而言，谏诤比顺从更重要，荀子就倡言"从道不从君，从义不从父"（《荀子·子道》）。可见，臣子对君亲有谏诤之义，而无隐讳纵恶之私。在这里，需要注意的是，在下位者要勇于劝谏，同样，在上位者亦要虚心纳谏。如此，才能上下相亲、左右相和。

有过则谏，但如果父母有过，就大声呵斥、粗暴对待，则会对其身

---

① （宋）张栻：《张栻集》，杨世文点校，中华书局2015年版，第296页。
② （宋）张栻：《张栻集》，杨世文点校，中华书局2015年版，第100页。

心造成伤害，更有违伦常。因此，谏诤要注意方式方法、把握分寸。即使对方有错，亦要怡色柔声、微谏不倦，尽可能做到情义兼尽。张栻在解"事父母几谏"时说："事亲者，心存乎其亲，听于无声，视于无形。其体之精矣，故几微所形，必得于心。谏于其未著，为易反也。'见志不从，又敬不违'，河东侯氏曰：加诚敬而不违其几谏之初心，盖积其诚意如此，劳而不怨，竭力而不弛也。"①

因此，谏诤要想取得良好效果，就必须及时观察父母言行，一旦发现有错，要及时规劝；即使父母一开始不接受，也不要气馁，等他们高兴了，再进行劝谏。就谏诤方式而言，有正谏、降谏、忠谏、戆谏、讽谏、顺谏、窥谏、指谏、陷谏、尸谏等，具体的劝谏方式还应视情况而定。

实际上，并不是每一次谏诤都能达到预期效果，如果谏不行、言不听，又该如何去做呢？张栻曰："见君有过则当谏，反覆之而不听则可以去。"② 这与孔子所言"以道事君，不可则止"（《论语·先进》），孟子所说"无罪而杀士，则大夫可以去；无罪而戮民，则士可以徙"（《孟子·离娄下》）有异曲同工之妙。皆是说，当君亲有过时，臣子应及时劝谏；但反复劝谏而不被接受则可以离去。在张栻看来，行孝还应把握一定的尺度。他在与人讨论"观过，斯知仁矣"时说："观君子之过于厚，则如鬻拳之以兵谏，岂非过于忠乎？唐人之剔股，岂非过于孝乎？阳城兄弟之不娶，岂非过于友悌乎？此类不可胜数，揆之圣人之中道，无取焉耳，仁安在哉！"③ 张栻认为，鬻拳兵谏、唐人剔股、阳城兄弟不娶等都不是真正的孝。由此可见，尽孝应坚守中道，切不可走极端。

值得注意的是，人们在谈到孝的时候，往往强调子女对父母的义务，却很少提到父母对子女的责任。宋人应俊在《琴堂谕俗编》卷上《孝父母续编》中说："父有不慈而子不可以不孝。"其实，这是有悖孝之本义的。孝不是单向的爱敬与谏诤，而是上下之间一种相互的道德要求。《论

---

① （宋）张栻：《张栻集》，杨世文点校，中华书局2015年版，第130页。
② （宋）张栻：《张栻集》，杨世文点校，中华书局2015年版，第536页。
③ （清）黄宗羲：《宋元学案》，全祖望补修，陈金生、梁运华点校，中华书局1986年版，第1621页。

语·八佾》载：定公问曰："君使臣，臣事君，如之何?"孔子对曰："君使臣以礼，臣事君以忠。"张栻解："使臣以礼，如传所谓敬大臣、体群臣之类是也；事君以忠，无以有己，有犯而无隐也。君使臣以礼，臣事君以忠，则上下交而泰，治兴矣。然在人君端本之道，以礼使臣，则群臣得尽其忠，不然，惧贤者之日远，而小人之日亲也。"① 可见，君臣之间的义务是双向的，但根本还在人君自己（"端本"）。他警告说，为人君者不必担心臣子不忠，而应当反省自己是否待人以礼。倘或君主能以礼使臣，臣子自然忠顺；否则，不唯人臣难保其忠诚，其他贤者也会远举高卧，只有小人逐利才会趋赴于你。

---

① （宋）张栻：《张栻集》，杨世文点校，中华书局2015年版，第120页。

第五章

论著辑评

第一节 经学

张栻论学以儒为宗,视佛老、杨墨、词章训诂、霸道政治为异端,通过诠释儒家经典以阐发义理。

一 《易》

张栻自幼学易于父张浚,又受王大宝、胡宏之学影响,以《南轩易说》和《太极解义》著称于世。他视《易》为载道之书,重义理而不轻象数。

子曰:"知变化之道者,其知神之所为乎!"

大而天地,散而万物,举皆囿于造化之道,而为其推迁者也。然变化岂能自运邪?有神以行其变化者也,故知变化之道者其知神之所为乎!变者自无而出有,化者自有而归无。……然变者不能以自变,有神以变之;化者不能以自化,有神以化之。故知变化之道者,疑若窥测其妙也,然能知神之所为而已。

《易》有圣人之道四焉:以言者尚其辞,以动者尚其变,以制器者尚其象,以卜筮者尚其占。

《易》者无形之圣人,而圣人者有形之《易》。故《易》乃圣人之道,而圣人者乃尽《易》之道者也。故指《易》以为圣人可也,指圣人以论《易》亦可也。故曰:"《易》有圣人之道四焉。"故指其所之者

《易》之辞也，以言者尚之，则言无不当矣；化而裁之者《易》之变也，以动者尚之，则动无不时矣；象其物宜者《易》之象也，制器者象之，则可以尽制物之智；极数知来者《易》之占也，卜筮者尚之，则可以穷先知之神。

子曰"《易》有圣人之道四焉"者，此之谓也。

夫自至精至变而造于至神，自唯深唯几而造于唯神，其原皆自于以言者尚其辞、以动者尚其变、以制器者尚其象、以卜筮者尚其占，以《易》有圣人之道四焉。君子将有为也，将有行也，皆可以至于圣人之道，故终之以此。

是故《易》有太极，是生两仪，两仪生四象，四象生八卦，八卦定吉凶，吉凶生大业。

《易》有太极者，函三为一，此中也。如立天之道曰阴与阳，而太极乃阴阳之中者乎！立地之道曰柔与刚，而太极乃刚柔之中者乎！立人之道曰仁与义，而太极乃仁义之中者乎！此太极函三为一，乃皇极之中道也。是以圣人作《易》，所谓六爻者乃三极之道，故三才皆得其中，是乃顺性命之理也。爰自太极既判，乃生两仪者，在天为阴阳，在地为柔刚，在人为仁义。虽曰阴阳，不可指为阴阳，虽曰柔刚，不可指为柔刚，虽曰仁义，不可指为仁义，乃仪则具存而有对代者也。夫有两仪则一与六共宗，二与七共朋，三与八同道，四与九相友，存一而六具，有二而七存，有三而八著，有四而九生。此七九八六乃《易》之四象。天一之水得六而居北，于卦为坎；地二之火得七而居南，于卦为离；天三之木得八而居东，于卦为震；地四之金得九而居西，于卦为兑。是以坎之数六，去三而余三，此三画之乾所以生于西北；离之数七，去三而余四，此四画之巽所以生于东南；兑之数九，去三而余六，此六画之坤所以生于西南；震之数八，去三而余五，此五画之艮所以生于东北。乃四象生八卦也。及夫八卦既具，则乾之策乃四九三十六策，坤之策乃四六二十四策，震、坎、艮之策乃四七之策也，巽、离、兑之策乃四八之策也。道之妙也由是而显，德之粗也由是而神，可与祐神，可与酬酢，则吉凶岂有不定者乎？吉凶既定，则知其利之可兴，害之可除。

是故法象莫大乎天地，变通莫大乎四时，县象著明莫大乎日月，崇高莫大乎富贵，备物致用，立成器以为天下利，莫大乎圣人，探赜索隐，钩深致远，以定天下之吉凶，成天下之亹亹者，莫大乎蓍龟。

物固有法象，至于法象之大者莫大乎天地；物固有变通，至于变通之大者莫大乎四时；水火固著明矣，然垂象著明，惟在天之日月为莫大也；爵齿固崇高矣，然崇高之极，惟宝位之富贵为莫大也。以至备物致用，立成器以为天下利，俾民养生丧死、仰事俯育用之不穷者，所以莫大于圣人也。探赜索隐，钩深致远，定天下之吉凶，俾民避害趋利，去危即安，以前民用者，所以莫大于蓍龟也。

是故天生神物，圣人则之；天地变化，圣人效之；天垂象，见吉凶，圣人象之；河出《图》，洛出《书》，圣人则之。

圣人则之，度其时以卜其道之将兴于世也。大抵通于天者河也，有龙马负《图》而出，此圣人之德上配于天，而天降其祥也。中于地者洛也，有神龟载《书》而出，此圣人之德下及于地，而地呈其瑞也。圣人则之，故《易》兴于世，然后象数推之，以前民用，卦爻推之，以济民行，而推之天下后世也。

《易》有四象，所以示也；系辞焉，所以告也；定之以吉凶，所以断也。

《易》有四象以示其人，示其吉凶也；至于不得已而有辞以告其人者，告其吉凶也。夫示人以吉凶，告人以吉凶，无非俾人自探也。然犹有安其危而利其菑、乐其所以亡者，故定之以吉凶，如画一之易知，如白黑之易辨，断然使人易知也。

《易》曰："自天佑之，吉无不利。"子曰："佑者，助也。天之所助者顺也，人之所助者信也。履信思乎顺，又以尚贤也。是以自天佑之，吉无不利也。"

在天有理，惟顺以循其理，则天必眷顾而不违；在人有心，惟信以结其心，则人必归往而来辅。大有上九以谓吾之信固足以感乎人矣，然贤者人之所望也，讵可不以吾之信以信其贤乎？吾之顺固足以格乎天矣，然贤者天之所赉也，讵可不以吾之顺以顺其贤乎？始焉尽信顺之德，获天人之助，终焉推信顺之德，以之而尚贤，如此则其谦足以格天，其诚足以动天，自天佑之，吉无不利，固其宜也。

是故形而上者谓之道，形而下者谓之器，化而裁之谓之变，推而行之谓之通，举而措之天下之民谓之事业。

第五章 论著辑评

形而上者之道托于器而后行，形而下者之器得其道而无弊。……化而裁之者明乎道器，穷而能变也；推而行之者察乎道器，变而能通也。举而措之天下之民，以至于为网罟、为耒耜、作舟车、作书契，天下后世不可无，万世不可易，乃推其道器举而措之天下，而世之人指之为事业也。

以上《南轩易说》卷一

天地之大德曰生，圣人之大宝曰位，何以守位曰仁，何以聚人曰财，理财正辞，禁民为非曰义。

天以阳而运于上，万物资始，是以大生焉；地以阴而载于下，品物流形，是以广生焉。此生者乃天地之大德也。圣人赞天地之化育，必得大宝之位，然后可配天地之大生也。有仁焉以守位，所以博施济众，乃利其生者也；有财焉以聚众人，所以近悦远来，乃养其生者也；有义焉理其财，而使之流通，正其辞而使之辑洽；禁民为非者，虑其有以害其生者也。

以上《南轩易说》卷二

昔者圣人之作《易》也，将以顺性命之理，是以立天之道曰阴与阳，立地之道曰柔与刚，立人之道曰仁与义。兼三才而两之，故《易》六画而成卦；分阴分阳，迭用柔刚，故《易》六位而成章。

圣人作《易》，方其未作之前，其意已在焉，故曰将以顺性命之理者也。是以二与四同功，而初亦如之；三与五同功，而上亦如之。此分阴分阳也。居刚者不必皆刚，而或以柔；居柔者不必皆柔，而或以刚。此迭用柔刚也。分之以示其理之之经也，迭用以示其理之之纬也，此六位而成章者，经纬交错而成也，《易》道至此成矣。

有天地然后有万物，有万物然后有男女，有男女然后有夫妇，有夫妇然后有父子，有父子然后有君臣，有君臣然后有上下，有上下然后礼义有所错。

天位乎上而施其气，地处乎下而生其形，此有天地然后有万物也。夫乾，天也，故称乎父，所以成男；坤，地也，故称乎母，所以成女：此有万物然后有男女也。男女者，言其自然之别也。男正位乎外，必有以代其终；女正位乎内，必有以造其始者。此男女睽而其志通。故有男女然后有夫妇者，言其自然之配也。夫妇之道，纳采问名，亲迎下嫁，不敢苟合者，以父子之道已肇于此也。谓之父子，言其有自然之继也。父子之间，视安问寝，合室异居，不敢亵渎者，以君臣之道已著于此也。谓之君臣，言其有自然之分也。至于有君臣则上下之分不得不严，所谓男女、夫妇、父子，其尊卑高下咸有自然之分也。知自别于万物之中者，以其有上下，而礼为之节文，义为之设饰，而礼义有所错故也。

以上《南轩易说》卷三

二 《诗经》

张栻解诗，"其事异故其情异，其情异故其辞异"，通过解读《诗经》，以兴起其性情之正。

二南

《二南》皆文王时诗，周公取以为万世后妃、夫人、大夫、士、庶人之妻。夫刑家之法，虽自于己，而于其配必谨所择，是盖祸福之基，所以重宗庙、重其身、正夫妇，而为正家之本也。

王者之化远而大，涵养斯民，由于其道，而莫知其所以然，故曰"皥皥如"也。

天下事未有不本于齐家，必如《二南》所述室家之事，而后为家齐，由此而达之，则无所不可行。若为之不从此始，则动有隔碍，虽尺寸不可推而行之，故曰"其犹正墙面而立"也与！

关雎

音起于声，而声出于情。知此，则知先王作乐之本矣。

荇菜，取其柔顺芳洁可荐之意。

葛覃

后妃之贵，亦必立师傅以训之。法家拂士，非惟人主不可一日无，后妃亦然也。周自后稷以农为务，历世相传，其君子则重稼穑之事，其室家则重织纴之勤，相与服习其艰难，咏歌其劳苦，此实王业之根本也。夫治常生于敬畏，而乱常起于骄肆。使为国者每念稼穑之劳，而其后妃又不忘织纴之事，则心之不存者寡矣。此心长存，则骄矜放恣，何自而生？故诵"服之无斁"之章，则知周公之所以兴；诵"休其蚕织"之章，则知周之所以衰。

勤俭孝敬，固妇人之懿德，又能不以势之富贵、时之久远而有所变迁焉，则尤见其德厚有常，而人所难及也。

螽斯

后妃多子孙，推本其然，则由不妒忌而已，故继《樛木》之后。

桃夭

乖争之风，始于闺门，至于使万物不得其所，而况昏姻之能以时乎！此意盖深远矣。

此诗兴也，然兴之中有比焉。唯比义轻于兴，则谓之兴而已。诗中若此盖多也。

此诗兴也，然兴之中有比焉。惟比义轻于兴，则谓之兴而已。《桃夭》为仲春昏姻之时，又以喻女子之容色，又以喻女子盛年而嫁，所谓一句而包数义者此也。观比兴者，当以此意类推之。

兔罝

《桃夭》言后妃之所致而已，至于《兔罝》则曰后妃之化，盖和平之风，至于使兔罝之人亦兴其好德之彝性，则固有不言而信、不疾而速者，其要特在于修身以齐家而已。

汝坟

劳苦之极，从而宽之，曰王室虽如毁，而文王在迩，有以恤我也。玩此诗，则民心虽怨乎纣，而尚以周之故，未至于泮散也。是文王以盛德为商之方伯，与商室系民心而维宗社者也，其德可不谓至乎！

麟之趾

麟出于上古之时，盖极治之日也。以纣之在上，而周之公子振振信厚，不减于极治之日，故诗人歌之，以为是乃麟也。周公取之，以为《关雎》之应。

召南

鹊巢
唯其专静均一，能端然享之，是乃夫人之德也。有所作为，则非妇道矣。

羔羊
重言"委蛇"，舒泰而有余裕也。此独赋其退食之际，盖于此时而然，则其在公之正直可知矣。不然，有所愧于中，则其退也，亦且促迫匆遽之不暇，宁有委蛇之气象哉！

野有死麕
恶无礼之辞也。但言"无动我之帨，无惊我之尨"，则其凛然不可犯之意盖可见矣。

驺虞
《麟趾》言公子信厚，则在内者无不孚。《驺虞》言国君蒐田以时，则在外者无不孚也。未有迩之未孚而可以及远者也。《鹊巢》之化，是亦《关雎》之所达也。然则天下之本在国，国之本在家，家之本在身，其本一而已。

邶风

绿衣
《绿衣》之忧，言嫡妾之乱，其弊将至于不可胜言者，忧在宗国也，夫岂特为一身之私哉！

燕燕
《燕燕》，以兴己与戴妫嫡妾相与之善欤！独言泣涕之情者，盖国家之事，有不可胜悲者。晋褚太后批桓温废立昭云："未亡人不幸罹此百忧，感念存没，心焉如割。"其有合于诗人之情欤！

日月
《绿衣》方妾上僭之时，故独反己以自责而已。至《日月》之作，则在州吁弑嫡之后，于是始推原其致祸之本，以为由己不见答于先君之所致，亦犹孟子所谓"过大而不怨，是愈疏也"。

鄘风

君子偕老
辞章之和平也如此。

蝃𬟽
蝃𬟽见则雨止，初无东西之分，验之多矣。阴阳和则成雨，阴气方凝聚，而日气自他方来感，不以正阴受其感，其正反为之解散，故雨不能成也。

相鼠
宣公无道，国人化之。读《桑中》之时，无耻如此。文公复国，一以身率下，于是无礼者见恶于《相鼠》，淫奔者不齿于《蝃𬟽》，下所趋向，系于一人如此。

干旄
臣子多好善，则文公之好善可知。惟臣子好善，而后疏远之贤得以毕达而无遗也。

卫风

芄兰
独再言"容兮遂兮，垂带悸兮"，而其骄慢无所知之气象盖莫掩矣。

王风

中谷有蓷
胡文定云，按《邶》、《鄘》而下多春秋时诗，而谓"《诗》亡然后《春秋》作"，何也？自《黍离》降为《国风》，天下无复有《雅》，而王者之诗亡。《春秋》作于隐公，适当《雅》亡之后。夫《黍离》所以为《国风》者，平王自为之也。平王忘仇，于是王者之迹熄而《诗》亡，天下贸贸焉日趋于徇私灭理之涂，故孔子惧而作《春秋》。

丘中有麻

贤人放逐，越在他国，故国人思之。曰"丘中有麻"，彼盖可以留子，嗟而使不外适也。其所以欲留之者，欲其不越吾国，庶几犹可望其施施而来也。则其思而望之，盖亦切矣。

郑风

女曰鸡鸣

读《女曰鸡鸣》之末章，以妇人之见而及于其夫子问学成德之事，其道行于家人，可知矣。

有女同车

忽之不昏于齐，未为失也，而诗人追恨其失大国之助者，盖见忽之弱为甚，追念其资于大国，或有以自立，此国人之情也。盖忽者，先君之世子。其立也正，故其始也，国人见其逐而怜其无助。至于其再入也，不能惩创而用贤，于是至有目之为狡童者，而犹忧之而不能餐、不能息也，又闵其无忠臣良士，而至此极也。夫忽盖不足道，而人之情犹不欲遽绝之者，以其立之正故耳。

魏风

葛屦

夫子谓"与其奢也，宁俭"，则俭虽失中，本非恶德。然而俭之过则至于吝啬迫隘，计较分毫之间，而谋利之心始急矣。《葛屦》、《汾沮洳》、《园有桃》三诗，皆言其急迫琐碎之意。

陟岵

直述所以念父之意，未若思父所以念我之心之为深切也。

伐檀

此诗盖讥在上者无功德于民，而享其奉，故以不稼而得禾、不猎而得兽者为比，非必欲君子稼穑而后食也。公孙丑以君子不耕而食为素餐，其为诗也亦固矣，其将至于为许行之徒之论，故孟子辟之。

为有用之物，弃置河滨，徒与映而已。犹君子之不得进仕，废放于林谷之中也。

硕鼠

《硕鼠》之诗，圣人所为取者，以君失道如此，国人疾之甚，而欲去之，犹有所未忍绝也。故著其情于诗，乃其所未忍绝者也。末章"谁之永号"，谓我将去尔而适乐郊，当谁复永号于尔之土者乎？此则无可见其情也。

唐风

蟋蟀

僖公徒从事于俭啬，而不知为国专务于小而不虑于大，是以诗人闵之。人之情，惟其急迫狭隘，拘于一曲，则其思虑不能以及远，故诗人先欲开廓其心胸，谓岁且晚矣，不可以不念所以自乐者。然乐不可过甚也，于是而思吾之所当思者。夫有以自乐，则庶几舒泰和豫，而无拘迫之患；乐而无荒，则斯能周旋四顾；而所忧者必得，则夫政之所当务，与夫患之所当防者，斯可以次而理矣。

居，谓其位也。

山有枢

《山有枢》之诗，盖伤之深也。谓他人谋子之国，后嗣且不可保矣。子有衣裳，车马何不曳娄、不驰驱；子有廷内，何不洒扫；子有钟鼓，何不鼓、考；子有饮食，何不鼓瑟以喜乐、以引日，一旦宛然而死，则为他人之所有，是伤之深也。虽然，昭公唯其颓堕不立，百事废弛，以至此极。使其于物能用之以其节，而举以其时，则又能自强于政，凡所施为，各有条理，不至若是其危殆矣。故不曰闵，而曰刺焉。

绸缪

若谓为昏姻，则不得称邂逅。尧之遗风，只是俭而用礼一事，亦不必事事称有遗风也。

葛生

《葛生》之诗，虽妇人思存者而作，然以献公之攻战不休，知其死亡之无日也，则断之以百岁之后，庶几得同归于丘而已，其亦伤之至也。

秦风

车邻

读《车邻》、《驷驖》之诗，则知秦之立国，自其始创，则不过盛其车马奉养之事，竞为射猎之为而已，盖不及于用贤制民也，则其流风亦习乎是而已。

寺人之令，若今之通谒者也。令者役未见，君子者得以令寺人，则其谒之无壅可知矣。若后世居上者有不察，则其来见己者盖反为寺人所令矣。

驷驖

读《车邻》、《驷驖》之诗，则知秦之立国，自其始创则不过盛其车马奉养之事，竞为射猎之为而已，盖不及于用贤制民也，则其流风亦习乎是而已。民以板戎狄，修习武备，高上气力，以射猎为先，故《秦诗》曰"在其板屋"，又曰"修我甲兵，与子偕行"。及《车邻》、《驷驖》、《小戎》之篇，皆言车马田狩之事。

蒹葭

"所谓伊人"，谓有礼之人也。

无衣

上有"与子同袍"之心，则下有"与子同仇"之愿矣。

渭阳

康公为太子，送舅氏，而念母之不见，是固良心也。及其即位，循是心而赋是诗，是以夫子有取焉，而卒不能自克于令狐之役，怨欲害乎良心也。使康公知循是心，养其端而充之，则怨欲可消矣。秦、晋自殽之役，日寻干戈，使康公即位，能推其爱舅之心，释旧怨，修新好，则两国之民不胜其幸，其为孝岂不大哉！惜不能善推其所为也。

桧风

羔裘

《羔裘》之诗，言其所事惟在于衣服之间，则其不能自强于政治可知矣。

曹风

鸤鸠

结云者，实而不他也。盖谨其威仪于外，而后其心可得而一，心一而后威仪有度，而人有所取正。此所谓由乎中以制于外，制于外所以保其中也。

豳风

七月

《七月》之诗，皆以夏正为断。

鸱鸮

鸟于天未阴雨而撤桑土、茸牖户，是犹于国家安泰之日而经理备预者也。盖消息盈虚之相荡，安危治乱之相承，理之常然，非知几者，孰能审微于未形，而御变于将来哉？

小雅

小弁

《小弁》怨慕乃所以为亲亲，故引关弓之疏戚为喻，以见其为亲亲者焉。《凯风》之作，则以母氏不安于室而已。七子引罪自责，以为使母之不安，则己之故，辞气不迫，盖与《小弁》异也。当《小弁》之事，而怨慕不形，则是漠然而不知者也。当《凯风》之事，而遽形于怨，则是激于情而莫遏也。此则皆失亲亲之义，故皆以不孝断之，于是举舜之孝以为法焉。高子徒见《小弁》之怨，遂以为小人之诗，不即其事而体其亲亲之心，亦可谓固矣！

大雅

绵

大王于狄人事以皮币、犬马、珠玉，本期以保民也，而狄人侵陵不已，是欲吾土地也。曰："君子不以其所养人者害人。"其言何其忠厚而不迫邪！人王之迁，本以全民，不敢必民之归而强民以徙。特曰"二三子何患乎无君"，此天地之心，真保民之王也，民心自不庸释乎！大王非特斯言有以感动之，盖民之戴其仁有素矣。曰"如归市"，以见其诚心乐趋，无一毫强勉之意也。

思齐

文王之刑寡妻，至兄弟，御家邦，亦举斯心加诸彼而已，盖无非是心之所存也。圣人虽无事乎推，然其自身以及家，自家以及国，亦固有序矣。

灵台

文王则勿亟，庶民则子来，君民之相与如此，意则可出于君之意。

公刘

公刘迁国，已与百姓俱，无不足之患也。

烝民

天命所赋谓之则，人性所禀谓之彝，存于心而有所得者谓之德，其实一而已矣。孔子又加一"必"字于"有则"之上，加一"故"字于"好是"之上，其旨愈明矣。孟子举此诗，盖谓禀彝好德，心之所好处即是性之发动处，就性初发动处指出以示人，方见得此性之本善。

鲁颂

閟宫

分土三等，皆以其田言之。地虽有山川相间、广狭不齐，而制田之多寡，则自若也。故其山川、城郭、宫室、涂巷皆在百里田制之外，即所谓锡之山川者也。若邾、若须句、若颛臾，又皆鲁之附庸，即所谓锡之附庸者，盖亦在百里田制之外，是鲁之疆域固不止百里矣。然作明堂位者，遽妄为七百里之说，孔氏乃附会之，以为封鲁五百里之上，加以九同、七同、五同、三同四等附庸，共为方百里者二十四，并鲁方百里者二十五，积四十九同开方之得七百里，其说恐难信也。

以上《南轩诗说钩沈》

三 《论语》

张栻通过解读《论语》以求仁，主张知行互发，以倡明圣人之道。

学者，学乎孔子者也。《论语》之书，孔子之言行莫详焉，所当终身尽心者，宜莫先乎此也。……秦汉以来，学者失其传，其间虽或有志于力行，而其知不明，擿埴索涂，莫适所依，以卒背于中庸。本朝河南君子始以穷理居敬之方开示学者，使之于致知力行有所循守，以入尧舜之道。然近岁以来，学者又失其旨，汲汲求所谓知，而于躬行则忽焉，本之不立，故其所知特出于臆度之见，而无以有诸躬，识者盖忧之。……顾栻何足以与明斯道，辄因河南余论，推以己见，辑《论语说》，为同志者切磋之资。

以上《论语解序》

子曰："学而时习之，不亦说乎？有朋自远方来，不亦乐乎？人不知而不愠，不亦君子乎？"

学贵于时习。程子曰："时复纯绎，浃洽于中也。"言学者之于义理，当时纯绎其端绪而涵泳之也。浃洽于中故说。说者，油然内慊也。有朋自远方来，则己之善得以及人，而人之善有以资己，讲习相滋，其乐孰尚焉！乐比于说为发舒也。虽然，朋来固可乐，而人不知亦不愠也。盖为仁在己，岂与乎人之知与不知乎？门人记此首章，不如是则非所以为君子也。

有子曰："其为人也孝弟，而好犯上者鲜矣；不好犯上而好作乱者未之有也。君子务本，本立而道生；孝弟也者，其为仁之本与？"

盖言人之资质有孝弟者，孝弟之人和顺慈良，自然鲜好犯上。不好犯上，况有悖理乱常之事乎？"君子务本"，言君子之进德每务其本，本立则其道生而不穷。孝弟乃为仁之本，盖仁者无不爱也，而莫先于事亲从兄。人能于此尽其心，则夫仁民爱物皆由是而生焉。

子曰："弟子入则孝，出则弟，谨而信，泛爱众，而亲仁。行有余力，则以学文。"

入孝出弟，谨行信言，泛爱亲仁，皆在己切要之务。行有余力，则以学文，非谓俟行此数事有余力而后学文也，言当以是数者为本，以其余力学文也。……圣人之言，贯彻上下，此章虽言为弟为子之职、始学者之事，然充而极之，为圣为贤，盖不外是也。

子夏曰："贤贤易色，事父母能竭其力，事君能致其身，与朋友交，言而有信，虽曰未学，吾必谓之学矣。"

贤贤而敬见于色，事父母竭其力之所至，事君不敢有其身，交朋友而言有信：是人也，可谓忠信笃实者矣，虽使其未学，而其所行固学之事也。……此章首言贤贤易色，夫能亲贤，则固学之先务也。

子曰："君子不重则不威，学则不固。主忠信。无友不如己者。过则勿惮改。"

学以重为先。重者，视听言动之际，不敢以易也。夫然，故暴慢远而德性尊，其思必专，其行必果，其守必笃，学之所以固也。……"主忠信"，"主"字有力。盖斯须而不忠信，则思虑言行皆无所据依，同于无物也。主乎忠信，则立于实地，德所以进也。"无友不如己"者，取友之道，不但取其如己者，又当友其胜己者。以友天下之士为未足，又尚论古之人，此取友之道也。若友不如己者，则足以惰志而害德矣。"过则毋惮改"，见过则改也。人所以不能改过者，以其惮之；故勿惮则其改过也速矣。

子禽问于子贡曰："夫子至于是邦也，必闻其政，求之与？抑与之与？"子贡曰："夫子温良恭俭让以得之。夫子之求之也，其诸异乎人之求之与！"

和顺积中，则英华发于外，而况于圣人乎？温良恭俭让，圣人之德容见于接人之际者。子贡亦可谓形容之至矣。想当时之人，望其仪形，固已盎然悦服，而况于聆其话言乎？"夫子之求之也，其异乎人之求之与"，言在他人则求而得之，在夫子则人自乐告，不即人而人即之也。虽然，夫子至是邦必闻其政，而未有能委国而授政于夫子者，何与？盖见圣人之仪形而乐告之者，秉彝好德之良心也；而卒不能授以政者，则以夫私欲害之之故也。

有子曰："礼之用，和为贵。先王之道斯为美，小大由之。有所不行，知和而和，不以礼节之，亦不可行也。"

礼主乎敬，而其用则和。有敬而后有和，和者，乐之所生也。礼乐必相须而成，故礼以和为贵。先王之道以此为美，小大由之，而无不可行也。然而有所不行者，以其知和之为贵，务于和而已，不能以礼节之，则其弊也流，故亦不可行也。

子曰："不患人之不己知，患不知人也。"

有患人不己知之心，则外驰而非为己者矣。夫学本为何事，而患人不己知乎？而其患不知人者，以夫取友之差，用人之失，正以在己之未明故尔，盖所当用力者也。

子曰："为政以德，譬如北辰，居其所而众星共之。"

北辰，谓之极者，以其居中不迁，而众星所宗，实其枢纽也。德者，所以为民极也。

子曰："道之以政，齐之以刑，民免而无耻；道之以德，齐之以礼，有耻且格。"

德、礼者治之本。政、刑非不用也，然德立而礼行，所谓政、刑者盖亦在德、礼之中矣。故其涵泳熏陶有以养民之心，使知不善之为耻，而至于善道。若其本不立，而专事于刑政之末，则民有苟免之意，而不知不善之为耻，何以禁其非心乎？

子曰："学而不思则罔，思而不学则殆。"

学者，学乎其事也，自洒扫应对进退而往，无非学也。然徒学而不能思，则无所发明，罔然而已。思者，研穷其理之所以然也。然徒思而不务学，则无可据之地，危殆不安矣。二者不可不两进也。学而思则德益崇，思而学则业益广，盖其所学乃其思之所形，而其所思即其学之所存也。用功若此，内外进矣。

或谓孔子曰："子奚不为政？"子曰："《书》云：孝乎！惟孝，友于兄弟，施于有政。是亦为政，奚其为为政？"

"惟孝，友于兄弟"，孝于亲则必友于兄弟也。孝友笃于家，则其施于有政亦是心而已。然则虽不为政，而在家庭之间，躬行孝友之行，为政之道固在是矣，何待夫为政哉！盖或者勉夫子以为政之事，而夫子告之以为政之道也。

子张问："十世可知也？"子曰："殷因于夏礼，所损益可知也；周因于殷礼，所损益可知也；其或继周者，虽百世可知也。"

三王之礼，各因前世而损益之，盖曰随时循理而已。以殷、周已验之迹而推之，则夫百王继承损益之常道盖可得而知矣。若夫自嬴秦氏废先王之典，而一出于私意之所为，有王者作，其于继承之际，非损益之可言，直当尽变革之。然其所为变革者，亦不过因其时而损益三代之礼云耳，故曰王天下有三重焉，其寡过矣乎？此亦虽百世可知也。

以上《论语解》卷一

林放问礼之本。子曰："大哉问！礼，与其奢也，宁俭；丧，与其易也，宁戚。"

周之末世，其弊盖如此，林放独能以礼之本为问，亦可谓得所问矣。夫礼而失于奢，宁过于俭也；丧而易焉，宁过于戚也。盖俭与戚其实则存，奢则远于实，易则亡其实，其文虽备，无益也。

子曰："夏礼吾能言之，杞不足征也；殷礼吾能言之，宋不足征也。文献不足故也，足则吾能征之矣。"

杞、宋在当时，是二者皆有所不足，故于稽考咨询有缺焉。则夫二代之礼，圣人虽能言其意，而度数节文之实，盖有不得而征者矣。无征不信，是以圣人或缺焉。夫以圣人之生知而学，至于前代制作之原固已默识而无余矣，然至于事为之著，必考文献于故国，有所不足，又从而缺之。

子曰："德不孤，必有邻。"

德立于己，则天下之善斯归之，盖不孤也。如善言之集，良朋之来，皆所谓有邻也。至于天下归仁，是亦不孤而已矣。

以上《论语解》卷二

子贡曰："我不欲人之加诸我也，吾亦欲无加诸人。"子曰："赐也，非尔所及也。"

若子贡之言，不欲人之加诸己者，即欲不加诸人。是则不待禁止，油然公平，物我一视，仁者之事也。其曰"非尔所及"者，正所以勉其强恕而抑其躐等也。

季文子三思而后行，子闻之，曰："再，斯可矣。"

思至于再，则事之是非可否可见矣。过是而犹有思焉，则是为计较利害，而非诚其思者也。

子曰:"贤哉回也! 一箪食,一瓢饮,在陋巷,人不堪其忧,回也不改其乐。贤哉回也!"

颜子之乐,箪食瓢饮也。言箪食瓢饮之,贫人所不堪,而不足以累其心而改其乐耳。然则其乐果何所乐哉?安乎天理而已矣。学者要当从事于克己,而后颜子之所乐可得而知也。

子曰:"中庸之为德也,其至矣乎! 民鲜久矣。"

中者,言其理之无过不及也;庸者,言其可常而不易也。世衰道微,民汩于私意,以沦胥其常性,鲜有是德久矣。

"夫仁者,己欲立而立人,己欲达而达人。能近取譬,可谓仁之方也已。"

己欲立而立人,己欲达而达人,于己而譬,所以化私欲而存公理也。然便以此为仁,则未可。此仁之方也,于其方而用力,则可以至于仁焉。

以上《论语解》卷三

子曰:"志于道,据于德,依于仁,游于艺。"

游泳于道,履践于德,体切于仁,游涉于艺。艺者,亦以养吾德性而已。

子不语怪、力、乱、神。

圣人一语一默之间,莫不有教存焉。语怪则乱常,语力则妨德,语乱则损志,语神则惑听,故圣人之言未尝及此。

子以四教:文、行、忠、信。

圣人之教人,不越乎是四者。学文则知广,敦行则身修,忠信则德进。学者勉于是,则内外交益,日有所进而月有所将也。忠信本一事,而谓之四教者,忠则实诸己,信则笃诸人,在学者之成身,当以为两事而并勉也。文居其首者,教以博文为先也。

子曰:"恭而无礼则劳,慎而无礼则葸,勇而无礼则乱,直而无礼则绞。"

恭、慎、勇、直,皆善道也。然无礼以为之本,则过其节而有弊,反害之也。盖礼者,其节之存乎人心者也,恭而无礼则自为罢劳,慎而无礼则徒为畏惧,勇而无礼则流于陵犯,直而无礼则伤于讦切。然则其弊如此，其贵于恭、慎、勇、直者何哉？盖有礼以节之，则莫非天理之当然；无礼以节之，则是人为之私而已。

以上《论语解》卷四

子罕言利与命与仁。

夫子之言，明其义之所当然耳。义所当然，则亦无不利者，夫子特罕言之也。至于命与仁，凡夫子之所言何莫非是理，而何隐乎尔也？在学者潜心何如耳。然夫子未尝指言之也，谓之罕亦可矣。

子绝四：毋意、毋必、毋固、毋我。

发于心者莫非实理，无一毫私意也，若有所作为，皆私意耳。必者，必欲其然也。固者，执而不化也。我者，有己也。意与我相近，必与固相类，然而不同也。意则发见，而我则其所存也。必则期于事之前，而固则凝于事之后也。毋字与无通。夫子之于四者，非待有所禁止，盖自无有耳。绝云者，无之甚也。然四者之病，始于意而成于我，故大学之道，必在于诚其意。

子曰："知者不惑，仁者不忧，勇者不惧。"

三者天下之达德，君子之所以成身也。"不惑"者，见理明也；"不忧"者，其乐深也；"不惧"者，守己固也。然固有不惑不惧，而其乐未充者，涵养其德性未至也，不忧其深矣乎？

厩焚，子退朝，曰："伤人乎？"不问马。

仁民爱物，固有间也。方退朝，始闻之时，惟恐人之伤，故未暇及于马耳。

以上《论语解》卷五

季路问事鬼神，子曰："未能事人，焉能事鬼？"曰："敢问死？"曰："未知生，焉知死？"

能事人，则能事鬼矣；知生，则知死矣。事人者，事君、事亲、事长之类是也；知生者，知所以生也。然则所谓事鬼神之理与死之理，岂外是乎哉？

子贡问政。子曰："足食，足兵，民信之矣。"子贡曰："必不得已而去，于斯三者何先？"曰："去兵。"子贡曰："必不得已而去，于斯二者何先？"曰："去食。自古皆有死，民无信不立。"

生则有死，人之常理。至于无信，则欺诈倾夺，无复人理，是重于死也。夫食与兵固为急务，然信为之本，无信则虽有粟而谁与食？虽有兵而谁与用哉？

子张问崇德、辨惑。子曰："主忠信，徙义，崇德也。爱之欲其生，恶之欲其死。既欲其生，又欲其死，是惑也。"

崇德辨惑，修身切要之务也。以忠信为主，而见义则徙焉，则本立而日新，德之所以崇也。……人之生死有命，岂容我欲之乎？以爱恶之私情，而欲人之生死，其为惑也，不亦甚乎？推此一端，则凡欲之而妄者，皆惑也。

子康子问政于孔子。孔子对曰："政者，正也。子帅以正，孰敢不正？"

为政之本，正己为先。帅以正，则无敢不正者，盖己正而后教之，则人乐从之。不然，虽刑罚日施，亦莫之禁矣。

子贡问友。子曰："忠告而善道之，不可则止，毋自辱焉。"

忠告者，有不善则告之而无隐也；善道者，以善诱掖之也。斯二者，亦足以尽友道矣。苟其不以为可则止焉，盖友以义合者也，故不可则有止之义。若强聒焉，非徒无益，反以自辱，伤友道矣。

以上《论语解》卷六

叶公问政。子曰："近者说，远者来。"

近者乐其泽，远者慕其风，此政之善也。然未有泽不及于近，而能使人慕之者也。

樊迟问仁。子曰："居处恭，执事敬，与人忠，虽之夷狄，不可弃也。"

居处恭，亦敬也，端庄俨恪之谓。执事敬，当是事则主是事也。与人忠，无敢欺，无敢慢也。要须从事之久，则下学上达，意味日深，仁其在是矣。虽之夷狄，不可弃也。以言其工夫不可间断也。

子曰："君子和而不同，小人同而不和。"

和者，和于理也；同者，同其私也。和于理则不为苟同，同其私则不能和义，天理、人欲不两立也。

子曰:"君子上达,小人下达。"

达者,达尽其事理也。上达者反本,天理也;下达者趋末,人欲也。

以上《论语解》卷七

子贡问曰:"有一言而可以终身行之者乎?"子曰:"其恕乎!己所不欲,勿施于人。"

人之患莫大于自私。恕者,所以克其私而扩公理也。己所不欲,勿施于人,恕之方也,是所当终身而行之者,极其至则仁也。忠恕,体用也。独言行恕者,盖于其用力处言之,行恕则忠可得而存矣。

以上《论语解》卷八

子曰:"性相近也,习相远也。"

人之中不无清浊厚薄之不同,而实亦未尝不相近也。不相近则不得为人之类矣,而人贤不肖之相去或相倍蓰,或相什百,或相千万者,则因其清浊厚薄之不同,习于不善而日远耳。

以上《论语解》卷九

四 《孟子》

张栻通过解说《孟子》,以倡明王霸义利之辨和理欲之辨。

王如施仁政于民,省刑罚,薄税敛,深耕易耨。壮者以暇日修其孝悌忠信,入以事其父兄,出以事其长上,可使制梃以挞秦、楚之坚甲利兵矣。

省刑罚,薄税敛,深耕易耨,使之安于田里。惟其有以仰事俯育,故可使民壮者以暇日修其孝悌忠信。古者乡有庠,党有塾,皆讲明所以修孝悌忠信之教也。民知孝悌忠信之为贵,则入有以事其父兄,出有以事其长上矣。爱敬之心笃,则其于君之事,将如子弟之于父兄,有不期然而然者矣。民心一,则天下孰御焉?

孟子谓齐宣王曰:"王之臣有托其妻子于其友而之楚游者,比其反也,则冻馁其妻子,则如之何?"王曰:"弃之。"曰:"士师不能治士,则如之何?"王曰:"已之。"曰:"四境之内不治,则如之何?"王顾左右而言他。

为一国之牧，则当任一国之责，有一夫不获其所，皆吾之罪也。能存是心，而后有以君国子民矣。夫受友之托其孥而冻馁之，是负其托也；为士师而不能治士，是旷其官也。友之负托，士之旷官，则王既知之矣，而王独不自念：吾受一国之托，乃使四境之内不治，谁之责欤？王顾左右而言他，盖有所愧于中也。王虽愧于中，然有护疾忌医之意，故但顾左右而言他。使王于此而能沛然达其所愧，反躬自责，访孟子所以治四境之道而行之，则岂不庶矣乎？

齐宣王问曰："汤放桀，武王伐纣，有诸？"孟子对曰："于传有之。"曰："臣弑其君，可乎？"曰："贼仁者谓之贼，贼义者谓之残。残贼之人，谓之一夫。闻诛一夫纣矣，未闻弑君也。"

夫仁义者，人道之常也。贼夫仁义，是绝灭人道也。故贼夫恻隐之端，至于暴虐肆行而莫之顾也；贼夫羞恶之端，至于放僻邪侈而莫之止也。夫仁义之在天下，彼岂能贼之哉？实自残贼于厥躬耳。为君若此，则上焉断弃天命，下焉不有民物，谓之一夫，不亦宜乎？

以上《孟子说》卷一

"夫志，气之帅也；气，体之充也。夫志至焉，气次焉，故曰：持其志，无暴其气。""既曰志至焉，气次焉，又曰持其志，无暴其气者，何也？"曰："志壹则动气，气壹则动志也。今夫蹶者、趋者，是气也，而反动其心。"

志无迹，而气有形。志者气之帅，所以帅其气者也。志在于此，则气随之矣。气者体之充，所以充其体者也。有其气则有其体矣。志至焉，气次焉，言志之所至，气次之而至也。然气志贵于交相养。持其志无暴其气者，所以交相养也；持其志所以御气，而无暴其气者，又所以宁其志也。公孙丑闻斯言也，则疑之，谓既曰志至焉，气次焉，宜若只持其志足矣，又以无暴其气为言，何也？孟子谓志壹固动气，而气壹亦有时而动志，是以贵于交相养也。壹与一同，一动志则气亦随之而动矣，然一动气亦能以动志，观蹶者、趋者则可见也。夫蹶、趋者，气也，而心为之臬兀而不安，是气亦能动志也。

"敢问夫子恶乎长？"曰："我知言，我善养吾浩然之气。""敢问何谓浩然之气？"曰："难言也。其为气也，至大至刚以直，养而无害，则塞于天地之间。其为气也，配义与道；无是，馁也。是集义所生者，非义袭而取之也。行有不慊于心，则馁矣。我故曰，告子未尝知义，以其外之也。"

孟子谓"我善养吾浩然之气"，而先曰"我知言"，盖不知言则诐邪淫遁可以乱之，而失养气之理故也。公孙丑问浩然之气，则应之曰"难言也"。详味此语，固可以见孟子之所自得者至矣。夫人与天地万物同体，其气本相与流通而无间，惟人之私有以害之，故自局于形体之间，而失其流通之理。虽其自局之，而其所为流通者亦未尝不在也，故贵于养之。养之而无害，则浩然塞乎天地之间矣。其充塞也，非自外来，气体固若此也。所谓至大、至刚、以直者，以此三者形容气体也。大则无与对，刚则不可陷，直则无所屈。此三者缺一，则于气体为未尽。曰至大、至刚，而曰以直者，文势然也。养之而无有害之者，则充塞于天地之间也。……又曰"配义与道"，配之为言，合也。自气而言，故可云合。道，体也；义，用也。自不知养者言之，一身之气，与道义乌得而合？若养成此气，则其用无非义，而其体则道也。盖浩然之气，贯乎体用，一乎隐显而无间故也。"无是，馁也"，言无使是之馁也。其不可使之馁者，以其集义所生故也。"集义"者，积众义也。盖得于义则慊，慊则气所以生也。积之之久，则一息之必存，一事之必体，众义辐凑，心广体胖，俯仰无怍，而浩然之气充塞矣。其生也，非自外也，集义所以生也。故曰"非义袭而取之也"，非气为一物，义在外袭取为我有也，我固有之也。故所行有一毫不足于吾心，则缺然而馁，馁则息其生理矣。然则告子以义为外，是不知义之存乎人心也，则其养气，岂不有害乎？

孟子曰："人皆有不忍人之心。先王有不忍人之心，斯有不忍人之政矣。以不忍人之心，行不忍人之政，治天下可运之掌上。所以谓人皆有不忍人之心者，今人乍见孺子将入于井，皆有怵惕恻隐之心，非所以内交于孺子之父母也，非所以要誉于乡党朋友也，非恶其声而然也。由是观之，无恻隐之心，非人也；无羞恶之心，非人也；无辞让之心，非人也；无是非之心，非人也。恻隐之心，仁之端也；羞恶之心，义之端也；辞让之心，礼之端也；是非之心，智之端也。人之有是四端也，犹其有四体也。有是四端，而自谓不能者，自贼者也。谓其君不能者，贼其君者也。凡有四端于我者，知皆扩而充之矣。若火之始然，泉之始达。苟能充之，足以保四海；苟不充之，不足以事父母。"

人受天地之中以生，仁义礼知皆具于其性，而其所谓仁者，乃爱之理之所存也。唯其有是理，故其发见为不忍人之心。皆有是心，然为私欲所蔽，则不能推而达之，而失其性之所有者。"先王有不忍人之心，斯有不忍人之政"者，则以其私欲既亡，天理纯备，故能尽其用于事事物物之间也。以是心而行是政，先王之所以王天下者不越于此而已。虽然，何以知人皆有是心？以其乍见孺子而知之也。必曰"乍见"者，方是时，非安排作为之所可及，而其端发见也。怵惕恻隐者悚动于中，恻然有隐也。方是时，非以内交，非以要誉，非以恶其声而怵惕恻隐形焉，是其中心不忍之实也。此非其所素有者邪？若内交、要誉、恶其声之类一毫萌焉，则为私欲蔽其本心矣。以恻隐之心，人之所固有，则夫羞恶之心、辞让之心、是非之心亦其所固有也。仁义礼知具于性，而其端绪之著见，则为恻隐、羞恶、辞让、是非之心。人之良心具是四者，万善皆管焉，外此则非性之所有，妄而已矣。人之为人，孰不具是性？若无是四端，则亦非人之道矣。然分而论之，其别有四，犹四体然，其位各置，不容相夺，而其体用互为相须，合而言之，则仁盖可兼包也。故原其未发，则仁之体立，而义、礼、知即是而存焉。循其既发，则恻隐之心形，而其羞恶、辞让、是非亦由是而著焉。故孟子首举不忍人之心，而后复详于四端也。人有之，而自谓不能，是自贼其良心者也。谓其君不能，是贼其君之良心者也。言不忍人之心，而遂及于不忍人之政；言四端之在人，不可自谓不能，而遂及于不可谓其君之不能。盖成己成物，一致也。又曰"凡有四端于我者，知皆扩而充之矣"，谓既知人皆有是四者，皆当扩而充之，若火之始然，泉之始达，盖无穷也。充夫恻隐之端，而至于仁不可胜用；充夫羞恶之端，而至于义不可胜用；充夫辞让之端，而至于礼无所不备；充夫是非之端，而至于知无所不知。然皆其理之具于性者，而非外为之也。虽然，四端管乎万善，而仁则贯乎四端，而克己者，又所以为仁之要也。学者欲皆扩而充之，请以克己为先。

以上《孟子说》卷二

孟子曰:"非礼之礼、非义之义,大人弗为。"

礼义本于天而著于人心,各有其则,而不可过,乃天下之公,而非有我之所得私也。一以己意加之,则失其典常,是则私情之细而已。……夫惟大人者,己私克尽,天理纯全,非礼之礼、非义之义有所不萌于胸中矣。

孟子曰:"博学而详说之,将以反说约也。"

稽之前古,考之当今,以至于礼仪三百、威仪三千,朝夕从事而学焉,所谓博也。极天下之理,讲论问辨而不置焉,所谓详也。博学详说,则心广义精,而所谓约者可得于言意之表矣。故君子之博学而详说,是将以反之于己而说约也。

以上《孟子说》卷四

孟子曰:"仁,人心也;义,人路也。舍其路而弗由,放其心而不知求,哀哉!……学问之道无他,求其放心而已矣。"

所以谓"仁,人心"者,天理之存乎人也;"义,人路"者,天下之所共由也。仁义立而人道备矣。舍其路而弗由,放其心而不知求,则人亦何以异于庶物乎?是可哀也。……所谓放者,其几间不容息,故君子造次克念,战兢自持,非礼勿视,非礼勿听,非礼勿言,非礼勿动,所以收其放而存之也。

公都子问曰:"钧是人也,或为大人,或为小人,何也?"孟子曰:"从其大体为大人,从其小体为小人。"曰:"钧是人也,或从其大体,或从其小体,何也?"曰:"耳目之官不思,而蔽于物。物交物,则引之而已矣。心之官则思,思则得之,不思则不得也。此天之所与我者。先立乎其大者,则其小者弗能夺也。此为大人而已矣。"

从其大体,心之官也;从其小体,耳目之官也。官云者,主守之谓。盖耳目为之主,则不思而蔽于物矣。耳目物也,以物而交于物,则为其引取固宜。若心为之主,则能思矣。思而得之,而物不能夺也。所谓思而得之者,亦当外取之乎?乃天之所以与我,是天理之存于人心者也。人皆有之,不思故不得,思则得矣。"先立乎其大者,则其小者不能夺矣",言心为之主,则耳目不能以移,有以宰之故也。故君子之动以理,小人之动以物。动以理者,心得其宰,而物随之;动以物者,心放而欲流,其何有极也?然所谓思者,非泛而无统也。泛而无统,则思之乱也,不得谓心之官矣。事事物物,皆有所以然。其所以然者,天之理也。思其所以然而循天理之所无事,则虽日与事物接,而心体无乎不在也。斯则为大人矣。此所谓大人者,非必为已至于充实辉光之地者也。盖对小人而言,谓得其大者也。

孟子曰:"教亦多术矣。予不屑之教诲也者,是亦教诲之而已矣。"

教人之道,不一而足。圣贤之教人固不倦也,然有时而不轻其教诲者,非拒之也,是亦所以教诲之也。然就不屑诲之中,亦有数端焉。或引而不发,而使之自喻;或惧其躐等,而告之有序。

以上《孟子说》卷六

孟子曰:"人之所不学而能者,其良能也;所不虑而知者,其良知也。孩提之童,无不知爱其亲也。及其长也,无不知敬其兄也。"

不学而能,不虑而知,则无一毫人为加于其间,天之所为而性之所有也。孩提之童,莫不知爱其亲,及其长也,莫不知敬其兄。此其知岂待于虑乎?而其能也,又岂待于学乎?此所谓良能良知也。

孟子曰:"无为其所不为,无欲其所不欲,如此而已矣。"

为谓为于外,欲谓欲于中。性无有不善,其为善而欲善,犹水之就下然也。若所谓不善者,是其所不为也,所不欲也。亦犹水也,搏而跃之使过颡,激而行之使在山者然也。虽然,其所不为而人为之,其所不欲而人欲之,则为私欲所动,而逆其性故耳。善学者何为哉?无为其所不为,无欲其所不欲,顺其性而已矣。

孟子曰:"孔子登东山而小鲁,登泰山而小天下。故观于海者难为水,游于圣人之门者难为言。观水有术,必观其澜。日月有明,容光必照焉。流水之为物也,不盈科不行;君子之志于道也,不成章不达。"

登东山而觉鲁之小,登泰山而觉天下之小。圣人盖有所感叹于斯也。孟子因而推之,以言圣人之道大亦若是也。莫非水也,而海为之至;观于海,则天下之水皆难以进于前矣。莫非言也,而圣人为之至,游于圣人之门,则天下之言道术者皆难以进于前矣。以其至而不可有加故也。又推而言之,以谓观水有术,必观其澜。……非独水也,日月之明,虽容光之隙无不照及焉,亦以其明之有本而无穷也。道之无穷,亦犹是耳。又因流水而言之,以谓流水之行,必盈科而后进;不盈科则不进也。君子之志于道，必循夫本末先后之序，实有诸己，成章而后达。

孟子曰："民为贵，社稷次之，君为轻。是故得乎丘民而为天子，得乎天子为诸侯，得乎诸侯为大夫。诸侯危社稷，则变置。牺牲既成，粢盛既洁，祭祀以时，然而旱干水溢，则变置社稷。"

得者，得其心也。丘民，丘井之民也。得乎丘民，则是百姓之心毕归之，斯能继天而为子矣。不然，虽居其位，是虚器耳，庸可保乎？故为大夫者以得乎诸侯，为诸侯者以得乎天子，而为天子者乃以得乎丘民耳，则民不已贵乎？诸侯有危社稷之行，则天子得而变置之，为社稷故耳。以此见社稷之重于君也。社稷非可易也，然而有水旱之灾则变置社稷。变置者，撤而更新之，以此见社稷之轻于民也。反复而言，皆以发明民为贵之意耳。夫自其势而言，则人君据崇高之位，宜莫重矣。然公天下之理而观之，则民为贵，社稷次之，君为轻。人君惟恃崇高之势，而忽下民之微，故肆其私欲，轻夫人心，以危其社稷。若使其知民之为贵，社稷次之，而己不与焉，则必兢兢业业，不敢自恃，惟惧其失之也，则民心得，而社稷可保矣。是以三王畏其民，而暗主使民畏己。畏其民者，知夫得失所系在于民也；使民畏己者，骄亢自居，民虽迫于势与威而惮之，然其心日离。民心离之，是天命去之也。

以上《孟子说》卷七

第二节　史学

张栻将义利之辨作为中国历史上治乱兴衰的评判标准，其治史以经世资治为依归。

汉楚争战

惟仁义足以得天下之心，三王是也。高帝之兴，亦有合乎此，是以能剪暴秦，灭强项，而卒基汉业。方怀王遣将入关，诸老将固以为沛公素宽大长者，而心归之，至于三章之约，其所以得乎民者深矣，此非其所谓仁者欤？予每爱三老董公之说，以为"顺德者昌，逆德者亡。兵出无名，事故不成。名其为贼，敌乃可服。"三军之众为义帝缟素，声项羽之罪而讨之，于是五十六万之师不谋而来，从义之所感也。使斯时高帝不入彭城置酒高会，率诸侯穷羽所至而诛之，天下即定矣。惜其诚意不笃，不能遂收汤、武之功。然汉卒胜，楚卒亡者，良由于此名正义立故也。董公盖深知其理，故其言又曰："仁不以勇，义不以力。"自留侯而下，陈谋虽多，而皆未之及。呜呼！董公其一时之逸民欤！

萧曹相业

萧何佐高帝，定一代规模，亦宏远矣。高帝征伐多在外，何守关中，营缉根本。汉所以得天下者，以关中根本先壮故也，此何相业之大者。又何为相之初，首荐韩信为大将，而三秦之计遂定，此亦得为相用人之体。曹参虽不逮何，然以摧锋陷阵、勇敢果锐之气，而使之治民，乃能尽敛芒角，以清净为道，遵何约束，不务变更，其人亦宽裕有识矣，此参相业也。然二子惜皆未之学。以高帝之资质，何不能赞取远追三代之法，创业垂统，贻之后嗣？一时所定，未免多袭秦故，如井田、封建等事皆不能复古。在高帝之世，反者固已数起，此在何为可憾也。至参但知以清净不扰为善，而不知吕氏之祸已复著见，当逆为之处，以折其谋；惠帝忧不知所出，但为淫乐，不听政，而曾不能引义以强其君心，为可罪也矣。

张子房平生出处

子房盖有儒者气象，三代之后未易得也。五世相韩，笃《春秋》复仇之义，始终以之。其狙击秦政，非轻举也。其复仇之心，苟得以一击而遂焉，则亦慊矣。此其大义根心，建诸天地而不可泯者也。子房之心，非以功利也，始终为韩，而汉之爵禄不足以羁縻之，龟山杨先生论之详矣。故予以为有儒者之气象，三代而后，未易多得，此其出处大致也。至于从容高帝之旁，其计策不汲汲于售，而所发动中节会，使高帝从之，有不庸释者。盖子房非有求于高帝，故能屈伸在己，而动无不得，此岂独可以知计名哉！夫以高帝之英武，慢侮士大夫，其视萧何、郦食其、陆贾辈皆侮而忽之，至于如萧相国之功，一旦下之廷尉，亦不顾也，独于子房盖敬而不敢慢，顺而不可强，则以子房所守在义而不以利故尔。嗟乎！秦、汉以来，士贱君肆，正以在下者急于爵禄，而上之人持此以为真足以骄天下之士故也。若子房者其可得而骄之哉？虽然，以高帝之英武，而能虚己以听信子房，盖亦可谓明也已矣！可谓明也已矣！

王陵陈平周勃处吕后之事如何

人臣之义，当以王陵为正。夫以吕氏之凶暴，欲王诸吕，其谁扼之！独问此三人者，盖亦有所惮也。非特惮此三人，盖实惮高帝之余威流泽之在天下也。陵引高帝白马之盟以对，其言明切，固足以折其奸心，如砥柱之遏横流也。使二子者对复如陵，吾知吕氏将悚焉若高帝临之在上，且惧天下之变，或缩而不敢，未可知也。彼二子者乃唯然从之，反有以安其邪志而遂其凶谋，既分王诸吕，而吕氏羽翼成就，气焰增长。然则吕氏之欲篡汉，二子实助之也。予谓二子方对吕氏时，其心特畏死耳，未有安汉之谋也。退而闻王陵之责，愿高帝之眷，思天下后世之议，于是而不遑，则有卒安社稷之言耳。虽然，使二子未及施计，先吕氏而死，则是乃畔汉辅吕不忠之臣，尚何道哉！抑二子安刘氏之计亦疏矣。不遏之于爪牙未就之初，而救之于搏击磔裂之后，观其闲居，深念与劫郦寄入北军等事，亦可谓窘迫侥幸之甚，夫岂全谋哉！郦寄不可劫，北军不可入，吕须之谋行，则亦殆矣！忠于人国者顾如是哉？人臣之立朝，徇义而已，利害所不当顾也。功业之成，不必渐出于吾身也。义理苟存，则国家可存矣。借使王陵以正对，平、勃又以正对，吕氏一日而尸三子于朝，三子虽死，而大义固已立，皎然如白日，轰然如震霆，天下之义士将不旋踵四面并起，而亡吕氏矣。安刘氏者岂独二子为能哉！使人臣当变故之际，畏死贪生，不知徇义，而曰吾欲用权以济事于后，此则国家何所赖焉？乱臣贼子所以接踵于后世也。其弊至于如荀彧、冯道之徒，而论者犹或贤之，岂不哀哉！夫所贵乎权者，谓其委曲以行其正也。若狄仁杰是已。其始终之论，皆以母子天性为言，拳拳然日以复庐陵王为事。然其所以纡余曲折而卒成其志者，则用功深矣。"潜授五龙，夹日以飞"，仁杰岂必功业于其身者哉！人臣之义，当以王陵为正；济大事者，当以狄仁杰为法。

文帝为治本末

文帝初政，良有可观。盖制事周密，为虑深远，恳恻之意有以得人之心，三代而下亦未易多见也。文帝以庶子居藩国，入践大统，知己之立为汉社稷，非为己也，故不敢以为己私。有司请建太子，则先示博求贤圣之义，而又推之于吴王、淮南王；有司请王诸子，则先推诸兄之无后者而立之。其辞气温润不迫，其义诚足以感人也。凡所以施惠于民者，类非虚文，皆有诚意存乎其间。千载之下，即事而察之，不可掩也。史于其编年曰："帝既施惠天下，诸侯、四夷远近欢洽，乃修代来功。"观诸此，又可见其明先后之宜，而不敢私己，记史者亦可谓善发明矣。其待夷狄盖亦有道。以南越尉佗之强恣，自高帝犹难于服之，而帝特施恩惠，遣使遗以一书，而佗即自去帝制，下令国中称汉皇帝贤天子，皇恐报书，不敢慢。予尝详味帝所与书，则知忠信之可行于蛮貊如此。书之首辞曰："朕高皇帝侧室子也，弃外奉北藩于代。"盖后世之待夷狄，往往好为夸辞，于是等皆在所盖覆矫饰以示之者也，而帝一以其实告语之。彼亦豪杰也，见吾推诚如此，则又安得不服！故其报书首曰："老夫故越吏也。"文帝不以高帝侧室之子为讳，则佗敢以越吏为歉哉？若吾以骄辞盖之，则彼亦且慢以应我，必然矣。推此一端，忠信可行于蛮貊，可不信哉！以文帝天资之美，初政小心畏忌之时，得道学之臣佐之，治功之起岂不可追三代之余风？惜其大臣不过绛、灌、申屠嘉之徒，独有一贾谊为当时英俊，而谊之身盖自多所可恨，而卒亦不见庸也。故以帝之贤，仅能为一时之小康，无以垂法于后世。如淮南、薄昭之事，未免陷于刑名之家，衰世之事。至于即位岁久，怠肆亦萌，新垣平之邪说故得以入之。然终以其天资之高，旋即悟也。其终诏有曰"惟年之久长，惧于不终"，盖可见帝之能察乎此矣。呜呼，亦贤矣哉！故予犹重惜其诸臣之无以佐下风也。

贾董奏篇其间议论孰得孰失

贾生英俊之才，若董相则知学者也。《治安》之策，可谓通达当世之务，然未免乎有激发暴露之气，其才则然也。《天人》之对，虽若缓而不切，然反复诵味，渊源纯粹，盖有余意，以其自学问涵养中来也。读其奏篇，则二子气象如在目中，而其平生出处语默，亦可验于是矣。以武帝好大喜功多欲之心，使其听仲舒之言，则天下蒙其福矣，孰谓缓而不切邪？

以上《南轩集》卷一六

西汉儒者名节何以不竞

名节之称，起于衰世。昔之儒者学问素充，其施于用，随事著见，不蕲于立节而其节不可夺，不蕲乎徇名而其名随之，在己初无一毫加意也。至于世衰道微，于陵迟委靡之中而有能拔然自立者，则世以名节归之；而士君子道学未至，则亦以此自负。吁，亦小矣！然而名节之称虽起于衰世，而于衰世之中实亦有赖乎此，使并与是焉而俱亡，则亦无以为国矣。西汉之儒者，予甚病之。盖自董相、申公数人之外，自余往往以占毕诂训为儒，无复气象。上焉既不能推寻问学之源流，而其次又不能以名节立于衰世，其亦何所贵于儒也？考其所自，亦由上之人有以致之。自高帝鄙薄儒生，文、景则尚黄、老，武虽号为表章，然徇其文而不究其实，适足以为害。至宣帝则又明示所以不崇尚之意矣，则其挫抑摧沮之余，不复自振固宜。然儒者之学，岂必为一时贵尚而后免邪？待文王而后兴者，凡民也。汉之儒者自叔孙通师弟子固皆以利禄为事，至于公孙丞相取相印封侯，学士皆歆慕之，其流如夏侯胜之刚果，犹有明经取青紫之言，况它人乎？盖其习俗胥靡之陋，一至于此，宜乎王莽篡窃之日，贡符献瑞，一朝成群，而能自洁者班班仅有见于史也。故光武中兴，力矫斯弊，尊德义，贵隐逸，以变其风。而中世以后，人才辈出，虽视昔之儒者有愧，然在衰世之中，守义不变，盖有足尚者矣。至于桓、灵之后，国势奄奄，群奸并起，睥睨神器，未敢即取者，亦一时君子维持之力也。然则名节之称，在君子则为未尽，而于国家亦何负哉？盖不可不思也。

自元成以后居位大臣有可取者否

西汉末世，风节不竞，居位大臣号为有正论者不过王嘉、何武、师丹耳，在波荡风靡之中，诚亦可取，比之光、禹则甚有间矣。然西汉末年，正如病者元气先败，凡疾皆得以入之，而皆得以亡之。为当时大臣者，要当力陈国势根本之已蹶，劝人主以自强于德，多求贤才以自辅，庶可以扶助元气，消靡沉痼。若不循其本，而姑因一事之谬、一人之进而指陈之，纵使一事之正、一人之去，亦将有继其后者，终无益也。故哀帝之末，董贤虽去而王氏即起，遂以亡汉矣。自成帝以来，受病之痼且大者乃在王氏，如丁、傅、董贤之徒，又特一时乘间之疾耳。在位者当深以王氏为虑。以王氏为虑，当如予所言，先劝人主以自强于德。自强于德则不宜少有差失，顾反尊傅氏，宠董贤，以重失天下之心，是益自削而增助王氏之势耳。故莽得以拱手而乘其后。惜当时论者皆不知及此也，可胜叹哉！

自高帝诸将之外其余汉将孰贤

汉将诚当以赵充国为最。凡将之病，患于勇而不详也。充国盖更军事多矣，及闻西羌之事，则不敢以遽，而曰兵难遥度，愿驰至金城，图上方略。其不敢忽如此。盖思虑之深，经历之多，孔子所谓临事而惧，好谋而成者也。将之病在于急近功也，充国则图其万全，陈屯田十二利，持久而为不可动之计，其规摹与孔明渭上之师何以异哉！将之病在于果于杀而不恤百姓也，充国任阃外之寄，而为国家根本之虑，要使百姓安，边围强，而西戎坐消焉。此殆三代之将，非战国以来摧锋折敌者所可班也。反复究其规模，味其风旨，远大周密，拔出伦辈。予谓充国在宣帝时，且不独为贤将，殆可相也。使其为相，必能为国家图定制度，为后世思安养百姓，为邦本计，如魏相辈皆当在其下风耳。

光武比高祖

高祖洪模大略，非光武所及也。高祖起匹夫，提三尺取天下，光武则以帝室之胄，因人心之思汉而复旧业，其难易固有间矣。而高祖之对乃项籍，亦盖世之豪也；光武所与周旋者，独张步、隗嚣、公孙述辈，其去籍盖万万相远矣。至于韩信、彭越之徒，皆如泛驾之马，实难驾御，而尽在高祖掌握之中，指麾使令，无不如意；使光武有臣如此，未必能用也。然而创业之难，光武固不及高祖，而至于光武之善守，则复非高祖所及也。大抵高祖天资极高，所不足者学尔。即位之后，所以维持经理者类皆疏略，雄杰之气不能自敛，卒至平城之辱；一时功臣处之不得其道，类皆赤族。此则由其学不足之故也。光武天资虽不逮高祖，而自其少时从诸生讲儒学，谨行义，故天下既定，则知兵之不可不戢，审《黄石》，存包桑，闭玉关，以谢西域之质；安南定北，以为单于久远之计；处置功臣，假以爵宠，而不使之任事，卒保全其始终。凡此皆思虑缜密，要自儒学中来。至于尊礼隐逸，褒崇风节，以振起士气，后之人君尤未易及此，非特高祖也。嗟乎！以高祖之天资，使之知学为当务，则汤、武之圣，亦岂不可至哉！是尤可叹息也。

光武不任功臣以事

光武之不任功臣为三公，盖鉴高帝之弊，而欲保全之，前史莫不以为美谈。以予观之，光武之保全功臣，使皆得以福禄终身，是固美矣，然于用人之道则有未尽也。盖用人之道，先以一说横于胸中，则为私意，非立贤无方之义矣。高祖之待功臣诚非也，如韩、彭、黥布之徒，虽有大功，要皆天资小人。在《易》之《师》："开国承家，小人勿用。"盖于用师既终，成功之后，但当宠之以富贵，而不可使之有国家而为政也。高帝正犯此义，是以不能保功臣之终。为光武者，要当察吾大臣有如韩、彭之徒者乎？则当以是待之。若光武之功臣则异于是。至寇、邓、贾复则又识明而行修，量洪而器远，以光武时所用之大臣论之，若三子者类过之远甚，与共图政，岂不可乎？顾乃执一概之嫌，废大公之义，是反为私意而已矣。抑光武之所责于大臣者，特为吏事，大臣之职顾如是乎？惟其不知大臣所当任之职，故不知用大臣之道，而独以吏事之督责为忧，抑亦末矣。方当乱定之后，正宜登用贤才，与共图纪纲，以为垂世长久之计，而但知吏事责三公，其贻谋之不竞亦宜矣！

光武崇隐逸

光武鉴西都末世之弊，故汲汲然崇尚风节，而不忘遗逸之举，亦可谓知所当务矣。盖自三代而降，在上者以爵禄而骄士，在下者慕爵禄而求君，故上日以亢而下日以委靡。人君而能降心以求遗逸，则是不敢以爵禄而骄其士，反有求乎士之意，则于克己养德，所助固不细矣。况风俗委靡之中，而见时君所尊礼延纳者乃在于恬退隐约之士，岂不足以遏其奔竞之风而息其侥幸之意？于风俗所助又不轻矣。在光武时，虽曰举遗逸，然固有召而不能致，致而不能用者，而其流风余韵，犹足以革西京之陋，而起名节之俗，则其为益固岂浅浅哉！《语》曰："举逸民，天下之人归心焉。"盖不遗贤于隐逸，则天下之贤才孰不归心？贤才归之，是天下之人举归之也，岂非为治之总要乎？然尝怪严子陵竟不为帝少屈，何邪？考子陵之言论风旨，亦非素隐行怪，必欲长往而不反者。彼与光武少而相从，知其心度为最详也。以谓光武欲为当时之治，则当时之人才固足办之，而无待乎己；若欲进乎两汉之事，则又惧有未能信从者。不然，徒受其高位，飨其尊礼之虚名，则非子陵之本心也，故宁不屈就之。然而以子陵为光武之故人，名高一世，而竟高卧不屈，光武亦不敢以屈之，其所以激顽起懦，扶植风化，助成东京风俗之美，人才之盛，其为力固亦多矣，岂不美哉！

党锢诸贤得失如何

东京党锢诸君子，盖嘉其志气之美，而惜其所处之未尽；重其天资之高，而叹其于学有所未足也。方是时，乾纲解纽，阴邪得路，天下之势日入于颓败矣。而诸君子曾不少贬以徇于世，慷慨所激，视死如归，至于患难得丧，宁复肯顾，其志气可谓美矣。虽然，昔之君子，其出处屈伸之际，盖各有义。故当困之时，则有居困之道；当屯之时，则有亨屯之法。时不我用，则晦处自修，危行而言逊，其进不可苟也。若乃居位则思其艰而虑其周，扶持根本，渐其图济，其为不可骤也。党锢诸君子在下则嘘枯吹生，自为题榜，至圭角眩露，昧夫处困之道矣。及其有位于朝，不过奋袂正色，击搏豪强数辈，以为事业在是矣。又进而居高位，则果于有为，直欲一施之而不复顾，身死非所问，而国势愈倾，是又失亨屯之法矣。是岂非有所未尽为可恨欤？若诸君子之不为死生祸福易操，其间如李膺、杜密、陈蕃辈，卓然一时，其天然可谓刚特不群矣。然惟其未知从事于圣门也，故所行虽正，立节虽严，未免发于意气之所动，而非循乎义理之安，出于恶其声之所感，而未尽夫恻隐之实。处之有未尽，固其宜也，岂非于学有不足欤？使其在圣门，则当入于仲由之科，圣人抑扬矫揉之，其必有道矣。或以为陈太丘之事为得其中。以予观之，太丘在诸君子之中，持心最平，盖天资又加美焉耳。而其所处张让之事，亦非中节。在当时隐迹自晦，岂无其方？何至送宦者之葬？此又为矫失之过，以此免祸，君子亦不贵也。不然，则郭有道乎？识高而量洪，才优而虑远，足为当时人物之领袖。然收敛之功，犹未之尽，要亦于学有欠也。不然，则黄叔度乎？言论风旨，虽不尽见，然其气象温厚，圭角浑然，见之者有所感于心，其为最高乎？使在圣门作成之，当居颜氏之科矣。

两汉选举之法

所考两汉选举虽已详，但阳嘉中左雄一事未曾拈出。两汉选举犹有古意，左雄之奏尤为责实。当时虽以限年为嗤，然是举所得，乃陈蕃、李膺、陈球辈，卒为一代名臣。然则雄之所行，岂得为迂哉？至如严谬举之罚，而自后察选以之清平，则所得固不止于一时也。后世取士之法无复先王遗风，有欲行古道如杨绾辈之所建明，则类指为不可行，胡不以雄之事观之？其效验亦可见矣。

晋元帝中兴得失

为国有大几，大几一失，则其弊随起而不可禁。所谓大几，三纲之所存是也。晋元帝初以怀帝之命来临江左，当时之意，固以时事艰难，分建贤王以为屏翰，庶几增国家之势，折奸宄之心。缓急之际，实赖其纠率义旅；入卫王室，其责任盖不轻矣。而琅琊之入建业，考观其规摹，以原其心度之所安，盖有自为封殖之意，而无慷慨谋国之诚，怀帝卒以蒙尘，迄不闻勤王之举。愍帝之立，增重寄委，制诏深切，而亦自若也。祖逖击楫渡江，聊复以兵应其请，返从而制之，使不得有为，则其意不在中原也审矣。坐视神州板荡，戎马纵横，不以动其心，不过欲因时自利云耳。愍再蒙尘，惧天下之议己，则阳为出师之势，迁延顾望，终归罪在运饷稽缓，斩一无辜令史以塞责，赤眚之异亦深切矣。吾谁欺，欺天乎？夫受君父之委托而坐视其祸变，因时事之艰难而觊幸以自利，三纲沦矣。惟其大几既失，故其所以建国规摹亦复不竞，乱臣贼子如王敦辈不旋踵而起，盖其弊有以致之也。使元帝痛怀、愍之难，笃君臣之义，念家国之仇，率江东英俊，鼓忠义之气，北向讨贼，义正理顺，安知中原无响应者？以区区一祖逖，倔强自立于群豪之间，犹几以自振，况肺腑之亲，总督之任，数路之势，何所不济哉？惟其不以至公为心，而私意蔽之，甚可叹息也。其余得失予不暇论，独推其本而言之。

谢安淝水之功

苻坚扫境入寇，方是时，晋室之势亦甚殆矣。梁、益既非吾有，而襄、沔复为所破，在他人宜恐惧失措之不暇，而谢安方且从容应敌，不过以江北军事付之谢玄及刘牢之辈，卒以成功。盖其方略素定，非侥幸苟然也。安明于用人，考察既精，不以亲疏而废。玄有谋虑，善使人，而牢之勇锐出众，安所施置，各得其宜。盖用兵之道，当以奇正相须。使玄将重兵于后，此正也；使牢之将精兵迎击于前，此奇也。秦兵既近洛涧，牢之撄其锋，直搏而胜之，固已夺其心矣。淝水之战，其胜算已在目中，故秦兵一退，风声鹤唳，以至山川草木皆足以惧之，惟牢之先夺其心故也。安之方略可谓素定矣。惟其素定，故安静而不挠，其矫情镇物，岂固为是哉？夫有所恃故耳。至于却上流之兵，又其一奇也。得上流之兵不足以助益，而适足以销薄声势，摇动人心，桓冲是举亦无谋矣。吾虑既定，一却其兵，而战士之心益固，国内之情举安，安见之明且审矣。嗟乎！国之所恃者人才耳。以当时晋室之势，独任一谢安，足以当苻秦百万之师。以予观之，非特安方略之妙，抑其所存忠义纯固，负荷国事，直欲与晋室同存亡，故能运用英豪，克成勋业，诚与才合故也。大抵立大事者非诚与才合，不足以济，若安者，其在东晋人物中杰出者哉！

以上《南轩集》卷一七

第三节　文学

张栻作诗文以言理，其文无一毫功利之杂，知道而健于文，极于高远而就于平实。

风雩亭词

岳麓书院之南有层丘焉，于登览为旷。建安刘公命作亭其上，以为青衿游息之地，广汉张某名以"风雩"，又系以词。

眷麓山之面隩，有弦诵之一宫。郁青林兮对起，背绝壁之穹窿。独樵牧之往来，委榛莽其蒙茸。试芟夷而隙视，翕众景之来宗。擢连娟之修竹，森偃蹇之乔松。山靡靡以旁围，谷窈窈而潜通。翩两翼兮前张，拥千麾兮后从。带湘江之浮渌，矗远岫兮横空。何地灵之久闭，昉经始乎今公。恍栋宇之宏开，列栏楯之周重。抚胜概以独出，信兹山之有逢。予揆名而谡义，爰远取于舞雩之风。昔洙泗之诸子，侍函丈以从容。因圣师之有问，各跽陈其所衷。独点也之操志，与二三子兮不同。方舍瑟而铿然，谅其乐之素充。味所陈之纡余，夫何有于事功。盖不忘而不助，示何始而何终。于鸢飞而鱼跃，实天理之中庸。觉唐虞之遗烈，俨洋洋乎目中。惟夫子之所与，岂虚言之是崇。嗟学子兮念此，溯千载以希踪。希踪兮奈何，盍务勉乎敬恭。审操舍兮斯须，凛戒惧兮冥濛。防物变之外诱,遏气习之内讧。浸私意之脱落,自本心之昭融。斯昔人之妙旨,可实得于予躬。循点也之所造,极颜氏之深工。登斯亭而有感,期用力于无穷。

以上《南轩集》卷一

过胡文定公碧泉书堂

入门认溪碧,循流识深源。念我昔此来,及今七寒暄。人事几更变,寒花故犹存。堂堂武夷翁,道义世所尊。永袖霖雨手,琴书贲丘园。当时经行地,尚想语笑温。爱此亭下水,固若玻璃盆。晴看浪花涌,静见潜鳞翻。朝昏递日月,俯仰鉴乾坤。因之发深感,倚槛更忘言。

以上《南轩集》卷二

三月七日城南书院偶成

积雨欣始霁,清和在兹时。林叶既敷荣,禽声亦融怡。鸣泉来不穷,湖风起沦漪。西山卷余云,逾觉秀色滋。层层丛绿间,爱彼松柏姿。青青初不改,似与幽人期。坐久还起步,堤边足逶迤。游鱼傍我行,野鹤向我飞。敢云昔贤志,亦复咏而归。寄言山中友,和我和平诗。

以上《南轩集》卷三

喜闻定叟弟归

吾弟三年别,归舟半月程。瘦肥应似旧,欢喜定如兄。秋日联鸿影,凉窗听雨声。人间团聚乐,身外总云轻。

以上《南轩集》卷五

谢太师加赠表

日月昭回,烛孤忠于既没;风雷鼓动,诏恤典于无穷。藐然遗孤,重于陨涕。伏念先臣早趋列著,即值多难。痛陵庙之莫扶,叹簪绅之自保。以为寇仇若此,岂臣子之遑安;义理所存,何利害之足计!会真人之勃起,先百辟以骏奔。奉命于危机汹涌之秋,投躯于众难纷纭之际。以至进登揆路,尽护戎车。不忧丑虏之方张,惟惧人心之不正。炳若丹青之誓,率兹缟素之师。虽蒙神圣之深知,亦致奸邪之横疾。摈居炎服,中逾二纪之更;敢意余龄,复际重明之运。窃窥睿蕴,思复祖疆。愿毕效于精诚,冀平清于氛祲。而割地奉仇之论起,合党缔交之谋深。修边备则指为费财，讲武功则目为生事。妄拟偷安于岁月，曾微却顾于兴衰。非惟沮先臣之为，实乃伤陛下之志。铄金成市，卒赖保全；易箦余哀，空存感慨。怅历时之浸久，忽当馈以兴思。中旨显颁，褒章具举。既极上公之贵，复稽节惠之文。人知忠义之荣，莫不竞劝；士喜是非之定，少缓私忧。固将垂训于邦家，岂但增光于泉壤。此盖伏遇皇帝陛下勤俭法禹，聪明继尧。纬武经文，不暂忘于宗祐；彰善瘅恶，用允若于天心。敷扬旧勋，表厉在服。诵温言之曲尽，仰至意之旁孚。臣猥以承家，极兹追往。奉牲以告，知神理之来歆；聚族而谋，念上恩之曷报。惟慕先臣之许国，力图后日之捐身。

谢生朝启

岁晚而思益艰，盖重《蓼莪》之感；齿长而学不进，更深《伐木》之求。方渴伫于良规，乃忽厪于善颂。意则厚矣，吾惟阙然。敢云初度之光，实积中心之愧。

以上《南轩集》卷八

潭州重修岳麓书院记

潭州岳麓书院，开宝九年知州事朱洞之所作也。后四十有五年，李允则来，为请于朝，因得赐书藏焉。是时山长周式以行义著，祥符八年召见便殿，拜国子主簿，使归教授，始诏因旧名赐额，仍增给中秘书，于是书院之称闻天下。绍兴初，更兵革灰烬，十一仅存，已而遂废。乾道元年，建安刘侯珙安抚湖南，既剔蠹夷奸，民俗安靖，则葺学校，访儒雅，思有以振起之。湘人士合辞以书院请，侯竦然曰："是固章圣皇帝所以加惠一方，劝厉长养以风天下者，而可废乎？"乃属州学教授金华邵颖经纪其事，未半岁而成，大抵悉还旧规。某从多士往观焉，爱其山川之胜，堂序之严，裴徊不忍去，喟而与之言曰："侯之为是举也，岂将使子群居族谭，但为决科利禄计乎？抑岂使子习为言语文词之工而已乎？盖欲成就人才，以传斯道而济斯民也。惟民之生，厥有常性，而不能以自达，故有赖于圣贤者出而开之。是以二帝三王之政，莫不以教学为先务。至于孔子，述作大备，遂启万世无穷之传。其传果何与？曰仁也。仁，人心也，率性立命，知天下而宰万物者也。今夫目视而耳听，口言而足行，以至于饮食起居之际，谓道而有外夫是，乌可乎？虽然，天理人欲，同行异情，毫厘之差，霄壤之缪，此所以求仁之难，必贵于学以明之与？善乎，孟子之得传于孔氏，而发人深切也！齐宣王见一牛之觳觫而不忍，则告之曰'是心足以王矣'。古之人所以大过人者，善推其所为而已。论尧舜之道本于孝弟，则欲其体夫徐行疾行之间；指乍见孺子匍匐将入井之时，则曰'恻隐之心，仁之端也'，于此焉求之，则不差矣。尝试察吾终日事亲从兄、应物处事，是端也其或发见，亦知其所以然乎？诚能默识而存之，扩充而达之，生生之妙，油然于中，则仁之大体岂不可得乎？及其至也，与天地合德，鬼神同用，悠久无疆，变化莫测，而其则初不远也。是乃圣贤所传之要，从事焉终吾身而后已，虽约居屏处，庸何损？得时行道，事业满天下，而亦何加于我哉？"侯既属某为记，遂书斯言，以厉同志，俾无忘侯之德，抑又以自厉云尔。二年冬十有一月辛酉日南至，右承务郎、直秘阁、赐紫金鱼袋广汉张某记。

尧山漓江二坛记

古者诸侯各得祭其境内之山川。山川之所以为神灵者，以其气之所蒸，能出云雨，润泽群物，是故为之坛壝，立之祝史，设之牲币，所以致吾祷祀之实，而交孚乎隐显之际，诚之不可掩也。如此，后世固亦有山川之祠，而人其形，宇其地，则其失也久矣。夫山峙而川流，是其形也，而人之也何居？其气之流通，可以相接也，而宇之也何居？无其理而强为之，虽百拜而祈，备物以飨，其有时而应也，亦偶然而已耳。淳熙二年之春，某来守桂，按其图籍，览观其山川，所谓尧山者，蟠据于东，气象杰出。环城之山，大抵皆石，而兹山独以壤，天将雨则云气先冒其颠。山之麓故有唐帝庙，山因以得名。而漓江逶迤，自城之北转而东以达于南，清洁可鉴，其源发于兴安，与湘江同本而异派，故谓之漓。而以水媲之，凡境内之水皆汇焉。以是知尧山、漓江为吾土之望，其余莫能班也。岁七月弥旬不雨，禾且告病。先一日斋戒，以夜漏未尽望奠于城观之上。曾未旋踵，雷电交集，一雨三日，均浃四境，邦人欢呼，穑以大稔。伏自念山川为吾土之望，而坛壝未立，祷祀无所，其何以率吾民严昭事之意？用惕然不敢宁，乃俾临桂县尉范子文度高明爽垲之地，得于城之北叠彩岩之后，隐然下临漓江，而江之外正与尧山相直，面势回环，表里呈露。对筑二坛，以奉祀事，为屋三楹于坛之下，以备风雨，其外则绕以崇垣。逾时而告成，乃十有二月丁酉，率僚吏躬祭其上，以祈嗣岁。事毕，裴徊喟然叹息，退而述所以为坛之意，以告邦之人与来为政者，使知事神之义在此而不在彼，庶有以致其祷祀之实，且得以传之于无穷云。

三先生祠记

淳熙二年，静江守臣张某即学宫明伦堂之旁立三先生祠，濂溪周先生在东序，明道程先生、伊川程先生在西序。绘像既严，以六月壬子率学之士俯伏而告成，退则进而谂之曰：师道之不可不立也久矣！良才美质，何世无之，而后世之人才所以不古如者，以夫师道之不立故也。凡所谓为士者，固曰以孔孟为宗，然而莫知所以自进于孔孟之门墙，则亦没世穷年，怅怅然如旅人而已。幸而有先觉者出，得其传于千载之下，私淑诸人，使学者知夫儒学之真，求之有道，进之有序，以免于异端之归，去孔孟之世虽远，而与亲炙之者固亦何以相异，独非幸哉？是则秦汉以来师道之立，宜莫盛于今也。而近世学者诚知所信慕者盖鲜，间有号为推尊，则又或窃虚声以自高，而不克践其实，顾反以为病。是则师道虽在天下，而学者亦莫知其立也。桂之为州，僻处岭外，山拔而水清，士之秀美者夫岂乏人？惟见闻之未广，而勉励之无从，故某之区区，首以立师道为急。继自今瞻三先生之在此祠也，其各起敬起慕，求其书而读之，味其言，考其行，讲论绅绎，心存而身履，循之以进于孔孟之门墙，将见人才之作兴，与漓江为无穷矣。此某之所望也。且独不见濂溪先生之言乎？曰："师道立则善人多，善人多则朝廷正而天下治。"嗟乎，某之所望，又岂特于邦之士云哉！敢记而刻诸石。后十日，承务郎、直宝文阁、权发遣静江府主管学事、广南西路兵马都钤辖、兼主管本路安抚司公事、赐紫金鱼袋张栻记。

以上《南轩集》卷一〇

思终堂记

永嘉郡许深夫从事湖南幕府之明年，其尊父登仕没于官舍，予往吊之。间又往焉，深夫泣而请曰："及之不天，未卯而丧母。吾家方穷空，既殡而无以葬。逮省事，则日夜究心，不敢宁岁。丁亥，得地于瑞安县之北曰李奥，泣血负土，乃克卒事。于时老父尝登斯丘而眷焉，顾而曰：

'异日我必葬是。'今者不幸至于大故殊州,独哭数千里之远。惟是不孝之躯,大惧陨越,赖父之灵,傥获归合于兆,则将立堂其旁,以为早莫瞻省、时节祀飨之地,未死之前,敢不勉尽其力!愿预请其名与记,庶几佩服思惟,有以大警其懈惰者。"则又泣。予既不果辞,乃取《礼传》"慎行其身,不遗父母恶名,可谓能终矣"之义,名之以"思终",且从而记之。

以上《南轩集》卷一三

论语说序

学者,学乎孔子者也。《论语》之书,孔子之言行莫详焉,所当终身尽心者,宜莫先乎此也。圣人之道至矣,而其所以教人者大略则亦可睹焉。盖自始学则教之以为弟、为子之职,其品章条贯,不过于声气容色之间,洒扫应对进退之事,此虽为人事之始,然所谓天道之至赜者,初亦不外乎是,圣人无隐乎尔也。故自始学则有致知力行之地,而极其终则有非思勉之所能及者,亦贵于行著习察,尽其道而已矣。孔子曰:"道之不行也,我知之矣。知者过之,愚者不及也。道之不明也,我知之矣。贤者过之,不肖者不及也。"秦汉以来,学者失其传,其间虽或有志于力行,而其知不明,擿埴索涂,莫适所依,以卒背于中庸。本朝河南君子始以穷理居敬之方开示学者,使之有所循求,以入尧舜之道。于是道学之传,复明于千载之下。然近岁以来,学者又失其旨,曰吾惟求所谓知而已,而于躬行则忽焉。故其所知特出于臆度之见,而无以有诸其躬,识者盖忧之。此特未知致知力行互相发之故也。孔子曰:"学而不思则罔,思而不学则殆。"历考圣贤之意,盖欲使学者于此二端兼致其力,始则据其所知而行之,行之力则知愈进,知之深则行愈达。是知常在先,而行未尝不随之也。知有精粗,必由粗以及精;行有始终,必自始以及终。内外交正,本末不遗,条理如此,而后可以言无弊。然则声气容色之间,洒扫应对进退之事,乃致知力行之原也,其可舍是而它求乎!顾某何足以与明斯道?辄因河南余论,推以己见,辑《论语说》,为同志者切磋之资,而又以此序冠于篇首焉。乾道九年五月壬辰朔,广汉张栻序。

洙泗言仁序

昔者夫子讲道洙泗,示人以求仁之方。盖仁者天地之心,天地之心而存乎人，所谓仁也。人惟蔽于有己，而不能以推，失其所以为人之道，故学必贵于求仁也。自孟子没，寥寥千有余载间，《论语》一书家藏人诵，而真知其旨归者何人哉？至本朝伊洛二程子始得其传，其论仁亦异乎秦汉以下诸儒之说矣，学者所当尽心也。某读程子之书，其间教门人取圣贤言仁处类聚以观而体认之，因哀《鲁论》所载，疏程子之说于下，而推以己见，题曰《洙泗言仁》，与同志者共讲焉。嗟乎！仁虽难言，然圣人教人求仁，具有本末。譬如饮食乃能知味，故先其难而后其获，所以为仁。而难莫难于克己也，学者要当立志尚友，讲论问辩于其所谓难者，勉而勿舍。及其久也，私欲浸消，天理益明，则其所造将有不可胜穷者。若不惟躬行实践之务，而怀薪获之心，起速成之意，徒欲以聪明揣度于语言求解，则失其传为愈甚矣。故愚愿与同志者共讲之，庶几不迷其大方焉。

孟子讲义序

学者潜心孔、孟，必得其门而入，愚以为莫先于义利之辩。盖圣学无所为而然也。无所为而然者，命之所以不已，性之所以不偏，而教之所以无穷也。凡有所为而然者，皆人欲之私，而非天理之所存，此义利之分也。自未尝省察者言之，终日之间鲜不为利矣，非特名位货殖而后为利也。斯须之顷，意之所向，一涉于有所为，虽有浅深之不同，而其徇己自私则一而已。如孟子所谓内交要誉、恶其声之类是也。是心日滋，则善端遏塞，欲迩圣贤之门墙以求自得，岂非却行以望及前人乎？使谈高说妙，不过渺茫臆度，譬犹无根之木，无本之水，其何益乎？学者当立志以为先，持敬以为本，而精察于动静之间，毫厘之差，审其为霄壤之判，则有以用吾力矣。学然后知不足乎，时未觉吾利欲之多也，灼然有见于义利之辨，将日救过不暇，由是而不舍，则趣益深，理益明，而不可已也。孔子曰："古之学者为己，今之学者为人。"为人者无适而非利，为己者无适而非义。曰利，虽在己之事，亦为人也；曰义，则施诸人者，亦莫非为己也。嗟乎！义利之辨大矣，岂特学者治己之所当先，施之天下国家一也。王者所以建立邦本，垂裕无疆，以义故也；而伯者所以陷溺人心，贻毒后世，以利故也。孟子当战国横流之时，发挥天理，遏止人欲，深切著明，拨乱反正之大纲也。其微辞奥义，备载七篇之书。

如某者虽曰服膺，而学力未充，何足以窥究万一。试以所见与诸君共讲之，愿无忽深思焉。

胡子知言序

《知言》，五峰胡先生之所著也。先生讳宏，字仁仲，文定公之季子也。自幼志于大道，尝见杨中立先生于京师，又从侯师圣先生于荆门，而卒传文定公之学。优游南山之下余二十年，玩心神明，不舍昼夜，力行所知，亲切至到。析太极精微之蕴，穷皇王制作之端，综事物于一源，贯古今于一息，指人欲之偏以见天理之全，即形而下者而发无声无臭之妙，使学者验端倪之不远，而造高深之无极，体用该备，可举而行。晚岁尝被召旨，不幸寝疾，不克造朝而卒。是书乃其平日之所自著，其言约，其义精，诚道学之枢要，制治之蓍龟也。然先生之意，每自以为未足。逮其疾革，犹时有所更定，盖未及脱藁而已启手足矣。或问于某曰：《论语》一书，未尝明言性，而子思《中庸》独于首章一言之；至于孟子，始道性善，然其为说则已简矣。今先生是书于论性特详焉，无乃与圣贤之意异乎？某应之曰：无以异也。夫子虽未尝指言性，而子贡盖尝识之，曰：“夫子之文章可得而闻也，夫子之言性与天道不可得而闻也。”是岂真不可得而闻哉？盖夫子之文章无非性与天道之流行也。至孟子之时，如杨朱、墨翟、告子之徒，异说并兴，孟子惧学者之惑而莫知所止也，于是指示大本而极言之，盖有不得已焉耳矣。又况今之异端直自以为识心见性，其说诐张雄诞，又非当时之比，故高明之士往往乐闻而喜趋之，一溺其间，则丧其本心，万事隳弛，毫厘之差，霄壤之缪，其祸盖有不可胜言者。先生于此又乌得而忘言哉！故其言有曰：“诚成天下之性，性立天下之有，情效天下之动。”而必继之曰：“心妙性情之德。”又曰：“诚者，命之道乎！中者，性之道乎！仁者，心之道乎！”而必继之曰：“惟仁者为能尽性至命。”学者诚能因其言而精察于视听言动之间，卓然知夫心之所以为妙，则性命之理盖可默识，而先生之意所以不异于古人者，亦可得而言矣。若乃不得其意而徒诵其言，不知求仁而坐谈性命，则几何其不流于异端之归乎！某顷获登门，道义之诲，浃洽于中，自惟不敏，有负夙知，辄序遗书，贻于同志。不韪之罪，所不得而辞焉。乾道四年三月丙寅，门人张栻序。

第五章　论著辑评

五峰集序

　　五峰胡先生遗书有《知言》一编，某既序而传之同志矣。近岁先生季子大时复裒辑先生所为诗文之属凡五卷，以示某。某反复而读之，惟先生非有意于为文者也，其一时咏歌之所发，盖所以舒写其性情，而其他述作与夫答问往来之书，又皆所以明道义而参异同，非若世之为文者徒从事于言语之间而已也。又惟先生自早岁服膺文定公之教，至于没齿，惟其进德之日新，故其发见于辞气议论之间者亦月异而岁不同。虽然，以先生之学，而不得大施于时，又不幸仅得中寿，其见于文字间者复止于如此，岂不甚可叹息！至其所志之远，所造之深，纲领之大，义理之精，后之人亦可以推而得焉。淳熙三年元日，门人张栻序。

以上《南轩集》卷一四

南岳唱酬序

　　某来往湖、湘逾二纪，梦寐衡岳之胜，亦尝寄迹其间，独未得登绝顶为快也。乾道丁亥秋，新安朱熹元晦来访予湘水之上，留再阅月，将道南山以归，乃始偕为此游，而三山林用中择之亦与焉。粤十有一月庚午，自潭城渡湘水。甲戌，过石滩，始望岳顶。忽云气四合，大雪纷集，须臾深尺许。予三人者饭道旁草舍，人酌一巨杯。上马行三十余里，投宿草衣岩。一时山川林壑之观，已觉胜绝。乙亥抵岳后。丙子小憩，甚雨，暮未已，从者皆有倦色。湘潭彪居正德美来会，亦意予之不能登也。予独与元晦决策，明当冒风雪亟登。而夜半雨止，起视，明星烂然，比晓，日升旸谷矣。德美以怯寒辞归。予三人联骑渡兴乐江，宿雾尽卷，诸峰玉立，心目顿快。遂饭黄心，易竹舆，由马迹桥登山。始皆荒岭弥望，已乃入大林壑，崖边时有积雪，甚快。溪流触石，曲折有声琅琅。日暮抵方广，气象深窈，八峰环立，所谓莲花峰也。登阁四望，霜月皎皎。寺皆版屋，问老宿，云用瓦辄为冰雪冻裂，自此如高台、上封皆然也。戊寅明发，穿小径，入高台寺。门外万竹森然，间为风雪所折，特清爽可爱。住山了信有诗声，云良夜月明，窗牖间有猿啸清甚。出寺，即行古木寒藤中。阴崖积雪，厚几数尺，望石凛如素锦屏，日影下照林间，冰堕锵然有声。云阴骤起，飞霰交集，顷之乃止。出西岭，过天柱，下福岩，望南台，历马祖庵，由寺背以登。路亦不至甚狭，遇险辄有石磴可步陟。逾二十余里，过大明寺，有飞雪数点。自东岭来，望见上封寺，犹萦迂数里许乃至。山高，草木坚瘦，门外寒松皆拳曲拥肿，樛枝下垂，冰雪凝缀，如苍龙白凤然。寺宇悉以版障蔽，否则云气嘘吸其间，时不辨人物。有穹林阁，侍郎胡公题榜，盖取韩子"云壁潭潭，穹林攸㩤"之语。予与二友始息肩，望祝融绝顶，褰裳径往。顶上有石，可坐数十人。时烟霭未尽澄彻，然群峰峭立，远近异态，其外四望渺然，不知所极，如大瀛海环之，真奇观也。湘水环带山下，五折乃北去。寺僧指苍莽中云，洞庭在焉。晚归阁上，观晴霞，横带千里。夜宿方丈，月照雪屋，寒光射人，泉声隔窗，泠然通夕，恍不知此身蹑千峰之上也。己卯，武夷胡实广仲、范念德伯崇来会，同游仙人桥。路并石，侧足以入。前崖挺出，下临万仞之壑，凛凛不敢久驻。再上绝顶，风劲甚，望见远岫次第呈露，比昨观殊快。寒威薄人，呼酒，径举数酌，犹不胜，拥毡坐乃可支。须臾云气出岩腹，腾涌如馈馏，过南岭，为风所飘，空蒙杳霭，顷刻不复见。是夜风大作。庚辰未晚，雪击窗有声，惊觉。将下山，寺僧亦谓石磴冰结，即不可步，遂亟由前岭以下，路已滑甚，有跌者。下视白云瀺浮弥漫，吞吐林谷，真有荡胸之势。欲访李邺侯书堂，则林深路绝，不可往矣。行三十里许，抵岳市，宿胜业寺劲节堂。盖自甲戌至庚辰凡七日，经行上下数百里，景物之美不可殚叙。间亦发于吟咏，更迭唱酬，倒囊得百四十有九篇。虽一时之作不能尽工，然亦可以见耳目所历与夫兴寄所托，异日或有考焉，乃衰而录之。方己卯之夕，中夜凛然，拨残火相对，念吾三人是数日间，亦荒于诗矣。大抵事无大小美恶，流而不返，皆足以丧志，于是始定要束，翌日当止。盖是后事虽有可歌者，亦不复见于诗矣。嗟乎，览是编者，其亦以吾三人者自儆乎哉！作《南岳唱酬序》。广汉郡张某敬夫云。

以上《南轩集》卷一五

仁 说

人之性，仁、义、礼、智四德具焉：其爱之理则仁也，宜之理则义也，让之理则礼也，知之理则智也。是四者虽未形见，而其理固根于此，则体实具于此矣。性之中只有是四者，万善皆管乎是焉。而所谓爱之理者，是乃天地生物之心，而其所由生者也。故仁为四德之长，而又可以兼能焉。惟性之中有是四者，故其发见于情，则为恻隐、羞恶、是非、辞让之端，而所谓恻隐者亦未尝不贯通焉，此性情之所以为体用，而心之道则主乎性情者也。人惟己私蔽之，以失其性之理而为不仁，甚至于为忮为忍，岂人之情也哉？其陷溺者深矣。是以为仁莫要乎克己，己私既克，则廓然大公，而其爱之理素具于性者无所蔽矣。爱之理无所蔽，则与天地万物血脉贯通，而其用亦无不周矣。故指爱以名仁则迷其体，而爱之理则仁也；指公以为仁则失其真，而公者人之所以能仁也。夫静而仁、义、礼、智之体具，动而恻隐、羞恶、辞让、是非之端达，其名义位置固不容相夺伦，然而惟仁者为能推之而得其宜，是义之所存者也；惟仁者为能恭让而有节，是礼之所存者也；惟仁者为能知觉而不昧，是智之所存者也。此可见其兼能而贯通者矣。是以孟子于仁，统言之曰"仁，人心也"，亦犹在《易》乾坤四德而统言乾元、坤元也。然则学者其可不以求仁为要，而为仁其可不以克己为道乎！

勿斋说

胡先生之季子大时求予名其读书之室，予因诵"非礼勿视，非礼勿听，非礼勿言，非礼勿动"之言，而名之曰"勿斋"。嗟乎！天理、人欲不并立也，操舍存亡之机，其间不能以毫发。所谓非礼者，非天之理故也；苟非天理，即人欲已。勿者，禁止之辞，收放心之要也。学者所当于视听言动之间，随吾所见，觉其为非礼，则克之无爱焉，虑思力行，由粗以及精，由著以及微，则所谓非礼，盖将有不可胜克者。克之之至，则天理纯全，而视听言动一循其则矣。"为仁由己，而由人乎哉？"贵夫勉之勿舍而已。

勿欺室说

山西郭侯子明以书抵予曰："所居一室，扁以'勿欺'，愿得数语，以发其义，庶几朝夕观省。"予惟天下之事常坏于诞谩而成于敦笃。古之为将者质胜其文，实逾于名，矜不形而确有余，虽一介之士且不敢欺也，而况于事君乎？虽念虑之微且不敢萌欺也，而况于见之事为乎？是以能成功而保其令名。今子明忠勋之胄，以识略被简知，方当总统之任，存心如是，予知其异日有以报明主矣。予于汉西京诸将中，最爱营平侯纯实重厚，授任于外，为国家计，不忍便文自营。其所条上，确然无一语虚，无一毫隐；及成功而归，论兵事得失，复不敢避小嫌以罔主听。其自守勿欺，终始不渝如此。嗟乎！此诚万世为将之良法也。子明勉之哉！

以上《南轩集》卷一八

附　　录

附录一　张栻传记资料汇编

《右文殿修撰张公神道碑》[（宋）朱熹]

淳熙七年春二月甲申，秘阁修撰、荆湖北路安抚、广汉张公卒于江陵之府舍。其弟衡州使君构护其柩以归，葬于潭州衡阳县枫林乡龙塘之原，按令式立碑墓道，而以书来谓熹曰："知吾兄者多矣，然最其深者莫如子，今不可以不铭。"熹尝窃病圣门之学不传，而道术遂为天下裂。士之醇悫者拘于记诵，其敏秀者炫于词章，既皆不足以发明天理而见诸人事，于是言理者归于老、佛，而论事者骛于管、商，则于理事之正反皆有以病焉，而去道益远矣。中间河、洛之间，先生君子得其不传之绪而推明之。然今不能百年，而学者又失其指。近岁乃幸得吾友敬夫焉，而天下之士乃有以知理之未始不该于事，而事之未始不根于理也。然又不得尽其所为，而中道以没，不有考焉以垂于世，吾恐后之君子将有憾于吾徒也。熹之愚固不足以及此，然于共学辈流偶独后死，矧定叟之所以见属者又如此，其何以辞？顾以疾病之不间，后五六年乃得考其事而叙之曰：

公讳某，字敬夫，故丞相魏国忠献公之嗣子也。生有异质，颖悟夙成，忠献公爱之。自其幼学，而所以教者莫非忠孝仁义之实。既长，又命往从南岳胡公仁仲先生问河南程氏学。先生一见，知其大器，即以所闻孔门论仁亲切之指告之。公退而思，若有得也，以书质焉。而先生报之曰："圣门有人，吾道幸矣。"公以是益自奋厉，直以古之圣贤自期，作《希颜录》一篇，早夜观省，以自警策。所造既深远矣，而犹未敢自以为足，则又取友四方，益务求其学之所未至。盖玩索讲评，践行体验，反复不置者十有余年，然后昔之所造深者益深，远者益远，而反以得乎简易平实之地。其于天下之理，盖皆了然心目之间，而实有以见其不能已者。是以决之勇，行之力，而守之固，其所以笃于君亲、一于道义而没世不忘者，初非有所勉慕而强为也。

少以荫补右承务郎，辟宣抚司都督府书写机宜文字，除直秘阁。是时天子新即位，慨然以奋伐仇虏、克复神州为己任。忠献公亦起谪籍，受重寄，开府治戎，参佐皆极一时之选。而公以藐然少年周旋其间，内赞密谋，外参庶务，其所综画，幕府诸人皆自以为不及也。间以军事入奏，始得见上，既进言曰："陛下上念宗社之仇耻，下闵中原之涂炭，惕然于中而思有以振之，臣谓此心之发，即天理之所存也。诚愿益加省察，而稽古亲贤以自辅焉，无使其或少息也，则不惟今日之功可以必成，而千古因循之弊亦庶乎其可革矣。"上异其言，盖于是始定君臣之契。

已而忠献公辞位去，用事者遂罢兵，与虏和。虏乘其隙，反纵兵入淮甸，中外大震。然庙堂犹主和议，至敕诸将毋得以兵向虏。时忠献公已即世，公不胜君亲之念，甫毕藏事，即拜疏言："吾与虏人乃不共戴天之仇，向来朝廷虽亦尝兴缟素之师，然玉帛之使未尝不行乎其间，是以讲和之念未忘于胸中，而至诚恻怛之心无以感格乎天人之际。此所以事屡败而功不成也。今虽重为群邪所误，以蹙国而召寇，然亦安知非天欲以是开圣心哉？谓宜深察此理，使吾胸中了然，无纤芥之惑，然后明诏中外，公行赏罚，以快军民之愤，则人心悦，士气充，而虏不难却矣。继今以往，益坚此志，誓不言和，专务自强，虽折不挠，使此心纯一，贯彻上下，则迟以岁月，亦何功之不成哉！"疏入不报。

后六年，始以补郡。临遣，得复见上。时宰相虽以恢复之说自任，然所以求者类非其道。且妄意公素论当与己合，数遣人致殷勤。公不答，见上，首言："先生之治，所以建事立功无不如志，以其胸中之诚足以感格天人之心而与之无间也。今规画虽劳而事功不立，陛下诚深察之日用之间，念虑云为之际，亦有私意之发以害吾之诚者乎？有则克而去之，使吾中扃洞然，无所间杂，则见义必精，守义必固，而天人之应将不待求而得矣。夫欲复中原之地，当先有以得其百姓之心；欲得中原之心，当先有以得吾百姓之心。而求所以得吾民之心者，岂有它哉？不尽其力，不伤其财而已矣。今日之事，固当以明大义、正人心为本，然其所施有先后，则其缓急不可以不详；所务有名实，则其取舍不可以不审。此又明主所宜深察也。"

明年召还，宰相又方谓虏势衰弱可图，建遣泛使往责陵寝之故，士大夫有忧其无备而召兵者，皆斥去之。于是公见上，上曰："卿知虏中事乎？"公对曰："不知也。"上曰："虏中饥馑连年，盗贼四起。"公又对曰："虏中之事臣虽不知，然境中之事则知之详矣！"上曰："何事？"公遂言曰："臣窃见比年诸道亦多水旱，民贫日甚，而国家兵弱财匮，官吏诞谩，不足倚仗。正使彼实可图，臣惧我之未足以图彼也。"上为默然久之。公因出所奏书读之曰："臣窃谓陵寝隔绝，诚臣子不忍言之至痛。然今未能奉词以讨之，又不能正名以绝之，乃欲卑词厚礼以求于彼，其于大义已为未尽。而异论者犹以为忧，则其昧陋畏怯又益甚矣。然臣窃揆其心，意其或者亦有以见我未有必胜之形而不能不忧也欤？盖必胜之形当在于早正素定之时，而不在两陈决机之日。"上为竦听，改容称善，至于再三。公复读曰："今日但当下哀痛之诏，明复仇之义，显绝虏人，不与通使，然后修德立政，用贤养民，选将帅、练甲兵，通内修外攘、进战退守以为一事，且必治其实而不为虚文，则必胜之形隐然可见。虽有浅陋畏怯之人，亦且奋跃而争先矣。"上为叹息褒谕，以为前未始闻此论也。

其后又因赐对，反复前说，上益嘉叹，面谕："当以卿为讲官，冀时得晤语也。"时还朝未期岁，而召对至六七。公感上非常之遇，知无不言。大抵皆修身务学、畏天恤民，抑权幸、屏谄谀之意。至论复仇之义，则反复推明所以为名实之辨者益详。于是宰相益惮公，而近幸尤不悦，遂合中外之力以排之，而公去国矣。盖公自是退居三年，更历两镇，虽不复得闻国论，而早夜孜孜，反身修德，爱民计军，以俟国家扶义正名之举，尤极恳至。于是天子益知公可用，尝赐手书褒其忠实，盖将复大用之，而公已病矣。病亟且死，犹手疏劝上以"亲君子、远小人，信任防一己之偏，好恶公天下之理，以清四海，克固丕图"，若眷眷不能忘者。写毕，缄付府僚，使驿上之，有顷而绝。

呜呼！靖康之变，国家之祸乱极矣。小大之臣，奋不顾身以任其责者盖无几人。而其承家之孝，许国之忠，判决之明，计虑之审，又未有如公者。虽降命不长，不克卒就其业，然其志义伟然，死而后已，则质诸鬼神而不可诬也。

始，公出幕府，即罹外艰。屏居旧庐，不交人事。会盗起郴、桂间，声摇数路。湖南帅守刘公珙雅善公，时从访问筹策，卒用以破贼。还朝，为上极言公学行志业非常人比，上亦记公议论本末，除知抚州。未上，改严州。到任问民疾苦，首以丁盐钱绢太重为请，得蠲是岁半输。

召为尚书吏部员外郎、兼权左右司侍立官。时庙堂方用史正志为发运使，名为均输，而实但尽夺州郡财赋以惑上听，远近骚然，人不自安。贤士大夫争言其不可，而少得其要领者。公亦为上言之，上曰："正志以为今但取之诸郡，非取之于民也，何伤？"公对曰："今日州郡财赋大抵劫劫无余，若取之不已而经用有阙，则不过巧为名色而取之于民耳。"上闻之，矍然顾谓公曰："论此事者多矣，未有能及此者。如卿之言，是朕假手于发运使以病吾民也。"旋阅其实，果如公言，即诏罢之。

兼侍讲，除左司员外郎。经筵开，以《诗》入侍，因《葛覃》之篇以进说曰："治常生于敬畏，乱常起于骄淫。使为国者每念稼穑之劳，而其后妃不忘织纴之事，则心之不存者寡矣。周之先后勤俭如此，而其后世犹有以休蚕织而为厉阶者，兴亡之效，于此见矣。"既又推广其言，上陈祖宗自家刑国之懿，下斥当时兴利扰民之害详焉。上亦叹曰："此王安石所谓人言不足恤者，所以误国事也。"

俄而诏以知合门事张说签书枢密院事，公夜草手疏，极言其不可，且诣宰相质责之，语甚切。宰相惭愤不堪，而上独不以为忤，亲札疏尾付宰相，使谕指。公复奏曰："文武之势诚不可以太偏，然今欲左文右武以均二柄，而所用乃得如此之人，非惟不足以服文吏之心，正恐反激武臣之怒也。"于是上意感悟，命得中寝。然宰相实阴附说，明年，乃出公知袁州，而申说前命，于是中外喧哗，而说后竟谪死去。

淳熙改元，公家居累年矣，上复念公，诏除旧职，知静江府，经略安抚广南西路。广西去朝廷绝远，诸州土旷民贫，常赋入不支出。故往时立法，诸州以漕司钱运盐鬻之，而以其息什四为州用，以是州得粗给而民无加赋。其后或乃夺取其息之半，则州不能尽运，而漕司又以岁额责其虚息，则高价抑卖之弊生而公私两病矣。公始至，未及有为，专务以访求一道之利病为事。既得其所以然者，则为奏，以盐息什三予诸郡。

又因兼摄漕台，出其所积缗钱四十万而中分之，一以为诸仓买盐之本，一以为诸州运盐之费。奏请立法，自今漕司复有多取诸州，辄行抑卖，悉以违制议罪。其敢以资燕饮、供馈饷者，仍坐赃论。诏皆从之。

所统州二十有五，辽夐荒残，故多盗贼。徼外蛮夷俗尚仇杀，喜侵掠，间亦入塞为暴。而州兵皆脆弱慵惰，又乏粮赐，死亡辄不复补，乡落保伍亦名存而实废。邕管斗入群蛮中，最为重地，而戍兵不能千人，独恃左、右江洞丁十余万为藩蔽，而部选提举巡检官初不择人。公知其弊，则又为之简阅州兵，汰冗补阙，籍诸州黥卒伉健者以为效用，合亲兵摧锋等军，日习而月按之。悉禁它役，视诸州犹有不足于粮赐若凡戈甲之费者，更斥漕司盐本羡钱以佐之，申严保伍之令而信其赏罚。知流人沙世坚才勇，喻以讨贼自效，所捕斩前后以十百数。又奏乞选辟邕州提举巡检官以抚洞丁，传令溪洞酋豪，喻以弭怨睦邻，爱惜人命，为子孙长久安宁之计，毋得辄相虏掠，仇杀生事。而它所以立恩信、谨关防、示形制者，亦无不备。于是境内正清，方外柔服，幕府无南乡之虑矣。

朝廷买马横山，岁久弊积，边氓告病而马不时至，至者多道死。公究其利病，得凡六十余条。如邕守上边，则灞江有买船之扰；纲马在道，则缘道有执牵之劳。其或道死，则抑卖其肉，重为邻伍之患。是皆无益于马而有害于人，首奏革之。其他如给纳等量支券之奸，以至官校参司名次之弊，皆有以久其根穴而事为之防，由是诸蛮感悦，争以其善马来，岁额率常先期以办，而马无滞留，人知爱惜，遂无复死道路者。

上闻公治行，且未尝叙年劳，乃诏特转承事郎、进直宝文阁，再任。五年，除秘阁修撰、荆湖北路转运副使，改知江陵府，安抚本路。湖北尤多盗，州县不以为意，更共纵释，以病良民。公入境，首劾大吏之纵贼者罢之，捕奸民之舍贼者斩之，群盗破胆，相率遁去。公又益为条教，喻以利害，俾知革心，开其党与，得相捕告以除罪。其余禁令方略，大率如广西时。于是一路肃清，善良始有安居之乐。郡去北边不远，虽颇有分屯大军，而主兵官率常与帅守不相中。帅守所将独神劲亲兵及义勇民兵若干人，比年亦废简阅，不足恃。公既以礼遇诸将，得其欢心，而所以恤其士伍之私者亦无不至，于是将士感悦，相戒无辄犯公令。每按亲兵，必使与大军来试，以相激厉。均犒赏，修义勇法，使从县道阶级。喻以农隙阅习武事，以俟不时按验而加赏罚焉。其后团教，则又面加慰谕，勉以忠义而教以敦睦。首领有捕盗者，为奏补官。由是戎政日修而士心亦益感奋。会有献言于朝，请尽籍客户为义勇者。公虑惑民听，且致流亡，亟取丁籍阅之，命一户而三丁者乃籍其一以为义勇副军，别置总首，人给一弩，俾家习之。三岁一遣官就按，它悉无有所与。且为奏言所以不可尽取之故，阖境赖焉。

辰、沅诸州自政和间夺民田募游惰，号刀弩手，盖欲以控制诸蛮而实不可用。中废复修，议者多不以为便，诏与诸司平处列上。公为奏去其病民罔上者数条，诏皆施行，人亦便之。并淮奸民出塞为盗，法皆处死。异时官吏多蔽匿弗治，至是捕得数人，仍有胡奴在党中。公曰："朝廷未能正名讨贼，则疆场之事不宜使数负吾曲。"命斩之，以徇于境，而缚其亡奴归之。北人叹其理直，且曰南朝于是为有人矣。

信阳守刘大辩者，婺州人也，怙势希赏，诱致流民而夺见户熟田以与之，一郡汹汹。公为遣吏平章，乃定。及是闻北人逐盗有近淮者，则又虚惊，夜弃城郭，尽室南走数十里，军民复大扰。公方劾奏之，而朝廷用大辩请，以见户荒田授流民。事下本道，施行如章。公复奏曰："陛下幸哀边民，前诏占田已垦者不复通检，其未垦者二年不垦，乃收为营田，德至渥也。今未及期，而大辩不务奉承宣布，反设诈谖，亏国大信，以济凶虐。且所招流民不满百数，而虚奏且十倍。请并下前奏，论罪如法。"章累上，大辩犹得易它郡以去。

盖方是时，上所以知公者愈深，而恶公者忌之亦愈力。公自以不得其职，数求去不得，寻以病请，乃得之。然比诏下，以公为右文殿修撰、提举武夷山冲佑观，则已不及拜矣。卒时年四十有八。枢出江陵，老稚挽车号恸，数十里不绝。讣闻，上亦深为嗟悼。四方贤士大夫往往出涕相吊，而静江之人哭之尤哀。盖公为人坦荡明白，表里洞然，诣理既精，信道又笃，其乐于闻过而勇于徙义，则又奋厉明决，无豪发滞吝意。以至疾病垂死而口不绝吟于天理人欲之间，则平日可知也。故其德日新，业日广，而所以见于论说行事之间者，上下信之至于如此。虽小人以其好恶之私，或能壅害于一时，然至于公论之久长，盖亦莫得而掩之也。

公之教人，必使之先有以察乎义利之间，而后明理居敬，以造其极。其剖析开明，倾倒切至，必竭两端而后已。所为郡必葺其学，于静江又特盛。暇日召诸生告语不倦，民以事至廷中者，亦必随事教戒，而于孝弟忠信、睦姻任恤之意尤孜孜焉。犹虑其未遍也，则又刻文以开晓之。至于丧葬嫁娶之法，风土习俗之弊，亦列其事以为戒。命间井各推耆宿，使为乡老，授之夏楚，使以所下条教训厉其子弟，不变，然后言之有司而加法刑焉。在广西，刑狱使者陆济之子弃家为浮屠，闻父死，不奔丧。为移诸路，俾执拘以付其家。官吏有犯名教者，皆斥遣之，甚或奏劾抵罪。尤恶世俗鬼神老佛之说，所至必屏绝之。盖所毁淫祠前后以百数，而独于社稷山川、古先圣贤之奉为兢兢，虽法令所无，亦以义起。其水旱祷祠，无不应也。

平生所著书，唯《论语说》最后出，而《洙泗言仁》、《诸葛忠武侯传》为成书。其他如《书》、《诗》、《孟子》、《太极图说》、《经世编年》之属，则犹欲稍更定焉而未及也。然其提纲挈领，所以开悟后学，使不迷于所乡，其功则已多矣。盖其常言有曰："学莫先于义利之辨，而义也者，本心之所当为而不能自已，非有所为而为之者也。一有所为而后为之，则皆人欲之私，而非天理之所存矣。"呜呼，至哉言也！其亦可谓扩前圣之所未发，而同于性善养气之功者欤！

公之州里世系已见于忠献公之碑，此不著。其配曰宇文氏，朝散大夫师申之女，事舅姑以孝闻，佐君子无违德，封安人，前卒。子焯，承奉郎，亦早世。二女，长适五峰先生之子胡大时，次未行而卒。孙某、某，尚幼。后数年，胡氏女与某亦皆夭。呜呼！敬夫已矣！吾尚忍铭吾友也哉？铭曰：

斗尹之忠，文子之清。匪欲之徇，而仁弗称。孰的孰张，以诏后学？公乘厥机，如寐斯觉。自时厥后，动罔弗钦。孝承考志，忠格天心。唯孝唯忠，惟一其义。惟命有严，岂曰为利。群邪肆诞，公避而归。两镇余功，以德为威。帝曰怀哉，汝忠而实。姑讫外庸，来辅来拂。上天甚神，曷监而遗？彼顽弗夭，此哲而萎。往昔茫茫，来今不尽。求仁得仁，公则奚恨？

——《朱文公文集》卷八九，《四部丛刊》本

《张左司传》[（宋）杨万里]

张栻字敬夫。父浚，故右仆射魏国忠献公也。生有异质，颖悟夙成，浚爱之，自幼常令在旁，教以忠孝仁义之实。既长，又命往从南岳胡宏

讲求程颢及颐之学。宏告以孔门论仁之指，栻默然若有得者。宏称之曰："圣门有人矣！"栻益自奋厉，取友四方，初造深远，卒归乎平易笃实。

少以荫补右承务郎，辟宣抚司都督府书写机宜文字，除直秘阁。是时今上新即位，慨然以奋伐仇虏、克复神州为己任。浚起谪籍，受重寄，开府治戎，参佐皆极一时之选。而栻以藐然少年，内赞密谋，外参庶务，幕府诸人皆自以为不及。间以军事入奏，始得见于上，即进言曰："陛下上念宗社之仇耻，下闵中原之涂炭，惕然于中，而思有以振之。臣谓此心之发，即天理也。愿益加省察，而稽古亲贤以自辅，无使其少息，则今日之功可以必成。"上异其言，于是始定君臣之契。

已而浚辞位去，汤思退用事，遂罢兵与虏和，虏乘隙纵兵入淮甸，中外大震，然庙堂犹主和议，至敕诸将无得以兵向虏。时浚已没，栻不胜君亲之念，甫襄事，即拜疏言："吾与虏乃不共戴天之仇。异时朝廷虽尝兴缟素之师，然旋遣玉帛之使，讲和之念未忘于胸中，故至诚恻怛之心无以感格乎天人之际。此所以事屡败也。今虽重为群邪所误，以蹙国而召寇，然亦安知非天以是开圣心哉？谓宜深察此理，使吾胸中了然，无纤芥之惑，然后明诏中外，公行赏罚，以快军民之愤，则人心悦，士气充，而虏不难却矣。继今以往，益坚此志，誓不言和，专务自强，虽折不挠，使此心纯一，贯彻上下，则迟以岁月，亦何功之不成哉？"疏入不报。

服除，久之，刘珙荐于上。上亦记其前日议论，除知抚州。未上，改严州，入奏。时宰相自任以恢复之说，且谓栻素论当与己合，数遣人致意，栻不答，见上首言："先王所以建事立功，无不如志者，以其胸中之诚，足以感格天人之心也。今规画虽劳，而事功不立，陛下试深察之日用之间，念虑云为之际，亦有私意之发，以害吾胸中之诚者乎？有则克而去之，使吾扃洞然，无所间杂，则见义必精，守义必固，天人之应，将不待求而得矣。且欲复中原之地，当先有以得中原之心；欲得中原之心，当先有以得吾民之心。求所以得吾民之心者无他，不尽其力，不伤其财而已。"至郡，问民疾苦，首以丁盐绢钱太重为请，得蠲是岁之半。

明年，召为吏部员外郎，兼权起居郎。时宰相谓虏衰可图，建遣泛使往请陵寝，士大夫有忧其无备而召敌者，皆斥去之。于是栻见上，上曰："卿知虏中事乎？"栻对曰："不知也。"上曰："虏中饥馑连年，盗贼四起。"栻又对曰:"房中之事臣虽不知,然境内之事则知之详矣。"上曰:"何事?"栻遂言曰:"臣窃见比年诸道亦多水旱,民贫日甚,而国家兵弱财匮,官吏诞谩不足赖,正使彼实可图,臣惧我之未足以图彼也。"上为默然。栻因出所奏疏曰:"臣窃谓陵寝隔绝,言之至痛。然今未能奉辞以讨之,又不能正名以绝之,乃欲卑词厚礼以求于彼,则于大义为已乖。而度之事势,我亦未有必胜之形。夫必胜之形,当在于早正素定之时,而不在于两陈决机之日。今日但当下哀痛之诏,明复仇之义,显绝虏人,不与通使,然后修德立政,用贤养民,选将帅,练甲兵,以内修外攘,进战退守之事,通而为一,且必治其实而不为虚文,则必胜之形隐然可见矣。"上为改容叹息,以为前未始闻此论也。上面谕当以为讲官,冀时得晤语。

庙堂用史正志为发运使,名为均输,实尽夺州县财赋,远近骚然。栻为上言之。上曰:"正志以为今但取之诸郡,非取之于民。"对曰:"今日州郡财赋大抵无余,若取之不已,而经用有缺,则不过巧为之名以取之于民耳。"上闻之矍然,顾栻曰:"论此事者多矣,未有能及此者。如卿之言,是朕假手于发运使以病吾民也。"旋阅其实,果如栻言,即诏罢之。

兼侍讲,除左司员外郎。因讲《诗》,至《葛覃》,进说:"治生于敬畏,乱起于骄淫。使为国者每念稼穑之劳,而其后妃不忘织纴之事,则心之不存者寡矣。周之先后勤俭如此,而其后世犹有休蚕织而为厉阶者,兴亡之效于此可见。"因推广其言,上陈祖宗自家刑国之懿,下斥今日兴利扰民之害。上叹曰:"此王安石所谓人言不足恤者所以误国。"

知合门事张说除金书枢密院事,栻夜草手疏,极言其不可;且诣宰相质责之,语甚切。宰相惭愤不堪,而上独不以为怍,亲札疏尾付宰相,使谕指栻。复奏曰:"文武诚不可偏。然今欲右武以均二柄,而所用乃得如此之人,非惟不足以服文吏之心,正恐反激武臣之怒。"于是上意感悟,命得中寝。明年,乃出栻知袁州,而申说前命。于是中外喧哗,而说后竟谪死云。

栻在朝未期岁,而召对六七。栻感激上非常之遇,知无不言,大抵皆修身务学、畏天恤民、抑侥幸、屏谗谀之意。宰相益惮之,从臣有忌之者,而近幸尤不悦,遂合中外之力以排去之。栻退居长沙,待次三年。

淳熙改元，上复念栻，诏除旧职，改知静江府，经略安抚广南西路。广西去朝廷绝远，土旷民贫，常赋不支。异时诸州以漕司钱运盐鬻之，而以其息什四为州用，故州粗给，而民无加赋。其后漕司又取其半，州既不能尽运，而漕司又以岁之常责其虚息，于是官高其估，抑卖于民，而公私两病矣。栻奏以盐息什三予诸郡，又因兼摄漕事，出其所积缗钱四十万，而中分之一为诸仓煮盐之本，一为诸州运盐之费。请立法自今漕司敢有多取诸州，辄行抑卖者，论以为违制；敢以资宴饮、供问遗者，论以赃。诏从之。所统州二十有五，荒残多盗，徼外群蛮尚仇杀，喜侵掠，间亦入塞为暴。而州兵皆脆惰，又乏廪给，死亡不补。乡有保伍，名存实亡。邕管斗入蛮中，最为重地，而戍兵不能千人，独恃左右江洞丁十余万为藩蔽。而吏部以资格注提举巡检官，初不择人。栻乃简阅州兵，汰冗补阙，籍诸州黠卒伉健者为效用，令亲兵摧锋等军日习月按，悉禁他役，视诸州有兵食不足、军实不治者，更斥漕司盐本羡钱以佐之。申严保伍之令，而信其赏罚。知流人沙世坚才勇，喻以讨贼自效，所捕斩前后以十百数。又奏乞选辟邕州提举巡检官以抚洞丁，传令溪洞酋豪，喻以弭怨睦邻，毋相杀掠，立之恩信，谨其禁防，示以刑制。于是内宁外服，莫府无南乡之虑。

朝廷买马横山，岁久弊滋，边氓告病，而马不时至，至者多道死。栻究其利病，得六十余条。如邕守上边则濒江，有买船之扰；纲马在道，则所过有执牵之劳；其或道死，则折卖其田，首奏革之。其他奸弊细碎，皆究其根穴，事为之防，诸蛮感悦，争以其善马来，岁额先办，马无滞留，亦无道死。

上闻栻治行，且未尝叙年劳，乃诏特转承事郎、直宝文阁，再任。五年，除秘阁修撰、荆湖北路转运副使，改知江陵府、安抚本路。湖北尤多盗，而府县往往纵释以病良民。栻入境，首劾大吏之纵贼者罢之，捕奸民之舍贼者斩之，群盗遁去。栻又益为教条，喻以利害，俾之革心，开其党与，得相捕告以除罪。于是一路肃清。郡濒边，屯军主将每与帅守不相下。帅守所将独神劲亲兵、亲勇民兵。栻既以礼遇诸将，得其欢心，而又加恤士伍，于是将士感悦。每按亲兵，必使与大军杂试均犒，以相激厉。修义勇法，使从县道阶级，农隙肄武大阅于府，面加慰谕，勉以忠义。队长有功，奏之补官，戎政日修，士心感奋。有言于朝，请尽籍客户为义勇者。栻虑其扰，亟阅民籍，家三人者乃籍其一为义勇副军，别置总首，人给一弩，俾家习之，三岁一遣官就按，他悉无有所与。

辰、沅诸州自政和间夺民田以募游惰，号刀弩手，栻为奏去其病民罔上者数条，并准奸民出塞为盗法，皆抵死。异时置而弗治，至是捕得数人，仍有胡奴在党中。栻曰："朝廷未能正名讨贼，疆场之事毋曲在我。"命斩之以徇于境，而缚其亡奴归之，北人叹其理直，且曰："南朝有人。"信阳守刘大辩怙势希赏，广招流民，而夺见户熟田以与之，请于朝以熟为荒，乞授流民。事下本道施行如章。栻劾大辩诈谖凶虐，所招流民不满百数，而虚奏十倍，请论其罪，不报。章累上，大辩易他郡。盖宰相忌栻者沮之云。栻自以不得其职，数求去不得。寻以病请。诏以栻为右文殿修撰、提举武夷山冲佑观，未拜命而卒。

病且死，手疏劝上"亲君子，远小人，信任防一己之偏，好恶公天下之理，以清四海，以固丕图"。天下诵之。年四十有八。上深悼之，四方贤士大夫往往出涕相吊，而江陵、静江之民皆哭之哀。

栻为人坦荡明白，表里洞然。诣理精，信道笃。乐于闻过，勇于徙义。奋力明决，无毫发滞吝意。所至郡，必葺其学校，暇日召诸生与之讲学不倦。民以事至廷中者，必随事教以孝弟忠信。至于昏丧之法，风俗之弊，具为条教，择耆艾为乡老，授之忧楚，使以条教训其子弟不变，然后言之有司。广西刑狱使者陆济之子弃家为浮屠，父死不奔丧，为移诸路，俾执以付其家。官吏有犯名教者，皆斥遣，甚者或奏劾抵罪。尤恶世俗鬼神老佛之说，所至必屏绝之，毁淫祠前后百数。至社稷、山川、古先圣贤之奉，则兢兢焉，其水旱祷祠无不应者。所著《论语说》、《洙泗言仁》、《诸葛忠武侯传》皆成书。其他如《诗》、《书》、《孟子》、《太极图说》、《经世编年》皆未及更定云。栻之言曰："学莫先于义利之辨。义者本心之所当为而为也。有为而为，则皆人欲，非天理。"此栻讲学所得之要也。子焯，承奉郎，早卒。

——《诚斋集》卷一一五，《四部丛刊》本

《宋史·张栻传》

张栻字敬夫，丞相浚子也。颖悟夙成，浚爱之，自幼学，所教莫非仁义忠孝之实。长师胡宏，宏一见，即以孔门论仁亲切之旨告之。栻退而思，若有得焉，宏称之曰："圣门有人矣。"栻益自奋厉，以古圣贤自期，作《希颜录》。

以荫补官，辟宣抚司都督府书写机宜文字，除直秘阁。时孝宗新即位，浚起谪籍，开府治戎，参佐皆极一时之选。栻时以少年，内赞密谋，外参庶务，其所综画，幕府诸人皆自以为不及也。间以军事入奏，因进言曰："陛下上念宗社之仇耻，下闵中原之涂炭，惕然于中，而思有以振之。臣谓此心之发，即天理之所存也。愿益加省察，而稽古亲贤以自辅，无使其或少息，则今日之功可以必成，而因循之弊可革矣。"孝宗异其言，于是遂定居臣之契。

浚去位，汤思退用事，遂罢兵讲和。金人乘间纵兵入淮甸，中外大震，庙堂犹主和议，至敕诸将无得辄称兵。时浚已没，栻营葬甫毕，即拜疏言："吾与金人有不共戴天之仇，异时朝廷虽尝兴缟素之师，然旋遣玉帛之使，是以讲和之念未忘于胸中，而至忧恻怛之心无以感格于天人之际，此所以事屡败而功不成也。今虽重为群邪所误，以蠹国而召寇，然亦安知非天欲以是开圣心哉。谓宜深察此理，使吾胸中了然无纤芥之惑，然后明诏中外，公行赏罚，以快军民之愤，则人心悦，士气充，而敌不难却矣。继今以往，益坚此志，誓不言和，专务自强，虽折不挠，使此心纯一，贯彻上下，则迟以岁月，亦何功之不济哉？"疏入，不报。

久之，刘珙荐于上，除知抚州，未上，改严州。时宰相虞允文以恢复自任，然所以求者类非其道，意栻素论当与己合，数遣人致殷勤，栻不答。入奏，首言："先王所以建事立功无不如志者，以其胸中之诚有以感格天人之心，而与之无间也。今规画虽劳，而事功不立，陛下诚深察之日用之间，念虑云为之际，亦有私意之发以害吾之诚者乎？有则克而之，使吾中扃洞然无所间杂，则见义必精，守义必固，而天人之应将不待求而得矣。夫欲复中原之地，先有以得中原之心，欲得中原之心，先有以得吾民之心。求所以得吾民之心者，岂有他哉？不尽其力，不伤其财而已矣。今日之事，固当以明大义、正人心为本。然其所施有先后，则其缓急不可以不详；所务有名实，则其取舍不可以不审，此又明主所宜深察也。"

明年，召为吏部侍郎，兼权起居郎侍立官。时宰方谓敌势衰弱可图，建议遣泛使往责陵寝之故，士大夫有忧其无备而召兵者，辄斥去之。栻见上,上曰:"卿知敌国事乎?"栻对曰:"不知也。"上曰:"金国饥馑连年,盗贼四起。"栻曰:"金人之事,臣虽不知,境中之事,则知之矣。"上曰:"何也?"栻曰:"臣切见比年诸道多水旱,民贫日甚,而国家兵弱财匮,官吏诞谩,不足倚赖。正使彼实可图,臣惧我之未足以图彼也。"上为默然久之。栻因出所奏疏读之曰:"臣窃谓陵寝隔绝,诚臣子不忍言之至痛,然今未能奉辞以讨之,又不能正名以绝之,乃欲卑词厚礼以求于彼,则于大义已为未尽。而异论者犹以为忧,则其浅陋畏怯,固益甚矣。然臣窃揆其心意,或者亦有以见我未有必胜之形,而不能不忧也欤。盖必胜之形,当在于早正素定之时,而不在于两阵决机之日。"上为竦听改容。栻复读曰:"今日但当下哀痛之诏,明复仇之义,显绝金人,不与通使。然后修德立政,用贤养民,选将帅,练甲兵,通内修外攘、进战退守以为一事,且必治其实而不为虚文,则必胜之形隐然可见,虽有浅陋畏怯之人,亦且奋跃而争先矣。"上为叹息褒谕,以为前始未闻此论也。其后因赐对反复前说,上益嘉叹,面谕:"当以卿为讲官,冀时得晤语也。"

会史正志为发运使,名为均输,实尽夺州县财赋,远近骚然,士大夫争言其害,栻亦以为言。上曰:"正志谓但取之诸郡,非取之于民也。"栻曰:"今日州郡财赋大抵无余,若取之不已,而经用有阙,不过巧为名色以取之于民耳。"上矍然曰:"如卿之言,是朕假手于发运使以病吾民也。"旋阅其实,果如栻言,即诏罢之。

兼侍讲,除左司员外郎。讲《诗》《葛覃》,进说:"治生于敬畏,乱起于骄淫。使为国者每念稼穑之劳,而其后妃不忘织纴之事,则心不存者寡矣。"因上陈祖宗自家刑国之懿,下斥今日兴利扰民之害。上叹曰:"此王安石所谓'人言不足恤'者,所以为误国也。"

知合门事张说除签书枢密院事,栻夜草疏极谏其不可,且诣朝堂,质责宰相虞允文曰:"宦官执政,自京、黼始,近习执政,自相公始。"允文惭愤不堪。栻复奏:"文武诚不可偏,然今欲右武以均二柄,而所用乃得如此之人,非惟不足以服文吏之心,正恐反激武臣之怒。"孝宗感悟,命得中寝。然宰相实阴附说,明年出栻知袁州,申说前命,中外喧哗,说竟以谪死。

栻在朝未期岁,而召对至六七,所言大抵皆修身务学,畏天恤民,抑侥幸，屏谗谀，于是宰相益惮之，而近习尤不悦。退而家居累年，孝宗念之，诏除旧职，知静江府，经略安抚广南西路。所部荒残多盗，栻至，简州兵，汰冗补阙，籍诸州黥卒伉健者为效用，日习月按，申严保伍法。谕溪峒酋豪弭怨睦邻，毋相杀掠，于是群蛮帖服。朝廷买马横山，岁久弊滋，边氓告病，而马不时至。栻究其利病六十余条，奏革之，诸蛮感悦，争以善马至。

孝宗闻栻治行，诏特进秩，直宝文阁，因任。寻除秘阁修撰、荆湖北路转运副使。改知江陵府，安抚本路。一日去贪吏十四人。湖北多盗，府县往往纵释以病良民，栻首劾大吏之纵贼者，捕斩奸民之舍贼者，令其党得相捕告以除罪，群盗皆遁去。郡濒边屯，主将与帅守每不相下，栻以礼遇诸将，得其欢心，又加恤士伍，勉以忠义，队长有功辄补官，士咸感奋。并淮奸民出塞为盗者，捕得数人，有北方亡奴亦在盗中。栻曰："朝廷未能正名讨贼，无使疆场之事其曲在我。"命斩之以徇于境，而缚其亡奴归之。北人叹曰："南朝有人。"

信阳守刘大辩怙势希赏，广招流民，而夺见户熟田以与之。栻劾大辩诈诞，所招流民不满百，而虚增其数十倍，请论其罪，不报。章累上，大辩易他郡，栻自以不得其职求去，诏以右文殿修撰提举武夷山冲佑观。病且死，犹手疏劝上亲君子远小人，信任防一己之偏，好恶公天下之理。天下传诵之。栻有公辅之望，卒时年四十有八。孝宗闻之，深为嗟悼，四方贤士大夫往往出涕相吊，而江陵、静江之民尤哭之哀。嘉定间，赐谥曰宣。淳祐初，诏从祀孔子庙。

栻为人表里洞然，勇于从义，无毫发滞吝。每进对，必自盟于心，不可以人主意悦辄有所随顺。孝宗尝言伏节死义之臣难得，栻对："当于犯颜敢谏中求之。若平时不能犯颜敢谏，他日何望其伏节死义？"孝宗又言难得办事之臣，栻对："陛下当求晓事之臣，不当求办事之臣。若但求办事之臣，则他日败陛下事者，未必非此人也。"栻自言：前后奏对忤上旨虽多，而上每念之，未尝加怒者，所谓可以理夺云尔。

其远小人尤严。为都司日，肩舆出，遇曾觌，觌举手欲揖，栻急掩其窗棂，觌惭，手不得下。所至郡，暇日召诸生告语。民以事至庭，必随事开晓。具为条教，大抵以正礼俗、明伦纪为先。斥异端，毁淫祠，而崇社稷山川古先圣贤之祀，旧典所遗，亦以义起也。

栻闻道甚早，朱熹尝言："己之学乃铢积寸累而成，如敬夫，则于大本卓然先有见者。"所著《论语孟子说》、《太极图说》、《洙泗言仁》、《诸葛忠武侯传》、《经世纪年》，皆行于世。栻之言曰："学莫先于义利之辨。义者，本心之当为，非有为而为也。有为而为，则皆人欲，非天理。"此栻讲学之要也。

予焯。

——《宋史》卷四二九，中华书局2000年版

《祭张敬夫殿撰文》[（宋）朱熹]

呜呼敬夫！遽弃予而死也耶！我昔求道，未获其友。蔽莫予开，吝莫予剖。盖自从公，而观于大业之规模，察彼群言之纷纠，于是相与切磋以究之，而又相励以死守也。丙戌之冬，风雪南山。解袂楮州，今十五年。公试畿辅，公翔禁省，公牧于南，我遁岩岭。显晦殊迹，心莫与同，书疏恳恻，鬼神可通。公尹江陵，我官庐岳。驿骑相望，音问逾数。去腊之穷，有来自西。告我公疾，手书在携。我观于时，神理或僭，是疾虽微，已足深念。函遣问讯，阅月而归，叩函发书，叹咤歔欷。时友曾子，实同我忧，挥涕请行，谊不忍留。曾行未几，公讣果至，张侯适来，相向反袂。呜呼敬夫！竟弃予而死也耶！惟公家传忠孝，学造精微。外为军民之所属望，内为学者之所依归。治民以宽，事君以敬，正大光明，表里辉映。自我观之，非惟十驾之弗及，盖未必终日言而可尽也。矧闻公丧，痛彻心膂，缄词寄哀，不遑他语。顾闻公之临绝，手遗疏以纳忠，召宾佐而与诀，委符节而告终。盖所谓得正而毙者，又凛乎其有史鱼之风。此犹足以为吾道而增气，抑又可以上悟于宸聪。又闻公于此时，属其弟以语予，用斯文以为寄，意恳恳而无余。顾何德以堪之，然敢不竭其庸虚，并矢词以为报，尚精爽其鉴兹！呜呼哀哉！

——《朱文公文集》卷八七，《四部丛刊》本

《又祭张敬夫殿撰文》[（宋）朱熹]

维淳熙七年岁次庚子六月癸未朔六日丁亥，具位朱熹窃闻故友敬夫张兄右文修撰大葬有期，谨遣清酌时羞，奠于柩前，南望拜哭，起而言曰：呜呼！自孔孟之云远，圣学绝而莫继，得周翁与程子，道乃抗而不坠。然微言之辍响，今未及乎百岁，士各私其所闻，已不胜其乖异。嗟

惟我之与兄，吻志同而心契，或面讲而未穷，又书传而不置。盖有我之所是而兄以为非，亦有兄之所然而我之所议。又有始所共乡而终悟其偏，亦有早所同挤而晚得其味。盖缴纷往反者几十余年，末乃同归而一致。由是上而天道之微，远而圣言之秘，近则进修之方，大则行藏之义，以兄之明，固已洞照而无遗，若我之愚，亦幸窃窥其一二。然兄乔木之故家，而我衡茅之贱士；兄高明而宏博，我狷狭而迂滞。故我尝谓兄宜以是而行之，当时兄亦谓我盍以是而传之来裔。盖虽隐显之或殊，实则交须而共济。不惟相知之甚审，抑亦自靖而无愧。呜呼！孰谓乃使兄终在外以违其心，予亦见縻于斯而所愿将不遂也！政使得间以就其书，是亦任左肱而失右臂也，伤哉吾道之穷，予复何心于此世也！惟修身补过，以毕余年，庶有以见兄于下地也。闻兄之葬而不得临，独南望长号，以寄此酹也，惟兄怜而鉴之，尚阴有以辅予之志也！呜呼哀哉！

——《朱文公文集》卷八七，《四部丛刊》本

《祭张敬夫城南祠文》[（宋）朱熹]

年月日，具位朱熹敬以一觞，酹于亡友敬夫侍讲左司张公尊兄城南之祠。昔从公游，登高望远，指顾兹土，水竹之间。谓予肯来，相与卒岁，予以怀土，顾谢不能。其后闻公开凿亭沼，带经倚杖，日游其间，写景哦诗，辱以寄我，寂寥短韵，几篇在吟。于今几何，岁月奔逝，我复来此，白发苍颜。追怀旧游，顾步涕落，未奠宿草，姑即遗祠。玉色金声，恍如对接，草木鱼鸟，莫知我哀！

——《朱文公文集》卷八七，《四部丛刊》本

《祭南轩墓文》[（宋）朱熹]

惟公闳达之资，闻道最早，发挥事业，达于家邦。中岁闲居，益求其志。鹤鸣子和，朋簪四来。我时自闽，亦云戾止。更互切磨，群疑乃亡。厥今几何，俯仰一世。公逝既久，我老益衰。何意重来，独抚陈迹。尘筵仿佛，拱木荒凉。录牒散亡，音徽莫绍。世道之感，平生之怀。交切于中，有涕横落。欲推公志，据旧图新。众允未孚，唯以自愧。一觞往酹，并寄此情。公乎不忘，起听我语。

——《朱文公文集》卷八七，《四部丛刊》本

《祭张荆州文》[（宋）吕祖谦]

昔者某以郡文学事公于严陵，声同气合，莫逆无间。自是以来，一纪之间，面讲书请，区区一得之虑，有时自以为过公矣；及闻公之论，纲举领挈，明白严正，无缴绕回互、激发偏倚之病，然后释然心悦，爽然自失，邈然始知其不可及，此某所以愿终身事公而不去者也。某天资涩讷，交际酬酢，心所欲言，口或不能发明，独与公合堂同席之际，倾倒肺肝，无所留藏，意所未安，辞气劲切，反类世之强直者，亦不自知其所以然。夫岂士为知己尽，自应尔欤？我行天下，爱而忘其愚，亦有不减公者矣，内反诸心，岂敢负之？乃独勇于此而怯于彼，抑有由也。盖公孳孳求益，敦笃恳恻，有以发其冥顽，勇于改过，奋厉明决，有以起其缓纵，而不立已，不党同，胸怀坦然，无复隔阂，虽平生退缩固滞之态，亦不扫而自除也。使我常得从公，岂无分寸之进？使公以爱我之心充而扩之，驯致于以虚受人之地，公天下之身，受天下之善，则为社稷生民之福，孰可限量邪？呜呼！公今其死矣，我无所复望矣！虽然，有一于此，公在三之义，上通于天：养其志，承其业，油油翼翼，左右弥缝，不以存没为二者，公之事亲也；念大恩之莫报，咎诚意之未孚，虽身在外，心靡不在王室，鞠躬尽瘁，唯力是视，不以远近为间者，公之事君也；义理之大，一识所归，永矢靡它，至于参观遍考，公而且博，未尝如世俗学士生之言行，暧暧姝姝，不复广求，其进学之力，不以在亡为勤惰者，公之事师也。公之此心，盖未尝死，我虽病废，犹有尊足者存，亦安知不能追申徒而谢子产？岂复能文，直写胸中之诚，以告公而已。

——《东莱集》卷八，文渊阁《四库全书》影印本

《祭张钦夫文》[（宋）杨万里]

具位某谨以清酌之奠，致祭于近故钦夫安抚左司之灵。呜呼！孰航斯世，不挟斯器，舍失即雉。孰玉厥躬，不莹厥蒙，宵征不烽。古我潜圣，天实铎之，洌彼渊泉，饮者酌之。学外曰政，人外曰天，兹不曰欺，天其厌旃。孟闻诸伋，程闻诸孟，伋闻诸参，参闻诸圣。圣也析薪，畴荷其重，程也执柯，实胄其冢。孰冢乎程，紫岩先生。紫岩有子，紫岩是似。紫岩南轩，胥为后前。圣域有疆，南轩拓之；圣门有钥，南轩廓

之；圣田有秋，南轩获之。我稼在囷，其谷士女，其饟有昊，其烝皇祖。云胡不淑，上天雨霜，嘉谷既零，我心孔伤。孰琢我璞，孰斤我垩，孰疾我药，九京不作。岂我之私，眂失母慈，士失宗师，邦失倚毗。已乎南轩，不考其年，不遐其骞，天胡云然！延颜之光，揭孟之芒，昭回彼苍，公未或亡。岁在辛卯，修门诸离，相从濠梁，白首为期。谁谓此别，是曰永诀！泪尽眼枯，续之以血。呜呼哀哉！尚飨！

——《诚斋集》卷一〇一，《四部丛刊》本

《祭张敬夫殿撰文》[（宋）周必大]

维淳熙七年岁次庚子三月癸丑朔十九日辛未，具位周某谨遣人以清酌庶羞之奠，致祭故右文殿修撰南轩张兄之灵。呜呼！天生蒸民，受中惟一，或哲或愚，则系其习。嗟吾敬夫，气禀刚直，能扩而充，又学之力。发挥尹洛，排斥老释，有德有言，后来所式。平生忠孝，如嗜饮食，其远佞邪，则犹鬼蜮。念昔先正，心在王室，恢图之功，曷敢不力！根本如固，折冲可必，天子是嘉，选镇南园。训兵劝农，他则遑恤，孰云盛年，而抱沉疾！易箦之际，爽灵不惑，遗疏惓惓，孔明是匹。伸纸疾书，遂以绝笔，朝之忠良，士之准的。今也两亡，孰不心恻！矧伊无似，夙赖三益。莫视绞衾，莫相窆穸，遥致奠觞，悲来填臆。呜呼哀哉！尚飨！

——《文忠集》卷三八，文渊阁《四库全书》影印本

《祭张南轩》[（宋）陈傅良]

吁嗟先生！惟以正终。如何叹嗟，四海所同。欲知先生，当观之公。军旅有言，魏公之子，惠我律我，魏公是侣，如其即戎，誓与偕死。学士有言，瞻彼洛师，昔在文献，往往阙遗，曰惟南轩，尚其嗣之。朝廷有言，岂无他人，吏道趋变，经生泥陈，必若钦夫，可以致君。去欲其归，病欲其愈，及此盖棺，万事永已，亦有咎怨，莫或瑕毁。呜呼先生！位曾不隆。曾不卑卑，与人为通，抑不立异，收声于躬。维学高明，维行粹夷，维其待物，一不以疑，匪即求之，人实秉彝。君子在世，勿问勿处，譬彼川岳，无兴云雨，三农赖之，以艺稷黍。矧惟世臣，乔木勿伐，矧惟儒术，不坠一发。生能几何，而堪契阔！往岁玉山，前年秣陵，二公云亡，令我涕零，又哭先生，我怀实并。念昔从游，为日则浅，辱

诲辱爱，辱待甚远，自我不见，常惧有腼。有来湖岭，必惠问我，对之翰墨，如在右左，蒙是曷称，罔敢违堕。家有藏书，国有太史，虽微功业，先生不死，我心哀伤，盖不以此！

——《止斋集》卷四五，文渊阁《四库全书》影印本

《挽张南轩先生八首》[（宋）彭龟年]

妖氛动寥廓，白日漫沙尘。忠义不可没，扶携悯如邻。人情易勇怯，鼓舞吾当伸。忽忘天地仇，却见玉帛邻。沦胥五十年，锐气日以堙。皇皇忠献家，正议摩秋旻。双手提三纲，一缕挽万钧。狂敌不足灭，颓俗何由仁。千载诸葛公，相望吾沾巾。

世无邹孟氏，圣道危于丝。学者迷统绪，扰扰徒外驰。况有释老辈，窃窥如鬼魑。苦彼疑似说，陷我高明资。伟然周与程，振手而一麾。源流虽未远，淆浊亦已随。公如一阳复，寒烈已可知。斯文绩以传，岁晚非公谁？伤哉后来者，此世亡此师！

邪正不两立，何异莸与薰。宁怀爱憎念，趣尚难同群。向来闾阎疏，杯水沃烈焚。虽无扑灭期，固亦摧炎熏。黄钟动孤管，众乐知有君。秖今才数年，荟蔚朝隮云。公身虽已殒，公言犹可闻。所期动九天，从此泾渭分。宁愿如曲江，一尊酹孤坟。

时平有剩贼，人颗无宽乡。上下日逼趣，雕瘵谁得将。纷纷几守宰，所较有短长。专利计锱铢，治法出一方。惟公作州牧，万物惊初阳。仁心所发施，四达无门旁。丁庸省严濑，盐策宽南荒。直惟此方人，岁时悲奉尝。凡公不到处，今恨无甘棠。

吴楚尚襳鬼，习俗久已尤。淫词张郁气，驰走如奔泷。春秋严报祈，夜鼓纷逢逢。娱神杂羽翿，醽酒堆罂缸。间用次睢社，千金博奇庞。公能揭正理，开此一世惷。宁关祠有无，庐屋记腔夒。要令冥行人，从兹得明釭。

平生中兴念，渴饮而饥食。落落不可合，令人气填臆。归来牧桂州，才人用转窄。抚摩日多暇，整整戎事饬。偏伍联浮游，坐作亲部勒。异时了剧寇，乃此诸校力。论兵较利钝，夫岂谓深识。牛刀何施宜，功乃在鸡肋。谁知我公心，抆泪三叹息。

拱璧堕泥涂，康瓠置坛墠。天心与人事，颇似好乖舛。贤愚真是非，

每向死生辨。哀荣若相迕,遗恨常不免。前年建安公,罹此二气沴。今年公复死,殒我一世善。龙文百斛鼎,功在白玉铉。斯人太薄命,长苦乐事鲜。时因思贤忧,终夕长展转。

昔年清江上,再拜投漫刺。忽忽仅班荆,春风满怀袂。自此成契阔,书邮剖疑义。此理有会通,万彻而一致。缕缕为我言,颠倒行间字。濯手时一观,如烹大鼎藏。叹我无持操,莫励四方志。君子不再见,已负终身愧。从今一杯月,永堕湘中泪。

——《止堂集》卷一六,文渊阁《四库全书》影印本

《祭张南轩先生文》[(明) 胡直]

自孟氏没,而功利之习日倡日锢,尧、舜、孔子仁义之道日以暗蔽,汉、唐儒者徒知矜其名象,涉其藩垣,然而功利之入人者未瘳,辟之陷泥淖之中,虽有强者左倾而右跋,有能登其岸者弥寡。唯宋濂洛崛兴,得千载不传之绪,以无欲为宗,以天理为极,其相继而出者,虽见有通塞,得有浅深,皆知求无欲以复天理,总之归于为仁,盖皆向往尧、舜、孔子之徒。然人虽知功利之非,亦或有依违其见,不知念虑之微,少有所为,即与粹然无欲、皭然天理者不相为矣。南轩先生闻道甚早,大本卓然,先儒盖尝称之。至其立教以无所为为义,有所为为利,然后斯人灼然知一念之有为者,无论善恶,咸出功利,咸非无欲,天理之真,而天下学道者之趋,始从以定,是先生之有功于斯道,吾不知其与紫阳夫子孰后先而远近。某少喜驰骛,长乃闻学,然质驳而习深,将就而继涣。迩知愧奋,恨无若先生者为之就正。兹者缪执文柄,过车遗里,高山仰止,载瞻载奠。意者以一时对越先生之心一无所为者,即无欲天理之真,将以此自终,以此喻先生之乡士,俾皆由仁义不入功利,宁非先生之指? 先生鉴而牖之可也。

——《衡庐精舍藏稿》卷二一,文渊阁《四库全书》影印本

《乞赐张栻谥札子》[(宋) 卫泾]

臣仰惟圣朝加惠臣下,宠荣终始,生有爵秩,既显其身,没有易名,俾垂不朽。至于劢德节义,声实彰著,不以官品,亦特命谥。其蕴德丘园,虽无官爵,听所属奏赐,著为定令,以诏来世,如邵康节之在元祐,徐节孝之在政和是也。二臣官不过学校幕属尔,而特得赐谥者,以其学术重于时,孝行推于乡,名位虽卑,道尊德贵,高视品秩,所以崇儒学、

奖操行、厉风俗也。臣窃见故承事郎、右文殿修撰张栻，魏国忠献公浚之子。家本广汉，随父出蜀，因居潭州，师事南岳胡氏，尽传伊洛之秘，遂以其道鸣于西南，著书立言，开迪后进，四方士子皆宗师之。其学虽本于仁义诚敬，而造理精微，遇事昭彻，更历内外，治民训兵，理财听讼，所至有绩可纪，超出诸儒之右。隆兴初，始以军事入奏，首劝孝宗皇帝以明义复仇、正名绝冠，孝宗异其言，而君臣之契合，凡奏对开陈，忠义愤激，未尝不以仇耻未雪、不共戴天为忧。此宜其锐意用兵，轻举躁动，而时宰有以恢复为己任者，谓寇衰弱可图，乃遣泛使，欲阅兵隙，栻又独为上言，兵弱财匮，官吏诞谩，未有必胜之形；而必胜之形，当在早正素定之时，不在决机两阵之日。又引诸葛亮、景延广为喻，在辨名实之分，无令小人投隙以售其奸。上为叹息褒谕，以为前所未闻。及诏以知合门事张说金书枢密院事，栻为讲官，初无言责，夜入手疏，极言不可，且诣宰相质之，宰相惭愤不堪，上独不以为忤，亲札疏尾，使宰相谕旨。栻复再奏，上意感悟，命已终寝。宰相实阴附说，出知袁州，申说前命，言虽不尽用，说竟以罪谪。使开禧丙寅权奸擅朝妄起边衅之时，有如栻者鉴机识变，守正不阿，沮其萌芽，则朝廷必不有过举矣。缅怀忠贤，百世可师。孝宗皇帝重其儒学，因以引为劝讲，擢赞宰司。谗者忌嫉宠眷不衰，连帅二藩，有意召用，而栻不幸殁于盛年，位不克究，然而学者至今尊其道德，相与私号为南轩先生。官未及谥，其家既不敢自有请，门人弟子又无通显于朝者为之请，士论湮郁三十余年。暨臣到任，列词陈乞。臣今将去郡，若又隐嘿不为一言，则是上无以昭圣朝崇儒重道之公，下无以慰远人尊师尚友之义，滥居所属，为吏旷职甚矣。臣愚谓宜下之太常，使博士状其行，苟应得谥，锡以美名，使天下后世知儒学节义之贵，过于品秩，于以激劝，诚非小补。

——《后乐集》卷一二，文渊阁《四库全书》影印本

《新建宋丞相魏国张公父子祠堂碑记》[(明) 杨廷和]

宋丞相魏国张公浚，在中兴号为贤相。初逃张邦昌之议，平苗、刘之乱，其风声气节已耸动天下。既秉轴，毅然以恢复自任，誓欲攘夷狄，诛僭逆，以清中原，表著天心，扶持人纪，引擢贤俊，英材授任。远人伺其用舍为进退，天下占其出处为安危，忠君体国之诚，直与诸葛孔明

相望于千百载上下。虽困于谗忌，屡起屡踬，功未克就，而志不少衰。其子右文殿修撰栻，颖悟夙成，魏公教之，一以仁义忠孝之实，又受业于胡五峰之门。其为学，惓惓于理欲之分，义利之辨。朱子推之，以为大本卓然，先有所见，已非其匹。学者称为南轩先生。尝参赞魏公督府，诸所综画，幕中人皆自以为不及。

魏公寝疾时，手书谕南轩兄弟曰："吾不能恢复中原，以雪祖宗之耻，死不当归葬先人墓左，葬我衡山下足矣！"乃葬之宁乡沩山之南。后南轩卒，亦祔葬焉。至是盖三百余年矣，坟墓所在，鞠为榛莽，土人父老亦鲜有知之者。凤阳胡侯明善，以名进士补令宁乡一年，政通人和，访而得之，怃然叹曰："今甲有之：凡忠臣烈士有功德于国家，及惠爱在民、事迹昭著者，列于祀典，其祠墓禁人毁撤。若魏公所建立，载在信史，昭如日月，正应令甲所著；而南轩之学，师表百世，从祀孔庙，达之天下。今其祠墓在一邑者顾芜秽不治，非我有司之责而谁也？"于是亟取訾责赎之余，建专祠各四楹，其右则南轩书院。又买田四十亩，以备时享之用。门庑秩秩，缭以周垣，俎豆载陈，衣冠动色。会衡山刘侍御斁持节按蜀，过家，见而悦之。既至蜀，以告予，谓予魏公乡后学也，属为文，刻于神道之石；且檄下广汉，访其遗胤。

予惟贤人君子之用于天下，不患无才，而患学术之不足；不患无学，而患所学之不正。尝观魏公之所以告其君矣，曰："人主之学，以心为主，一心合天，何事不济？"又曰："所谓天者，天下之公理而已。必兢业自持，使清明在躬，则赏罚举措，无有不当，人心自归，敌仇自服。"其本原皆自圣贤学问中来，非汉唐以下规规之于功利末者比。至南轩，每进对，必自盟于心，其言曰："此心之发，即天理之所存。愿时加省察，而稽古亲贤以自辅。"是即魏公之说也。有宋一代名臣，若范仲淹之于纯仁，韩琦之于中彦，吕夷简之于公著，前启后承，其诗书之泽，事功之盛，皆足以名当时而传后世；若学术议论，视魏公之于南轩，或有间也。尚论于魏公，容有责备之意，而其大处终不可泯。予是以表而出之，观者幸勿以予为齐人。

侍御君思贤尚友，而乐成人之美，县侯为政，而急于先务，皆可书也。故以为记。

——《全蜀艺文志》卷三十七，线装书局2003年版

《张敬夫画像赞》［（宋）朱熹］

亡友荆州牧张侯敬夫画象，新安朱熹为之赞曰：

扩仁义之端，至于可以弥六合；谨善利之判，至于可以析秋毫。拳拳乎其致主之切，汲汲乎其干父之劳，仡仡乎其任道之勇，卓卓乎其立心之高。知之者识其春风沂水之乐，不知者以为湖海一世之豪。彼其扬休山立之姿，既与其不可传者死矣，观于此者，尚有以卜其见伊、吕而失萧、曹也耶！

——《朱文公文集》卷八五，《四部丛刊》本

《张钦夫画像赞》［（宋）杨万里］

唐德明示亡友南轩先生画像，敬为之赞曰：

名世之学，王佐之才；一瞻一恸，非为公哀！

——《诚斋集》卷九八，文渊阁《四库全书》影印本

《张敬夫遗表》［（宋）李心传］

张敬夫帅荆州，庚子春疾甚，数丐免，不许。将死，自作遗表来上。邸吏以庶寮不得上遗表，却之。上迄不见也。其表曰："再世蒙恩，一心报国。大命至此，厥路无由。犹有微诚，不能自已。伏望陛下亲君子，远小人，信任绝一己之偏，好恶公天下之见。永清四海，克巩丕图。臣死之日，犹生之年。"敬夫了然不乱如此，所谓古之遗忠矣。敬夫卒之四日，上闻知其疾病，乃拜右文殿修撰奉祠。敬夫始以父任为右承务郎，平生未尝乞磨勘。上知之。其在广西，特进二秩为承事郎，故职虽高，终不得任子云。

——《建炎以来朝野杂记》甲集卷八，中华书局2000年版

附录二　张栻著述序跋汇编

《南轩易说序》［（元）胡顺父］

昔尹和靖语学者祁宽曰："与其读他书，不若专读《易》；与其看伊川杂说，不若专看《伊川易传》。"又曰："一日只念一卦，闲时看《系辞》。"《周易程氏传》止于卦而不及《系》，非不及也，以《系辞》为

《易大传》，不暇及也。然《易·系》曰："《易》有圣人之道四焉：以言者尚其辞，以动者尚其变，以制器者尚其象，以卜筮者尚其占。"其通论一经之大体如此，不传奚可？伊川议论，虽间见于《遗书》，而终未完，学者惜之。至元壬辰，鲁人东泉王公分司廉访章贡等路，公余讲论，因言辞谢衰病，家食数年，从事于《易》，尝诵《伊川易传》，特缺《系辞》，留心访求，遂得南轩解说《易·系》，缮写家藏，好玩如宝。圣人之言："无有师保，如临父母。"钦哉钦哉！傥合以并传，斯为完书。乃出示知事吴将仕及路学宿儒，议若命工刊之学宫，以补遗阙，使与《周易程氏传》大字旧本并行于世，可乎？将仕泊诸儒复命曰：斯文也，盖有待于今日也，后之学者幸莫大焉！顺父承命校正，敬录以付匠氏，并序其概于后。是岁季冬既望，赣州路儒学学正权管学事胡顺父序。

——《南轩易说》卷首，《枕碧楼丛书》本

《南轩易说提要》

臣等谨案：《南轩易说》，宋张栻撰。案曹学佺《蜀中广记》载是书十一卷，以为张浚所作。考浚《紫岩易传》，其本犹存，与此别为一书，学佺殊误。朱彝尊《经义考》亦作十一卷，注云"未见"，又引董真卿说谓已缺《乾》、《坤》二卦。此本乃嘉兴曹溶从至元壬辰赣州路儒学学正胡顺父刊本传写，并六十四卦皆佚之，仅始于《系辞》"天一地二"一章，较真卿所见弥为残缺。然卷端题曰"《系辞》上卷下"，而顺父序称，鲁人东泉王公分司廉访章贡等路，公余讲论，尝诵《伊川易传》，特缺《系辞》，留心访求，因得南轩解说《易·系辞》，缮写家藏，傥合以并传，斯为完书。乃出示知事吴将仕，刊之学宫，以补遗阙，使与《周易程氏传》大字旧本同传于世云云。是初刊此书，亦仅托始于《系辞》，溶所传写，仅佚其上卷之上耳。序末有钩摹旧本三小印：一作"谦卦"；一曰"赣州胡氏"，知顺父即赣人；一曰"和卿"，盖其字也。乾隆四十六年二月恭校上。

——《四库全书总目》卷三，中华书局1965年版

《南轩易说跋》[（清）沈家本]

《南轩易说》五卷抄本，起《系辞》"天一地二"节至《杂卦传》止。朱竹垞《经义考》云"十一卷，未见"，是传本甚希。董真卿元初

人，已言《乾》、《坤》缺。此本从胡顺父本写出。胡本刊于至元壬辰，与真卿约略同时，但称《易·系》，是原无六十四卦。此本无上传之半，盖又残缺矣。南轩先生为胡五峰宏门人。五峰《易外传》一卷载《五峰集》，自《屯》至《剥》多引史事。董真卿言南轩先生《易说》学本五峰胡氏，以周、程为宗。然周、程言理，胡征史，其宗旨微不同。此五卷中言理多而征史者绝少，与五峰《外传》宗旨不合，特未知亡卷内所言何如耳。《程传》言"天一"至"地十"合在"天数五"上，初未移其次第；朱子《本义》始连"天数五"一节移至于《大衍之数》一节之前。此书次第与《本义》合。"能研诸侯之虑"不解"侯之"二字，当必以为衍文，亦与《本义》合。是其书用《本义》本也。其《杂卦》注云："《易》之《杂卦》乃言卦画反对，各以类而言，非杂也。"又云："《杂卦》乃以其类相生，惟《乾》、《坤》、《坎》、《离》、《小过》、《大过》、《中孚》、《颐》八卦无反对。此圣人之精意，惟穆伯长、老苏明之，诸家并不达此。"则其所推重者不独周、程二家。伯长，穆修字，其《易》说不传，语无可考。《东坡易传》绍述父书，老苏之语自在其中。朱子尝驳苏氏之说，而南轩之意甚推重之。南轩与朱子为友，而立说不苟同如此。注中谓"郑康成溺于纬书，乃云《河图》有九篇，《洛书》有二篇，而孔安国又以《河图》为八卦，《洛书》为九畴，此皆芜秽圣经者"，是图书之说亦所不取，与谈汉学者之宗旨殊矣。原本首卷有曹溶"锄菜翁"、"吴城"、"绣谷亭"、"续藏书"四朱记，卷中有"吴城"、"敦复"各朱记，卷首又有翰林院印。曹倦圃晚年自号锄菜翁，好收宋元人文集，有《静惕堂书目》。吴焯，钱唐人，字尺凫，构亭曰绣谷，自号绣谷老人。其长子名城，字敦复。此书卷末跋语云："《静惕堂古林书目》有此，此即其藏本也，从湖州书贾得之，识数语以志喜。"当为吴敦复所记。后亦有"绣谷亭"、"续藏书"朱记，当为敦复续获之本，故以"续藏"为别。以此推之，此书原为倦圃所藏，后归吴氏。乾隆间四库馆开，城弟玉墀恭进书一百数十种，此书当即在其中。《四库目录》于各书中注明浙江吴玉墀家藏本，皆为其所进之书，而此书独注云"内府藏本"，殆编录之偶误欤？书会入四库馆，故有翰林院印。胡序末有钩摹三小印，一作"谦卦"，一曰"赣州胡氏"，一曰"和卿"，并同《总目》所说，知确为当时真本。此流传之踪迹可以考见者也。不知何时流落人间，同治甲戌余于厂肆见而购归，虽系残帙，实有宋说《易》者之一家。《四库》本既未流布于世，各家书目暨各丛书亦罕见此编，付诸手民，庶不至终沦于蟫蚕。原本分五卷，馆本并《序卦》、《说卦》、《杂卦》为一卷，故作三卷，兹仍五卷之旧第。原题曰"南轩先生张侍讲易说"，今改定曰"南轩易说"，从馆本也。宣统庚戌春二月，沈家本跋。

——《南轩易说》卷首，《枕碧楼丛书》本

《癸巳论语解提要》

臣等谨案：《癸巳论语解》十卷，宋张栻撰。其书成于乾道九年，是年岁在癸巳，故名曰"癸巳论语解。"考《朱子大全集》中备载与栻商定此书之语，抉摘瑕疵，多至一百一十八条，又订其误字二条。以今所行本校之，从朱子改正者仅二十三条，余则悉仍旧稿，似乎断断不合。然"父在观其志"一章，朱子谓旧有两说，当从前说为顺，反覆辨论，至于二百余言，而后作"论语集注"，乃竟用何晏《集解》所引孔安国义，仍与栻说相同。盖讲学之家，于一字一句之异同，务必极言辨难，断不肯附和依违。中间笔舌相攻，或不免于激而求胜。迨学问渐粹，意气渐平，乃是是非非，坦然共白，不复回获其前说。此造诣之浅深，月异而岁不同者也。然则此一百一十八条者，特一时各抒所见，共相商榷之言，未可以是为栻病。且二十三条之外，栻不复改，朱子亦不复争，当必有涣然冰释，始异而终同者，更不必执文集旧稿，以朱子之说相难矣。乾隆四十一年十月恭校上。

——《四库全书总目》卷三五，中华书局1965年版

《癸巳孟子说提要》

臣等谨案：《癸巳孟子说》七卷，宋张栻撰。是书亦成于乾道癸巳，于王霸义利之辨，言之最明。自序称："岁在戊子，缀所见为《孟子说》。明年冬，会有严陵之命，未及终篇。辛卯岁自都司罢归，秋冬行大江中，读旧说多不满意，从而删正之。还抵故庐，又二载，始克缮写。"盖其由左司员外郎出知严州，退而家居时作也。栻之出也，以谏除张说为执政，故是编于"臧仓沮孟子"及"王欢为辅行"两章，皆微有寄托于时事。至于解"交邻"章云，所谓畏天者，亦岂但事大国而无所为也？盖未尝委于命而已。故修德行政，光启王业者，太王也；

养民训兵，卒殄寇仇者，句践也。末及周平王惟不怒骊山之事，故东周卒以不振。其辞感愤，亦为南渡而发。然皆推阐经义之所有，与胡安国《春秋传》务于借事抒义，而多失笔削之旨者，固有殊焉。乾隆四十四年正月恭校上。

——《四库全书总目》卷三五，中华书局1965年版

《张南轩文集序》[（宋）朱熹]

孟子没，而义利之说不明于天下。中间董相仲舒、诸葛武侯、两程先生屡发明之，而世之学者莫之能信，是以其所以自为者，鲜不溺于人欲之私，而其所以谋人之国家，则亦曰功利焉而尔。爰自国家南渡以来，乃有丞相魏国张忠献公唱明大义以断国论，侍读南阳胡文定公诵说遗经以开圣学，其托于空言、见于行事虽若不同，而于孟子之言，董、葛、程氏之意，则皆有所谓千载而一辙者。若近故荆州牧张侯敬夫者，则又忠献公之嗣子，而胡公季子五峰先生之门人也。自其幼壮，不出家庭而固已得夫忠孝之传。既又讲于五峰之门，以会其归，则其所以默契于心者，人有所不得而知也。独其见于论说，则义利之间，毫厘之辨，盖有出于前哲之所欲言而未及究者。措诸事业，则凡宏纲大用、巨细显微，莫不洞然于胸次，而无一毫功利之杂。是以论道于家，而四方学者争乡往之；入侍经帷，出临藩屏，则天子亦味其言，嘉其绩，且将倚以大用，而敬夫不幸死矣。

敬夫既没，其弟定叟哀其故稿，得四巨编，以授予曰："先兄不幸早世，而其同志之友亦少存者。今欲次其文以行于世，非子之属而谁可？"予受书，愀然开卷亟读，不能尽数篇，为之废书，太息流涕而言曰："世复有斯人也耶！无是人而有是书，犹或可以少见其志。然吾友平生之言，盖不止此也。"因复益为求访，得诸四方学者所传凡数十篇。又发吾箧，出其往还书疏读之，亦多有可传者。方将为之定著缮写，归之张氏，则或者已用别本摹印而流传广矣。遽取观之，盖多向所讲焉而未定之论。而凡近岁以来谈经论事、发明道要之精语，反不与焉。予因慨念敬夫天资甚高，闻道甚早，其学之所就既足以名于一世，然察其心，盖未尝一日以是而自足也。比年以来，方且穷经会友，日反诸心而验诸行事之实，盖有所谓不知年数之不足者，是以其学日新而无

穷。其见于言语文字之间，始皆极于高远，而卒反就于平实。此其浅深疏密之际，后之君子其必有以处之矣。顾以序次之不时，使其说之出于前而弃于后者犹得以杂乎篇帙之间，而读者或不能无疑信异同之惑，是则予之罪也已夫。于是乃复亟取前所搜辑，参伍相校，断以敬夫晚岁之意，定其书为四十四卷。呜呼！使敬夫而不死，则其学之所至、言之所及，又岂予之所得而知哉！敬夫所为诸经训义，唯《论语说》晚尝更定，今已别行。其他往往未脱稿时学者私所传录，敬夫盖不善也，以故皆不著。其立朝论事及在州郡条奏民间利病，则上意多乡纳之，亦有颇施行者，以故亦不著。独取其《经筵口义》一章，附于表奏之后，使敬夫所以尧舜吾君而不愧其父师之传者，读者有以识其端云。淳熙甲辰十有二月辛酉，新安朱熹序。

——《朱文公文集》卷七六，《四部丛刊》本

《跋张敬夫所书城南书院诗》[（宋）朱熹]

久闻敬夫城南景物之胜，常恨未得往游其间。今读此诗，便觉风篁水月，去人不远。然敬夫道学之懿为世醇儒，今乃欲以笔札之工，追踪前作，岂其戏耶？不然则敬夫之豪放奔逸与西台之温厚靓深，其得失之算必有能辨之者。朱仲晦父云。

——《朱文公文集》卷八一，《四部丛刊》本

《跋张敬夫为石子重作传心阁铭》[（宋）朱熹]

熹既为尤溪大夫石子重记其修学之事，又为作此五铭焉。时子重方为藏书之阁于讲堂之东，中置周、程三君子像，旁列书史之柜，而使问名于熹，请以传心榜之。而子重遂并以其铭见属，熹愚不敏，不敢专也。且惟子重之为是阁，盖非学校经常之则，非得知道而健于文者，不能有所发明也，则转以属诸广汉张君敬夫，而私记其说如此云。

——《朱文公文集》卷八一，《四部丛刊》本

《跋张敬夫与冯公帖》[（宋）朱熹]

此张敬夫与缙云冯当可书也。味其词意，知其一时家庭之间，定省从容，未尝食息不在中原之复，令人感慨不已。冯公独不及识，然尝见故端殿汪公甚推重之。近得其文集读之，论议伟然，而所论人主正心亲贤，为所谓建极者，明禹、箕之传，破诸儒之陋，乃适与鄙意合，尤恨

不得一见其面目而听其话言也。庆元丁巳七月二十五日新安朱熹书于建安坤峡之野店。

——《朱文公文集》卷八四，《四部丛刊》本

《南轩集提要》

臣等谨案：《南轩集》四十四卷，宋张栻撰。栻字敬夫，广汉人，丞相浚之子。以荫补官。孝宗时历左司员外郎，除秘阁修撰，终于荆湖北路安抚使。事迹具《宋史·道学传》。栻殁之后，其弟构哀其故稿四巨编，属朱子论定。朱子又访得四方学者所传数十篇，益以平日往还书疏，编次缮写，未及蒇事，而已有刻其别本流传者。朱子以所刻之本多早年未定之论，而末年谈经论事、发明道要之语反多所佚遗，乃取前所搜辑，参互相校，断以栻晚岁之意，定为四十四卷，并详述所以改编之故，弁于书首，即今所传淳熙甲辰本也。栻与朱子交最善，集中与朱子书凡七十有三首，又有《答问》四篇，其间论辨断断不少假借。如第二札则致疑于辞受之间；第三札辨墓祭、中元祭；第四札辨《太极图说注》；第五、六、七札辨《中庸注》；第八札辨《游酢祠记》；第十札规朱子言语少和平；第十一札论社仓之弊，责以偏袒王安石；第十五札辨胡氏所传《二程集》不必追改，戒以平心易气；第二十一札详论仁之说有流弊；第四十四札论山中诸诗语未和平；第四十九札论《易说》未安，是从来许多意思未能放下；第五十四札规以信阴阳家言择葬地。与胡季随第五札又论朱子所编《名臣言行录》未精细。朱子并录之集中，不以为忤。又栻学问渊源本出胡宏，而与朱子第二十八札谓胡寅《读史管见》病败不可言，其中有好处，亦无完篇；又第五十三札谓胡安国《春秋传》其间多有合商量处。朱子亦并录之集中，不以为嫌。足以见醇儒心术，光明洞达，无一毫党同伐异之私。后人执门户之见，一字一句无不回护，殊失朱子之本意。至朱子作《张浚墓志》，本据栻所作《行状》，故多溢美，《语录》载之甚明。而编定是集，乃削去浚《行状》不载，亦足见不以朋友之私害是非之公矣。论张浚者，往往遗议于朱子，盖未核是集也。刘昌诗《芦浦笔记》驳栻《尧庙歌》，指尧庙在桂林失于附会，其歌今在集中，盖取其尊崇帝德，而略其事实。昌诗又录栻《懿斋铭》，称栻奉其父命为其弟构作，本集不载，检之良然。然栻集即构所辑，不应反漏。考

高斯得《耻堂存稿》有《南轩永州诸诗跋》曰："刘禹锡编《柳子厚集》，断至永州以后，少作不录一篇。南轩先生永州所题三亭、陆山诸诗，时方二十余岁，兴寄已落落穆穆如此，然求之集中，则咸无焉，岂编次者以《柳集》之法裁之乎？"然则栻集外诗文皆朱子删其少作，非偶佚矣。乾隆四十三年恭校上。

——《四库全书总目》卷一六一，中华书局1965年版

《南轩集钞序》[（元）方回]

孟轲氏没，由秦汉以来，士未有知道之为何物，而学之为何事者也。韩愈氏能言道之用，而未得其要，其学由文而入。至本朝诸大儒出，而后道与学之要大明于天下。衣冠南渡，得其传而尤亲切者，吾晦庵与南轩尔。且道何物也？仁、义、礼、智是也。即天之元、亨、利、贞也。元者善之长，即仁之所以首四德、包万善者也。人而能全其本心之仁，则道在是矣。故曰：仁者道之要，学所以学是道也。世之为学者，其说千蹊万端，大者放漫倡狂，小者破碎纤巧，而其归卒无所得。先儒独得其说，以敬为主，而又推广其义，曰："主一之谓敬，无适之谓一。"人能终始乎此敬，而仁在是矣。故曰："敬者学之要。"南轩平生守此二者为之准的，所谓《言仁录》、《主一箴》者，皆知要之言也。是故能以其身方驾并驱于千古之上，为一世道学之宗主，夫岂偶然也哉？然则道之准的在乎仁，学之准的在乎敬。敬则仁，仁则道，此不可易之要也。而其所以渐磨视效者，犹有人焉。南轩以魏国忠献公为之父，以胡文定五峰为之师，以晦庵、东莱为之友，而又取诸古人。其修身也，期以颜子为准的，著《希颜录》；其治世也，欲以孔明为准的，著《诸葛忠武侯传》。上下古今，内外体用，学莫不得其要以守之，其亲切可概见者盖如此。予节钞《南轩集》，分类以观，著是说于前，将以示士大夫之有志于道学者，宜不可不得其要以为之准的也。

——《桐江集》卷一，文渊阁《四库全书》影印本

《校宋本南轩先生文集跋》[傅增湘]

宋刊本《南轩先生文集》存卷五至三十二，凡二十八卷，旧为清宫所藏，《天禄琳琅》前、后目未经著录，今图书馆检出，庋存于寿安宫。每半叶十行，每行十七字，白口，左右双阑。前有朱子行书序，半叶七

行。贞、桓、敦、扩皆缺末笔。刊工姓名列板心下方,有郑春、江汉、江浩、方中、方淳、方茂、方忠、徐大中诸人。有"曲阿孙氏七峰山房图籍私篆"长方朱文大印,朱文"石史"、"青霞馆"、"曲阿孙仲子"朱文各印。昔人以卷二十九至三十二剜改为第一至第四,以充全帙,当时典籍者竟未之察也。余请于图书馆,持蜀中翻华刻本对勘,凡八日而毕。补卷五《自西园登山》五律一首,卷十一《敬斋记》一首,卷十《道州重建濂溪周先生祠堂记》脱文二十四行,卷三十答《陈平甫书》中条答五则。其文字详略视世行本迥异者,为《潭州重修岳麓书院记》、《经世纪年序》、《孟子讲义序》、《胡子知言序》各篇。其余夺文讹字,殆不可计,余别撰校记存之,此不赘述也。丁卯七月十二日,藏园居士记。时道暑旸台山清水院中。

——《藏园群书题记》卷一五,上海古籍出版社1989年版

《书诸葛忠武侯传后》[(明)程敏政]

右《汉丞相诸葛忠武侯传》一卷,宋南轩先生张宣公之所订者,板刻在南京国子监,有甲、乙两本,皆残缺不完,文亦小异。予尝携入史馆请阁本参校之,手自钞补如上,而乙本残缺为甚,不复成编矣。然乙本有附录一卷,得可属读者,南轩先生论记赞诗四篇,论虽复出,而不可芟也,辄校以附甲本之后。予尝见朱子有《与何叔京书》及《武侯赞》、《跋卧龙庵诗》,多与南轩此传相发,辄录以附。宋季有清江胡洵直者,尝考订《出师表》中脱误数处及补亡七字,见《芦浦笔记》,而人多未之知也,又录以附,将寄南监补刻以传。惟南轩先生以丞相忠献公之长子,当宋社之南,力排和议,倡复仇之举,其心事实与武侯同,故惓惓订此传以见志,且力非武侯之子瞻身兼将相,不能力谏以去黄皓,又不能奉身而退,冀主之一悟,兵败身死,仅胜于卖国者尔,故止书子瞻嗣爵,以微见善善之长,而余固不足书也。为法严、立义精如此,是岂陈寿辈所能窥其万一?至求其旨意所在,直将以拯天纲、纾国难,而不坠其世烈,不挠于一毫功利之私,则去今虽数百载,而读之犹有生气也,非有得于圣门正谊明道之说,恶足以与此哉!朱子以韩侂胄柄国杀赵忠定公,乃注《楚词》,伤宋国之亡;以蔡西山之窜,决道之不行,乃注《参同契》,致长往不反之意。皆大贤君子之心事,非得已者,而世犹疑

其长词华之习，倡导引之端，所谓浅之为丈夫者类如此。因并及之，以见斯传之非徒作云尔。

——《篁墩文集》卷三六，文渊阁《四库全书》影印本

《读张敬夫南轩集夜梦赋诗》庚申七月 [（宋）周必大]

道学人争说，躬行少似君。宅心惟至一，余事亦多闻。湖广规模远，濂伊讲习深。平生忠与敬，仿佛在斯文。

——《文忠集》卷四二，文渊阁《四库全书》影印本

《跋南轩与坐忘居士房公帖》[（宋）魏了翁]

自义理不竞，士不知有为己之学，丧志于记诵，灭质于文采，乃且沾沾自喜，以为是射名干利之具，流风益远，颓俗莫返。而坐忘居士房君生长西南，独能不狃于俗，旁搜博取，以求其会，心有未释，亦不敢有爱于言，将以究诘其疑，图为真是之归。今南轩遗墨谓其"拔于流俗"，谓其"剥去华饰"，谓其"白首守道，凛然如霜松雪竹者"，呜呼，其贤矣乎！

因归其所与南轩往来书尺于其孙兴卿，而叹美之不置也，附姓名其后。

——《鹤山集》卷五九，《四库全书》本

《跋南轩所与李季允帖》[（宋）魏了翁]

南轩先生受学于五峰胡子，久而后得见，犹未与之言也，泣涕而请，仅令思"忠清"，未得为仁之理。盖往返数四，而后予之。前辈所以成就后学，不肯易其言若此，故得其说者启发于愤悱之余，知则真知，行则笃行，卒能以学问名，是有非俗儒四寸口耳之比。今帖所谓"无急于成"，乃先生以其所以教于人者教人耳。

——《鹤山集》卷六一，《四库全书》本

《跋南轩帖》[（宋）魏了翁]

厥考以宗社生灵为己任，爵子以圣门事业为己任。然则士之以记览词章哆然自足者，其待己亦大凉矣！

——《鹤山集》卷六一，《四库全书》本

《跋张宣公帖》[（宋）魏了翁]

张子论著，惟《论语说》乃晚岁更定，而《朱子四书》于《中庸》

尤所尽心。今师君遇所藏宣公笔迹，二者咸在，是诚可宝矣！当乾道、淳熙间，朱、张、吕三子以学问为群儒倡，虽其才分天成，功力纯至，然亦不可谓非师友切磋之益。朱子序张子文集。以其间有讲焉未定之论为恨，序吕子《读诗记》，亦曰"其间所谓朱氏者，皆某少时讲焉而未定之说"。以此知先儒进学，朝益而暮习，月异而岁殊，盖有所谓勉焉。维日孳孳，毙而后已者，彼世之粗涉梗概而哆焉自足者，殆亦不知愧惧耳！

——《鹤山集》卷六四，《四库全书》本

《又跋张宣公帖》[（宋）魏了翁]

公以淳熙五年守荆，七年二月七日易篑，今其十四日书云："诘朝阳至，盖六年长至，正在月半。"则此帖距公之亡才八十四日耳。其二十日帖云："气体未复，不免灼艾。"想公之疾自此日侵。呜呼！所谓任重而道远，于此亦可略见。拊卷太息，书其末以归诸范文叔甫之婿师氏。

——《鹤山集》卷六四，《四库全书》本

《任汉州所藏朱文公与南轩先生书帖》[（宋）真德秀]

按南轩先生二书皆将去桂林时作，任侯所藏文公先生帖，正其往复者也。当乾道、淳熙间，二先生更相师友，以斯文为己任，一言论，一著述，反复讲磨，必极其至当而后已。此书所论中庸、近思，盖其一也。夫以二先生之学，可谓深造自得者矣，而犹汲汲于友朋之助如此，况学者乎？文公记濂溪书堂，以为斯文之传，惟天所畀乃得与焉，此帖所谓"发明天命"之意是也。夫濂溪生千载之后，而接孔、孟不传之统，信天之所畀矣。二先生并时而出，讲明斯道，以续周、程之正脉，谓非天意可乎？虽然，天非独私于二先生，二先生亦未尝以自私也。学者诚能因其言以求其心，由下学之功，驯致于上达之地，则道在我矣。若曰二公天人，匪学可到，习卑守陋，姑以自贤于世俗而已，岂惟非二先生之心，实有负于天也。文公有"不谓命"之云，意或在是，故并及之。

——《西山文集》卷三四，文渊阁《四库全书》影印本

《南轩东莱帖跋》[（宋）真德秀]

南轩先生帖当在以郎官兼侍立时。方发运司之置也，一时贤士大夫争议甚众，先生亦因对及之，至是遂罢去。自昔憸人图进用，必以功利中时君之欲，故谏者莫能入。惟孝宗天挺圣哲，闻善若决江河，用能斥

去聚敛之臣，如弃涕唾。帖中所谓"上聪明能受尽言"，谓此也。东莱先生二帖，其一为博士太学时，其一自太学分教严陵时。盖先后年岁间尔。是时中外多君子，二先生帖所谓"圣锡"者，端明汪公；"谦之"者，艾轩林公；"元晦"者，新安朱文公。而周洪道之特立，丘宗卿之尽言，赵子直之好学，亦见帖中，皆当时名流也。主德盛明，贤才林立，犹阳春正中，风日怡畅，奇葩异植，纷敷天壤间，此其所以为淳熙欤！慨慕之余，敬再拜而书其后。

——《西山文集》卷三五，文渊阁《四库全书》影印本

《跋南轩先生永州双凤亭记》[（宋）真德秀]

先生是时年二十有二，此记今不在集中。岂以为少作而削之邪？然其言曰，古之所谓文者，将以治其身使合于礼，在内者粹然，而在外彬彬焉。其本不出于修身，其极可施之天下，此之谓至文。呜呼！斯言也，其可以少作目之哉！

——《西山文集》卷三六，文渊阁《四库全书》影印本

《跋南轩先生周氏寓斋诗》[（宋）真德秀]

蒙庄氏以轩冕为寄，以形骸为逆旅，可谓达矣。然其弊也，举天下人伦物理，一以虚假目之。如此，则善不必勉，恶不必戒，此害道之尤者也。周氏以寓名斋，而宣公诗之，如此学者所当佩服。

——《西山文集》卷三六，文渊阁《四库全书》影印本

《跋南轩先生送定叟弟赴广西任诗十三章》[（宋）真德秀]

棠棣之作，至今余千载矣。蔼然忠厚之情，恻然闵伤之志，读者犹为兴起。南轩先生此诗于怡怡之中，有切切偲偲之意。虽使不令，兄弟观之，友弟之心尚当油然而生。况绰绰有裕者乎。真迹今藏宋正父家。余观正父与愿谦二弟诗，皆眷焉。有前修风味，所谓亦允蹈之者邪。

——《西山文集》卷三六，文渊阁《四库全书》影印本

《南轩与方耕道帖》[（宋）刘克庄]

"闻元晦在闽与陈丞相甚款，不知此公近来议论趣向如何？"此南轩与耕道帖也。是时丞相方起帅金陵，与欧公起帅太原时略同，前辈尤惜晚节。南轩之忧陈公，犹韩公之忧欧公也。及丞相过阙，极论时事，故

南轩别帖云："陈公入对,有忠切之言,使人愈增严瞻之敬",又云:"元晦写寄刘枢遗奏,读之涕零。"乌乎!以正献、忠肃二公平生所立如此,而识者必要其终而后定,此圣贤所以临深履薄,至死而后已也夫!

——《后村集》卷三二,文渊阁《四库全书》影印本

《跋南轩所书愉色堂》[(宋)高斯得]

南轩先生名零陵唐氏之堂曰"愉色",其孙亮征予言发其义。予谓圣贤之言事亲,类征于色,曰"色难",曰"下气怡色",曰"愉色婉容"。夫外不足以信,内于色乎何取?譬之木焉,爱其根也,色其华也,木之根深固,其桦桦之象发见于外者,讵可遏乎?故爱亲之深者,色不期愉而自愉;否则虽勉强致饰,其诚中形外,有不得而掩矣。然则为人子者,欲学闵、曾,盍想见其形容而用力焉?

——《耻堂存稿》卷五,文渊阁《四库全书》影印本

《跋南轩永州诸诗》[(宋)高斯得]

杜子美诗自二十一岁以后,韩退之二十五岁以后,欧阳永叔、苏子瞻二十六岁以后,皆载集中,至今读者谁敢以少作少之?惟刘禹锡编柳子厚诗,断自永州以后,少作不录一篇,故柳诗比韩、欧、苏诗少而加严。南轩先生永州所题三亭、陆山诸诗,时方二十余岁,兴寄已落落穆穆如此,然求之集中,则咸无焉,岂编次者以柳集之法裁之乎?昆采夜光,要为可宝,唐君其谨藏之。

——《耻堂存稿》卷五,文渊阁《四库全书》影印本

《跋张钦夫介轩铭》[(宋)杨万里]

钦夫之文清于气而味永,吾见之多矣而犹恨其少。读此铭诗,欣然殊慰人也。君子之于水木竹石爱之,与众人岂异也?众人之爱水木竹石也,爱水木竹石而已矣。钦夫爱唐氏之石而得乎介,又以其得而施及于唐氏,则其爱也,水木竹石而已乎。有来观者,其爱与钦夫同不同未可知也。一笑而书其后,所以一笑者,予欲书而忘其书也。绍兴壬午庐陵杨万里跋。

——《诚斋集》卷九八,《四部丛刊》本

《题张南轩先生手札后》[(明)郑真]

栻比者祇拜钧翰,宠报下情,不胜感激。下阙

前宋士大夫往来书问皆有定式，其首多不署其人字号爵位，而惟见于三折外封，若南轩先生亲书手札可考也。今外封既亡，其全集世亦罕见，不知曾载与否，无以考其人为谁何。然其曰"运动枢极，体貌益隆，精神折冲，何远不届"，又曰"备藩岭右，正托荫余"，此必自宥府连帅上流者。按先生忠献公长子，初荫补右承务郎。孝宗即位，忠献奏为书写机宜文字，以军事入见，诏为直秘阁。后复以秘阁知静江，上经略治状，则淳熙改元之初元也。此书之作，其在斯时乎？旧制直秘阁为卿监出带八品职名，承务郎为小京官，从九品阶，即先生初荫之官也。以阜陵去文武阶左右字，故右字不书。先生筮仕十余年，四典大州，而旧阶尚未改转，岂未经磨勘，有司者之失也耶？夫自南渡中兴以来，先生以道德文学为己任，交际之间，实以诚敬为主，故其揄扬称颂，著于言辞者如是。此圣门大贤之气象，后生小子所尝观感而慕效者也，呜呼，休哉！

——《荥阳外史集》卷三八，文渊阁《四库全书》影印本

附录三　张浚传记资料汇编

《宋史·张浚传》

张浚字德远，汉州绵竹人，唐宰相九龄弟九皋之后。父咸，举进士、贤良两科。浚四岁而孤，行直视端，无诳言，识者知为大器。入太学，中进士第。靖康初，为太常簿。张邦昌僭立，逃入太学中。闻高宗即位，驰赴南京，除枢密院编修官，改虞部郎，擢殿中侍御史。驾幸东南，后军统制韩世忠所部逼逐谏臣坠水死，浚奏夺世忠观察使，上下始知有国法。迁侍御史。

时乘舆在扬州，浚言："中原天下之根本，愿下诏葺东京、关陕、襄邓以待巡幸。"咈宰相意，除集英殿修撰、知兴元府。未行，擢礼部侍郎，高宗召谕曰："卿知无不言，言无不尽，朕将有为，正如欲一飞冲天而无羽翼，卿勉留辅朕。"除御营使司参赞军事。浚度金人必来攻，而庙堂晏然，殊不为备，力言之宰相，黄潜善、汪伯彦皆笑其过计。

建炎三年春，金人南侵，车驾幸钱塘，留朱胜非于吴门捍御，以浚

同节制军马，已而胜非召，浚独留。时溃兵数万，所至剽掠，浚招集甫定。会苗傅、刘正彦作乱，改元赦书至平江，浚命守臣汤东野秘不宣。未几，傅等以檄来，浚恸哭，召东野及提点刑狱赵哲谋起兵讨贼。

时傅等以承宣使张俊为秦凤路总管，俊将万人还，将卸兵而西。浚知上遇俊厚，而俊纯实可谋大事，急邀俊，握手语故，相持而泣，因告以将起兵问罪。时吕颐浩节制建业，刘光世领兵镇江，浚遣人赍蜡书，约颐浩、光世以兵来会，而命俊分兵扼吴江。上疏请复辟。傅等谋除浚礼部尚书，命将所部诣行在，浚以大兵未集，未欲诵言讨贼，乃托云张俊骤回，人情震詟，不可不少留以抚其军。

会韩世忠舟师抵常熟，张俊曰："世忠来，事济矣。"白浚以书招之。世忠至，对浚恸哭曰："世忠与俊请以身任之。"浚因大犒俊、世忠将士，呼诸将校至前，抗声问曰："今日之举，孰顺孰逆？"众皆曰："贼逆我顺。"浚曰："闻贼以重赏购吾首，若浚此举违天悖人，汝等可取浚头去；不然，一有退缩，悉以军法从事。"众咸感愤。于是，令世忠以兵赴阙，而戒其急趋秀州，据粮道以俟大军之至。世忠至秀，即大治战具。

会傅等以书招浚，浚报云："自古言涉不顺，谓之指斥乘舆；事涉不逊，谓之震惊宫阙；废立之事，谓之大逆不道，大逆不道者族。今建炎皇帝不闻失德，一旦逊位，岂所宜闻。"傅等得书恐，乃遣重兵扼临平，亟除俊、世忠节度使，而诬浚欲危社稷，责郴州安置。俊、世忠拒不受。会吕颐浩、刘光世兵踵至，浚乃声傅、正彦罪，传檄中外，率诸军继进。

初，浚遣客冯轓以计策往说傅等，会大军且至，傅、正彦忧恐不知所出。轓知其可动，即以大义白宰相朱胜非，使率百官请复辟。高宗御笔除浚知枢密院事。浚进次临平，贼兵拒不得前，世忠等搏战，大破之，傅、正彦脱遁。浚与颐浩等入见，伏地涕泣待罪，高宗问劳再三，曰："曩在睿圣，两宫隔绝。一日啜羹，小黄门忽传太母之命，不得已贬卿郴州。朕不觉羹覆于手，念卿被谪，此事谁任。"留浚，引入内殿，曰："皇太后知卿忠义，欲识卿面，适垂帘，见卿过庭矣。"解所服玉带以赐。高宗欲相浚，浚以晚进，不敢当。傅、正彦走闽中，浚命世忠追缚之以献，与其党皆伏诛。

初，浚次秀州，尝夜坐，警备甚严，忽有客至前，出一纸怀中曰："此苗傅、刘正彦募贼公赏格也。"浚问欲何如，客曰："仆河北人，粗读书,知逆顺,岂以身为贼用?特见为备不严,恐有后来者耳。"浚下执其手,问姓名,不告而去。浚翌日斩死囚徇于众,曰:"此苗、刘刺客也。"私识其状貌物色之,终不遇。

巨盗薛庆啸聚淮甸,至数万人。浚恐其滋蔓,径至高邮,入庆垒,喻以朝廷恩意。庆感服下拜,浚留抚其众。或传浚为贼所执,吕颐浩等遽罢浚枢管。浚归,高宗惊叹,即日趣就职。

浚谓中兴当自关陕始,虑金人或先入陕取蜀,则东南不可保,遂慷慨请行。诏以浚为川、陕宣抚处置使,得便宜黜陟。将行,御营平寇将军范琼,拥众自豫章至行在。先是,靖康城破,金人逼胁君、后、太子、宗室北行,多琼之谋;又乘势剽掠,左右张邦昌,为之从卫。至是入朝,悖傲无礼,且乞贷逆党傅、正彦等死罪。浚奏琼大逆不道,乞伸典宪。翌日,召琼至都堂,数其罪切责之,送棘寺论死。分其军隶神武军,然后行。与沿江襄、汉守臣议储蓄,以待临幸。

高宗问浚大计,浚请身任陕、蜀之事,置幕府于秦川,别遣大臣与韩世忠镇淮东,令吕颐浩扈跸来武昌,复以张俊、刘光世与秦川相首尾。议既定,浚行,未及武昌,而颐浩变初议。浚既抵兴元,金人已取鄜延,骁将娄宿孛堇引大兵渡渭,攻永兴,诸将莫肯相援。浚至,即出行关陕,访问风俗,罢斥奸赃,以搜揽豪杰为先务,诸将惕息听命。

会谍报金人将攻东南,浚命诸将整军向敌。已而金人大攻江、淮,浚即治军入卫。至房州,知金人北归,复还关陕。

时金帅兀术犹在淮西,浚惧其复扰东南,谋牵制之,遂决策治兵,合五路之师以复永兴。金人大恐,急调兀术等由京西入援,大战于富平。泾原帅刘锜身率将士薄敌陈,杀获颇众。会环庆帅赵哲擅离所部,哲军将校望见尘起,惊遁,诸军皆溃。浚斩哲以徇,退保兴州。命吴玠聚兵扼险于凤翔之和尚原、大散关,以断敌来路,关师古等聚熙河兵于岷州大潭,孙渥、贾世方等聚泾原、凤翔兵于阶、成、凤三州,以固蜀口。浚上书待罪,帝手诏慰勉。

绍兴元年,金将乌鲁攻和尚原,吴玠乘险击之,金人大败走。兀术复合兵至,玠及其弟璘复邀击,大破之,兀术仅以身免,亟剃其须髯遁归。始,粘罕病笃,语诸将曰:"自吾入中国,未尝有敢撄吾锋者,独张枢密与我抗。我在,犹不能取蜀;我死,尔曹宜绝意,但务自保而已。"

兀术怒曰："是谓我不能邪！"粘罕死，竟入攻，果败。拜浚检校少保、定国军节度使。

浚在关陕三年，训新集之兵，当方张之敌，以刘子羽为上宾，任赵开为都转运使，擢吴玠为大将守凤翔。子羽慷慨有才略，开善理财，而玠每战辄胜。西北遗民，归附日众。故关陕虽失，而全蜀按堵，且以形势牵制东南，江、淮亦赖以安。

将军曲端者，建炎中，尝迫逐帅臣王庶而夺其印。吴玠败于彭原，诉端不整师。富平之役，端议不合，其腹心张忠彦等降敌。浚初超用端，中坐废，犹欲再用之，后卒下端狱论死。

会有言浚杀赵哲、曲端无辜，而任子羽、开、玠非是，朝廷疑之。三年，遣王似副浚。会金将撒离曷及刘豫叛党聚兵入攻，破金州。子羽为兴元帅，约吴玠同守三泉。金人至金牛，宋师掩击之，斩馘及堕溪谷死者，以数千计。浚闻王似来，求解兵柄，且奏似不可任。宰相吕颐浩不悦，而朱胜非以宿憾日毁短浚，诏浚赴行在。

四年初，辛炳知潭州，浚在陕，以檄发兵，炳不遣，浚奏劾之。至是，炳为御史中丞，率同列劾浚，以本官提举洞霄宫，居福州。浚既去国，虑金人释川、陕之兵，必将并力窥东南，而朝廷已议讲解，乃上疏极言其状。未几，刘豫之子麟果引金人入攻。高宗思浚前言，策免朱胜非；而参知政事赵鼎请幸平江，乃召浚以资政殿学士提举万寿观兼侍读。入见，高宗手诏辨浚前诬，除知枢密院事。

浚既受命，即日赴江上视师。时兀术拥兵十万于扬州，约日渡江决战。浚长驱临江，召韩世忠、张俊、刘光世议事。将士见浚，勇气十倍。浚既部分诸将，身留镇江节度之。世忠遣麾下王愈诣兀术约战，且言张枢密已在镇江。兀术曰："张枢密贬岭南，何得乃在此？"愈出浚所下文书示之。兀术色变，夕遁。

五年，除尚书右仆射、同中书门下平章事兼知枢密院事，都督诸路军马，赵鼎除左仆射。浚与鼎同志辅治，务在塞幸门，抑近习。时巨寇杨么据洞庭，屡攻不克，浚以建康东南都会，而洞庭据上流，恐滋蔓为害，请因盛夏乘其怠讨之，具奏请行。至醴陵，释邑囚数百，皆杨么谍者，给以文书，俾招谕诸寨，因欢呼而往。至潭，贼众二十余万相继来降，湖寇尽平。上赐浚书，谓："上流既定，则川陕、荆襄形势接连，事力增倍，天其以中兴之功付卿乎。"浚遂奏遣岳飞屯荆、襄以图中原，乃自鄂、岳转淮东，大会诸将，议防秋之宜。高宗遣使赐诏趣归，劳问之曰："卿暑行甚劳，湖湘群寇既就招抚，成朕不杀之仁，卿之功也。"召对便殿，进《中兴备览》四十一篇，高宗嘉叹，置之坐隅。

浚以敌势未衰，而叛臣刘豫复据中原，六年，会诸将议事江上，榜豫僭逆之罪。命韩世忠据承、楚以图淮阳；命刘光世屯合肥以招北军；命张俊练兵建康，进屯盱眙；命杨沂中领精兵为后翼以佐俊；命岳飞进屯襄阳以窥中原。浚渡江，遍抚淮上诸戍。时张俊军进屯盱眙，岳飞遣兵入至蔡州，浚入觐，力请幸建康。车驾进发，浚先往江上，谍报刘豫与侄猊挟金人入攻，浚奏："金人不敢悉众而来，此必豫兵也。"边遽不一，俊、光世皆张大敌势，浚谓："贼豫以逆犯顺，不剿除何以为国？今日之事，有进无退。"且命杨沂中往屯濠州。刘麟逼合肥，张俊请益兵，刘光世欲退师，赵鼎及签书折彦质欲召岳飞兵东下。御书付浚，令俊、光世、沂中等还保江。浚奏："俊等渡江，则无淮南，而长江之险与敌共矣。且岳飞一动，襄、汉有警，复何所恃乎？"诏书从之。沂中兵抵濠州，光世舍庐州而南，淮西汹动。浚闻，疾驰至采石，令其众曰："有一人渡江者斩！"光世复驻军，与沂中接。刘猊攻沂中，沂中大破之，猊、麟皆拔栅遁。高宗手书嘉奖，召浚还，劳之。

时赵鼎等议回跸临安，浚奏："天下之事，不倡则不起，三岁之间，陛下一再临江，士气百倍。今六飞一还，人心解体。"高宗幡然从浚计。鼎出知绍兴府。浚以亲民之官，治道所急，条具郡守、监司、省郎、馆阁出入迭补之法；又以灾异奏复贤良方正科。

七年，以浚却敌功，制除特进。未几，加金紫光禄大夫。问安使何藓归报徽宗皇帝、宁德皇后相继崩殂，上号恸擗踊，哀不自胜。浚奏："天子之孝，不与士庶同，必思所以奉宗庙社稷，今梓宫未返，天下涂炭，愿陛下挥涕而起，敛发而趋，一怒以安天下之民。"上乃命浚草诏告谕中外，辞甚哀切。浚又请命诸大将率三军发哀成服，中外感动。浚退上疏曰："陛下思慕两宫，忧劳百姓。臣之至愚，获遭任用，臣每感慨自期，誓歼敌仇。十年之间，亲养阙然，爱及妻孥，莫之私顾，其意亦欲遂陛下孝养之心，拯生民于涂炭。昊天不吊，祸变忽生，使陛下抱无穷之痛，罪将谁执。念昔陕、蜀之行，陛下命臣曰：'我有大隙于北，刷此至耻，惟尔是属。'而臣终隳成功，使敌无惮，今日之祸，端自臣致，乞赐罢黜。"上诏浚起视事。浚再疏待罪，不许，乃请乘舆发平江，至建康。

浚总中外之政，几事丛委，以一身任之。每奏对，必言仇耻之大，反复再三，上未尝不改容流涕。时天子方厉精克己，戒饬宫庭内侍，无敢越度，事无巨细，必以咨浚，赐诸将诏，往往命浚草之。

刘光世在淮西，军无纪律，浚奏罢光世，以其兵属督府，命参谋兵部尚书吕祉往庐州节制。而枢密院以督府握兵为嫌，乞置武帅，乃以王德为都统制，即军中取郦琼副之。浚奏其不当，琼亦与德有宿怨，列状诉御史台，乃命张俊为宣抚使，杨沂中、刘锜为制置判官以抚之。未至，琼等举军叛，执吕祉以归刘豫。祉不行，詈琼等，碎齿折首而死。浚引咎求去位，高宗问可代者，且曰："秦桧何如？"浚曰："近与共事，方知其暗。"高宗曰："然则用赵鼎。"桧由是憾浚。浚以观文殿大学士提举江州太平兴国宫。

先是，浚遣人持手榜入伪地间刘豫，及郦琼叛去，复遣间持蜡书遗琼，金人果疑豫，寻废之。台谏交诋，浚落职，以秘书少监分司西京，居永州。九年，以赦复官。提举临安府洞霄宫。未几，除资政殿大学士、知福州兼福建安抚大使。

金遣使来，以诏谕为名，浚五上疏争之。十年，金败盟，复取河南。浚奏愿因权制变，则大勋可集，因大治海舟千艘，为直指山东之计。十一年，除检校少傅、崇信军节度使，充万寿观使，免奉朝请。十二年，封和国公。

十六年，彗星出西方，浚将极论时事，恐贻母忧。母讶其瘠，问故，浚以实对。母诵其父对策之语曰："臣宁言而死于斧钺，不能忍不言以负陛下。"浚意乃决。上疏谓："当今事势，譬如养成大疽于头目心腹之间，不决不止。惟陛下谋之于心，谨察情伪，使在我有不可犯之势，庶几社稷安全；不然，后将噬脐。"事下三省，秦桧大怒，令台谏论浚，以特进提举江州太平兴国宫，居连州。二十年，徙永州。

浚去国几二十载，天下士无贤不肖，莫不倾心慕之。武夫健将，言浚者必咨嗟太息，至儿童妇女，亦知有张都督也。金人惮浚，每使至，必问浚安在，惟恐其复用。

当是时，秦桧怙宠固位，惧浚为正论以害己，令台臣有所弹劾，论必及浚，反谓浚为国贼，必欲杀之。以张柄知潭州，汪召锡使湖南，使图浚。张常先使江西，治张宗元狱，株连及浚，捕赵鼎子汾下大理，令自诬与浚谋大逆，会桧死乃免。

二十五年，复观文殿大学士、判洪州。浚时以母丧将归葬。念天下事二十年为桧所坏，边备荡驰；又闻金亮篡立，必将举兵，自以大臣，义同休戚，不敢以居丧为嫌，具奏论之。会星变求直言，浚谓金人数年间，势决求衅用兵，而国家溺于宴安，荡然无备，乃上疏极言。而大臣沈该、万俟卨、汤思退等见之，谓敌初无衅，笑浚为狂。台谏汤鹏举、凌哲论浚归蜀，恐摇动远方，诏复居永州。服除落职，以本官奉祠。

三十一年春，有旨自便。浚至潭，闻钦宗崩，号恸不食，上疏请早定守战之策。未几，亮兵大入，中外震动，复浚观文殿大学士、判潭州。

时金骑充斥，王权兵溃，刘锜退归镇江，遂改命浚判建康府兼行宫留守。浚至岳阳，买舟冒风雪而行，遇东来者云："敌兵方焚采石，烟炎涨天，慎无轻进。"浚曰："吾赴君父之急，知直前求乘舆所在而已。"时长江无一舟敢行北岸者。浚乘小舟径进，过池阳，闻亮死，余众犹二万屯和州。李显忠兵在沙上，浚往犒之，一军见浚，以为从天而下。浚至建康，即牒通判刘子昂办行宫仪物，请乘舆亟临幸。

三十二年，车驾幸建康，浚迎拜道左，卫士见浚，无不以手加额。时浚起废复用，风采隐然，军民皆倚以为重。车驾将还临安，劳浚曰："卿在此，朕无北顾忧矣。"兼节制建康、镇江府、江州、池州、江阴军军马。

金兵十万围海州，浚命镇江都统张子盖往救，大破之。浚招集忠义，及募淮楚壮勇，以陈敏为统制。且谓敌长于骑，我长于步，卫步莫如弩，卫弩莫如车，命敏专制弩治车。

孝宗即位，召浚入见，改容曰："久闻公名，今朝廷所恃唯公。"赐坐降问，浚从容言："人主之学，以心为本，一心合天，何事不济？所谓天者，天下之公理而已。必兢业自持，使清明在躬，则赏罚举措，无有不当，人心自归，敌仇自服。"孝宗悚然曰："当不忘公言。"除少傅、江淮东西路宣抚使，进封魏国公。翰林学士史浩议欲城瓜州、采石。浚谓不守两淮而守江干，是示敌以削弱，怠战守之气，不若先城泗州。及浩参知政事，浚所规画，浩必沮之。浚荐陈俊卿为宣抚判官，孝宗召俊卿及浚子栻赴行在。浚附奏请上临幸建康，以动中原之心，用师淮壖，进舟山东，以为吴璘声援。孝宗见俊卿等，问浚动静饮食颜貌，曰："朕倚魏公如长城，不容浮言摇夺。"金人以十万众屯河南，声言规两淮移文索海、泗、唐、邓、商州及岁币。浚言北敌诡诈，不当为之动，以大兵屯盱眙、濠、庐备之，卒以无事。

隆兴元年，除枢密使，都督建康、镇江府、江州、池州、江阴军军马。时金将蒲察徒穆及知泗州大周仁屯虹县，都统萧琦屯灵壁，积粮修城，将为南攻计。浚欲及其未发攻之。会主管殿前司李显忠、建康都统邵宏渊亦献捣二邑之策，浚具以闻。上报可，召浚赴行在，命先图两城。乃遣显忠出濠州，趋灵壁；宏渊出泗州，趋虹县，而浚自往临之。显忠至灵壁，败萧琦；宏渊围虹县，降徒穆、周仁，乘胜进克宿州，中原震动。孝宗手书劳之曰："近日边报，中外鼓舞，十年来无此克捷。"

浚以盛夏人疲，急召李显忠等还师。会金帅纥石烈志宁率兵至宿州，与显忠战。连日南军小不利，忽谍报敌兵大至，显忠夜引归。浚上疏待罪，有旨降授特进，更为江、淮宣抚使。

宿师之还，士大夫主和者皆议浚之非，孝宗复赐浚书曰："今日边事倚卿为重，卿不可畏人言而怀犹豫。前日举事之初，朕与卿任之，今日亦须与卿终之。"浚乃以魏胜守海州，陈敏守泗州，戚方守濠州，郭振守六合。治高邮、巢县两城为大势，修滁州关山以扼敌冲，聚水军淮阴、马军寿春，大饬两淮守备。

孝宗复召栻奏事，浚附奏云："自古有为之君，腹心之臣相与协谋同志，以成治功。今臣以孤踪，动辄掣肘，陛下将安用之。"因乞骸骨。孝宗览奏，谓栻曰："朕待魏公有加，不为浮议所惑。"帝眷遇浚犹至，对近臣言，必曰魏公，未尝斥其名。每遣使来，必令视浚饮食多寡，肥瘠何如。寻诏复浚都督之号。

金帅仆散忠义贻书三省、枢密院，索四郡及岁币，不然，以农隙治兵。浚言："金强则来，弱则止，不在和与不和。"时汤思退为右相。思退，秦桧党也，急于求和，遂遣卢仲贤持书报金。浚言仲贤小人多妄，不可委信。已而仲贤果以许四郡辱命。朝廷复以王之望为通问使，龙大渊副之，浚争不能得。未几，召浚入见，复力陈和议之失。孝宗为止誓书,留之望、大渊待命,而令通书官胡昉、杨由义往,谕金以四郡不可割;若金人必欲得四郡,当追还使人,罢和议。拜浚尚书右仆射、同中书门下平章事兼枢密使,都督如故;思退为左仆射。

胡昉等至宿,金人械系迫胁之,昉等不屈,更礼而归之。孝宗谕浚曰:"和议之不成,天也,自此事当归一矣。"二年,议进幸建康,诏之望等还。思退闻之大骇,阳为乞祠状,而阴与其党谋为陷浚计。

俄诏浚行视江、淮。时浚所招徕山东、淮北忠义之士,以实建康、镇江两军,凡万二千余人,万弩营所招淮南壮士及江西群盗又万余人,陈敏统之,以守泗州。凡要害之地,皆筑城堡;其可因水为险者,皆积水为匮;增置江、淮战舰,诸军弓矢器械悉备。时金人屯重兵于河南,为虚声胁和,有刻日决战之语。及闻浚来,亟彻兵归。淮北之来归者日不绝,山东豪杰,悉愿受节度。浚以萧琦契丹望族,沈勇有谋,欲令尽领契丹降众,且以檄谕契丹,约为应援,金人益惧。思退乃令王之望盛毁守备,以为不可恃;令尹穑论罢督府参议官冯方;又论浚费国不赀,奏留张深守泗不受赵廓之代为拒命。浚亦请解督府,诏从其请。左司谏陈良翰、侍御史周操言浚忠勤,人望所属,不当使去国。浚留平江,凡八章乞致仕,除少师、保信军节度、判福州。浚辞,改醴泉观使。朝廷遂决弃地求和之议。

浚既去,犹上疏论尹穑奸邪,必误国事,且劝上务学亲贤。或勉浚勿复以时事为言,浚曰:"君臣之义,无所逃于天地之间。吾荷两朝厚恩,久尸重任,今虽去国,犹日望上心感悟,苟有所见,安忍弗言。上如欲复用浚,浚当即日就道,不敢以老病为辞。如若等言,是诚何心哉!"闻者耸然。行次余干,得疾,手书付二子曰:"吾尝相国,不能恢复中原,雪祖宗之耻,即死,不当葬我先人墓左,葬我衡山下足矣。"讣闻,孝宗震悼,辍视朝,赠太保,后加赠太师,谥忠献。

浚幼有大志,及为熙河幕官,遍行边垒,览观山川形势,时时与旧戍守将握手饮酒,问祖宗以来守边旧法,及军陈方略之宜。故一旦起自疏远,当枢管之任,悉能通知边事本末。在京城中,亲见二帝北行,皇族系虏,生民涂炭,誓不与敌俱存,故终身不主和议。每论定都大计,以为东南形势,莫如建康,人主居之,可以北望中原,常怀愤惕。至如钱塘,僻在一隅,易于安肆,不足以号召北方。与赵鼎共政,多所引擢,从臣朝列，皆一时之望，人号"小元祐"。所荐虞允文、汪应辰、王十朋、刘珙等为名臣；拔吴玠、吴璘于行间，谓韩世忠忠勇，可倚以大事，一见刘锜奇之，付以事任，卒皆为名将，有成功，一时称浚为知人。浚事母以孝称，学邃于《易》，有《易解》及《杂说》十卷，《书》、《诗》、《礼》、《春秋》、《中庸》亦各有解，文集十卷，奏议二十卷。子二人：栻、枃。栻自有传。

枃字定叟，以父恩授承奉郎，历广西经略司机宜、通判严州。方年少，已有能称，浙西使者荐所部吏而不及枃，孝宗特令再荐。召对，差知袁州，戢豪强，弭盗贼。尉获盗上之州，枃察知其枉，纵去，莫不怪之，未几，果获真盗。改知衢州。

兄栻丧，无壮子，请祠以营葬事，主管玉局观，迁湖北提举常平。奏事，帝大喜，谕辅臣曰："张浚有子如此。"改浙西，督理荒政，苏、湖二州皆阙守，命兼摄焉。有执政姻党闭籴，枃首治之，帝奖其不畏强御，迁两浙转运判官。

未几，以直徽猷阁升副使，改知临安府。奏除逋欠四万缗，米八百斛，进直龙图阁。都城浩穰，奸盗聚慝，枃画分地以警捕，夜户不闭。张师尹纳女掖庭供给使，恃以恣横，枃因事痛绳之，徙其家信州，其类帖伏。南郊礼成，赐五品服，权兵部侍郎，仍知临安，加赐三品服。修三闸，复六井。府治火，延及民居，上疏自劾，诏削二秩。枃再疏乞罢，移知镇江。寻改明州，辞，仍知镇江。召为户部侍郎，面对言事，迕时相意。高宗崩，以集英殿修撰知绍兴府，董山陵事。召还，为吏部侍郎。

光宗即位，权刑部侍郎，复兼知临安府。绍熙元年，为刑部侍郎，仍为府尹。内侍毛伯益冒西湖荾地为亭，外戚有杀其仆者，狱具，觊缘宣谕求免，枃皆执奏论如律。孝宗观湖，枃以弹压伏谒道左，孝宗止辇问劳，赐以酒炙。

京西谋帅，进焕章阁学士、知襄阳府，赐金二百两，别赐金百两，白金倍之。未几，进徽猷阁学士、知建康府，继复命还襄阳。宁宗嗣位，归正人陈应祥、忠义人党琪等谋袭均州，副都统冯湛间道疾驰以闻。枃不为动，徐部分掩捕，狱成，斩其为首者二人，尽释党与，反侧以安。

升宝文阁学士、知平江府，未行，改知建康府。升龙图阁学士、知隆兴府兼江西安抚使。奉新县旧有营田，募民耕之，亩赋米斗五升，钱六十，其后议臣请鬻之。始，征两税和买，且加折变，民重为困，构悉奏蠲之。进端明殿学士，复知建康府。以疾乞祠，卒。

构天分高爽，吏材敏给，遇事不凝滞，多随宜变通，所至以治辨称。南渡以来，论尹京者，以构为首。子忠纯、忠恕，自有传。

论曰：儒者之于国家，能养其正直之气，则足以正君心，一众志，攘凶逆，处忧患，盖无往而不自得焉。若张浚者，可谓善养其气者矣。观其初逃张邦昌之议，平苗、刘之乱，其才识固有非偷懦之所敢望。及其攘却勍敌，招降剧盗，能使将帅用命，所向如志。远人伺其用舍为进退，天下占其出处为安危，岂非卓然所谓人豪者欤！群言沸腾，屡奋屡踬，而辞气慨然。尝曰："上如欲复用浚，当即日就道，不敢以老病辞。"其言如是，则其爱君忧国之心，为何如哉！时论以浚之忠大类汉诸葛亮，然亮能使魏延、杨仪终其身不为异同，浚以吴玠故遂杀曲端，亮能容法孝直，浚不能容李纲、赵鼎而又诋之，兹所以为不及欤！至于富平之溃师，淮西之兵变，则成败利钝，虽亮不能逆睹也。

——《宋史》卷三六一，中华书局2000年版

《少师保信军节度使魏国公致仕赠太保张公行状》[（宋）朱熹]

本贯汉州绵竹县仁贤乡武都里。

曾祖文矩，故不仕，赠太师、沂国公。妣沂国夫人杨氏。

祖絃，故任殿中丞致仕，赠太师、冀国公。妣冀国夫人赵氏、王氏。父咸，故任宣德郎，赠太师、雍国公。妣秦国夫人计氏。公讳浚，字德远，本唐宰相张九龄弟节度使九皋之后。自九皋徙家长安，生子抗，抗生仲方，仲方生孟常，孟常生克勤，克勤生缚，缚生纪，纪生璘，即公五世祖。仕僖宗时为国子祭酒，从幸蜀，因居成都，寿百有二十岁。长子庭坚，以荫为符宝郎，后不仕。符宝之子即沂公也。沂公早世，夫人杨氏携三子徙绵竹依外家，遂为绵竹人。长子即冀公也。

冀公幼慷慨有大志，不肯屑屑为举子业，于书无所不通。庆历元年，诏举茂才异等，近臣鱼公周询以公文五十篇应诏，召试秘阁报闻。时西鄙方用兵，鱼公谓公曰："天子以西事未宁，宵旰求贤，惟恐不及，子其可在草野乎？仆当复率贤公卿共荐论，不敢隐也。"遂与程公戡以公庆历御戎策三十篇上。公之策大抵谓："唐之所患，节镇兵盛；今之所患，中

原兵弱。边鄙有警，无以御敌，良由四方藩境无调习之甲兵，无亲信之士卒，兵以众合，将以位充，行陈部伍都无伦理，何异驱市人而战？古者兵出不逾时，今五年矣，民困财匮，点科不息，生盗贼心，后患未可量也。可不速有改更，图所以为靖民威敌久远之计乎？今当以陕西四路、河北三路、河东一路割兵属将，公选其人，不拘官品，为置文臣通晓者二人为军谋，而使各得自辟其属，丁壮之目、财赋之用悉付之，勿使中官扰其事，勿使小人分其权。而通置采访使二员，分部八路，提其纲领，纠其奸非。如转运、提刑、运判、监军可悉罢去，庶几事权归一，戎虏可遏而人民可苏也。"有旨下国子监详定以闻。召试西掖。张公方平奏公论议优长，天子嘉之，授将作监主簿，实二年之冬，事载国史。程公尤器重公，及帅泾原，辟公掌机宜事。移高阳，复辟焉。改秩知雷州。时黎人扰朱崖，朝命委公自四明遣兵数百，浮海道往镇海隅。公至，不鄙其民，抚绥安静，寇亦旋息。除管干都进奏院。公年逾六十，即浩然思归，致其事。自号希白先生，筑希白堂，一时贤公卿皆为赋诗。

公亲教授雍公，雍公字君悦，中元丰二年进士第，历官州县。职事之外，覃思载籍，诸子百氏之说无不贯穿，而折衷于六经，其为文辞奇伟条畅。元祐三年，自华州学官以近臣举应贤良方正能直言极谏科，奏篇为天下第一。比阁试，乃报罢。时太皇太后垂帘，哲宗未亲庶政，自宰相、百执事皆选用名彦，更张前日王安石政事之弊，排斥异议，沮抑边功。公念明时难遇而内有所怀，思以补报，既不得对，无路上达。宰相吕汲公大防方贵重用事，公作时议上之，大略谓今民和时雍，守成求助，而戒饬警惧不可以忽。况大忧未艾，深患未弭，博祸未去。所谓大忧，戢兵之说也；所谓深患，差役之说也；所谓博祸，行法之说也。戢兵之说，其忧有三：有损势耗财之忧，有沮军扰民之忧，有滋敌玩兵之忧。差役之说，其患有三：有贫富不均之患，有州县劳扰之患，有簿书侵挠之患。而二者之本则在朝廷，惟朝廷之上去私意、公是非、明可否，一本于大中至正，法之可行，无问于新之与旧，议之可用，无问于今之与昔，除目前之害，消冥冥之变，则所谓大忧者可转而为乐，所谓深患者可转而为安，所谓博祸者可转而为福，今日之治，斯可维持于永世矣。汲公不纳，而识者叹公先见之明且远云。公归又六年，复召试，考官以公文辞杰出，置高等。宰相章惇览其策不以元祐为非，且及庙堂用私意等事，无所回互，甚不悦。数日，公往谢之，惇嘻笑曰："贤良一日之间万余言，笔锋真可畏！"因授宣德郎、签书剑南西川节度判官厅公事。人为公不满意，而公处之恬然。惇于是奏罢贤良方正科而更置宏词科。初，祖宗立制举，招延天下英俊，俾陈时政阙失。天子虚己而听，得士为多。自熙宁六年用事大臣恶人议己，始令进士御试用策而罢制科。司马丞相辅元祐初政，以求言为先务，遂复置焉。至是惇恶雍公辞直，又废之而立词科。词科之文，如表、章、赞、颂、记、序之属，皆习为佞谀者，以佞辞易直谏，蠹坏士心，驯致祸乱，而人不知其废置之源盖在此也。公晚得异梦，若有告者曰："天命尔子名德，作宰相。"未几而公生，故字之曰德远云。公生四年而雍公没，太夫人年二十有五，父母欲嫁之，誓而弗许。勤苦鞠育公，能言即教诵雍公文，能记事即告以雍公言行，无顷刻令去左右。故公虽幼，而视必端，行必直，坐不攲，言不诳，亲族乡党见者皆称为大器。年十六入郡学，讲诵不间早夜。同辈笑语喧哗，若弗闻者，未尝一窥市门。教授苏元老叹曰："张氏盛德，乃有是子。吾观其文无虚浮语，致远未可量也。"甫冠，与计偕入上庠。太夫人送之，拊其背而泣曰："门户寒苦，赖尔立。当朝夕以尔祖尔父之业为念。"凡数十条，书之策以授公。公去亲侧，常若在旁，无一言一动不遵太夫人之教。京师纷华，每时节游观，同舍皆出，公独在。蓬州老儒有严庚者，时亦游太学，见公之为，咨嗟爱重。庚尝学《易》有得，遂以乾坤之说授公。公中政和八年进士第。知枢密院邓洵仁，蜀人也，与雍公有雅旧，谓公来见，当处以编修官，公竟不答。调山南府士曹参军以归，奉版舆之官。山南大府事夥，帅重公才识，悉以委焉。公为区处，细大各有条理。治狱明审，务尽其情，至狴犴木索，沐浴食饮亦必躬莅之，寒暑不废。以故军民归心，讼于庭者，皆愿得下士曹治。其受输尽去旧弊，使民得自执权概，人又便之。公事罢归，即对太夫人读书，至夜分乃寐。故同僚之贤者莫不亲之，其不肖者亦往往革面惮公，不敢为非。蒲中孙伟奇父，名士也，时过府与帅饮，至夜分，帅命继酒于公所，公谓其使曰："此为何时？而欲发钥取酒酣饮乎？郡人其谓何？某不敢也。"复命，帅未应，奇父整冠拱手曰："公有贤属如此，某罪人也。"问公姓名志之，即登车而去。又兼权成固县事，秩满，郡人遮道送者以千计，画公像持以送公者至百余。转运使叹曰："为小官得人之情如此，使得志于时，又当如何耶？"调褒城令，辟熙河路察访司干办公事。到官，遍行边垒，览观山川形势。时犹有旧戍守将，公悉召，与握手饮酒，问以祖宗以来守边旧法及军阵方略之宜，尽得其实。故公起自疏远，一旦当枢管之任，悉通知边事本末，盖自此也。有旨以夏人争地界事委察访司，命其属往视分画。公以十数骑直抵界上所谓阳关者，夏人始张旗帜骑乘于谷中，意不可测。及见公开诚，遂数语而定。改秩至京师，调恭州司录以归。

会靖康改元，尚书右丞何㮚荐公，同胡寅召审察。先是，㮚以中丞论事罢去，寓居郑州。公调官归过郑，念㮚亦蜀人，粗有时望，因见之，告以国事阽危，宜益自重，思经济之图，无为浅露。㮚心重公，及执政，首荐焉。公到阙，闻㮚益轻儇，浸失人望，初见即以札子规之，辞切厉。㮚不悦，不复使对，止除太常寺主簿。未几而虏至城下，公在京师，独与开封府判官赵鼎、虞部郎中宋齐愈、校书郎胡寅为至交，寝食行止未尝相舍，所讲论皆前辈问学之方与所以济时之策。时渊圣皇帝召涪陵处士谯定至京师，将处以谏职。定以言不用力辞，杜门不出。公往候见至再三，定开关延入。公问所得于前辈者，定告公但当熟读《论语》。公自是益潜心于圣人之微言。二圣出城，公以职事在南薰门，有燕人姓韩者仕虏为要官，往来南薰，稔识公面。一日，谓公曰："大人辈虏人呼贵酋为大人。以京城之人不肯尽出金帛，翌日当洗城。"指城一角曰："至时吾立大皂旗于此，尔来立旗下，庶可免。"公笑谓之曰："公宜为大人辈言，京师之人若尽死，金帛谁从而得乎？"姓韩人喜，若有得色。他日复值之，谓公曰："比日以尔言说诸大人，已罢洗城之议矣。"此事世莫知也。

逆臣张邦昌乘时窃僭，公逃太学中，闻光尧寿圣太上皇帝即位南京，星夜驰赴。至即除枢密院编修官，改虞部员外郎。会上以初履宝位，登坛告天，公摄太常少卿导引。上见公进止雍容静重，心重之，即欲大用。诘朝以语宰执，时中书侍郎黄潜善尝在兴元，知公治绩，因称述焉。上简记，他日除公殿中侍御史。先是，宰相李纲以私意论谏议大夫宋齐愈，腰斩。公与齐愈素善，知齐愈死非其罪，谓上初立，纲以私意杀侍从，典刑不当，有伤新政，恐失人心。既入台，首论纲，罢之。驾幸东南，道途仓卒，后军统制韩世忠所部军人劫掠作过，逼逐左正言卢臣中坠水死。公以虽在艰难扰攘中，岂可废法如此，即奏劾世忠擅离军伍，致使师行无纪，士卒散逸为变，乞正其罚。有旨从贷，公重论奏，及乞追捕散逸为变者。上为夺世忠观察使，上下始肃然，知有国法。至维扬，即劝上无忘二帝北狩，常念中原，汲汲然修德去弊以振纪纲。每奏事，上未尝不从容再三问劳，泛及为治之方，辄至日昃。公所论专自人主之身以及近习、内侍、戚里，以为正天下之本在此。乃奏崇、观以来，滥授官资，乞尽厘正，戚里邢焕、孟忠厚不当居侍从，宜换右职；驸马潘正夫不待扈从，先来维扬，请治其罪；内侍李致道误国为深，不当引赦叙复；尚书董耘独以藩邸恩贪缘通显，宜即退闲，皆蒙采纳。时以藩邸旧宫锡号升旸，至维扬，内侍占官寺为之。公奏："方时艰难，行幸所至，岂宜为此以重失人心？此必从行官吏欲假威福，妄兴事端，借御前之号，为奉己之私耳。乞行罢止。"上从之。

迁侍御史，赐五品服。公感上知眷，益思效忠。时车驾久驻维扬，人物繁聚而朝廷无一定规摹，上下颇觖望。公奏："近日军民议论纷然，彼得籍口为说者，盖二帝远在沙漠，而陛下乃与六宫端居于此，何怪人之窃议。愿明降睿旨，以车驾不为久住维扬之计晓谕军民，仍乞朝廷早措置六宫定居之地，然后陛下以一身巡幸四方，规恢远图，上以慰九庙之心，下以副军民之望。"他日奏事，上谓公曰："朕于直言容受不讳，近有河北武臣上书，不知朝廷事体，诋毁朕躬，亦不加罪。"公请以所得圣语布告中外，激劝言者，庶几有补于国。上嘉纳焉。又奏："中原，天下之根本也；朝廷，中原之根本也。本之不摇，事乃可定。愿降诏旨，敕东京留守司略葺大内及关陕、襄邓等处，常切准备车驾巡幸，及以今来行在所止不为久居之计，庶几内外和悦，各思奋励以图报国。"宰相浸不悦。又论御营使司属猥众，俸给独厚，资格超越而未尝举其职，乞行沙汰，使侥幸者无以得志，法行自近，军气必振。又论无谓虏不能来，当汲汲修备治军，常若寇至，遂大咈黄潜善等意。

公以孀母在远乞外补，除集英殿修撰，知兴元府。公已登舟，候朝辞，有旨除礼部侍郎，日下供职。召对便殿，上慰劳宣谕曰："卿在台中知无不言，言无不尽。朕将有为，政如欲一飞冲天而无羽翼者。卿为朕留，当专任用张愨及卿。"公顿首泣谢，不敢言去。愨时为中书侍郎，未几而卒。上一日复谓公曰："郭三益可与卿共事。"未几而三益亦卒。公念虏骑必至，而庙堂晏然，殊不为备，率同列力为宰相言之。潜善及汪伯彦笑且不信。公常以疾在告，独上眷遇益深，除公御营参赞军事，拨鲁珏、杨周等所部兵，令同吕颐浩教习所谓长兵者。公亲往点阅，籍其乡贯、年齿与所习艺能。复被旨同颐浩于江淮措置。未几，虏骑自天长逼近郊，公从驾渡江。至平江，朝议东幸，诏朱胜非留吴门御贼。问谁当佐胜非，左右莫应。公独慷慨愿留，遂以本职同节制平江府、常、秀州、江阴军军马，车驾遂东。时建炎三年二月八日也。

公行平江四境，规度可控扼虏所来道，决水溉田为限，立烽堠，召土豪与议。时禁卫班直及诸军溃归无虑数万众，乏食，所至焚劫。一夕，知府事汤东野苍黄见公曰："城四外焚庐舍，火光并起，奈何？"公笑曰："此必溃军之归，正当招集。"问府藏银绢有几，即曰胜非便宜出黄榜及旗于门，以圣旨招集，支赐银绢各若干，令结甲而入，且令市人广造食物以俟。顷之，溃兵皆以次入，既得赐，又市食，无敢哗者。明日，令依所结甲出盘门，赴行在所，违者斩。如是数日不绝，而公旧所教习长兵至者亦近三千人。二十日，朱胜非召赴行在，公独节制。三月八日，东野忽复遽告公，闻有赦至。公虑时方艰难，事变莫测，命东野先遣亲信官驰至前路，发封以告。少顷，东野驰来曰："事变矣，乃明受赦也。"袖以示公。时府中军民已知有赦，公谓东野令登谯门，宣有旨犒设诸军一次，内外乃定。九日，有自杭持苗傅、刘正彦檄文来者。公恸哭，念王室祸变如此，戴天履地，大义所存。虽平江兵少力单，而逆顺势殊，岂复强弱利害之足较？便当唱率忠义，举师复辟，诛讨叛贼，以济艰难。虽孀母在远，身无嗣继，而义有所不可已也。亟召东野及提点刑狱赵哲至，喻之，且激以忠义。二人感激愿助，因秘其事，夜召哲以防江为名，尽调浙西弓兵，令东野密治财计。十日，得省札，召公赴行在。

时承宣使张俊领万人自中涂还，公遣问之，乃云傅等敕俊交割所总人马，赴秦凤路总管任。公念上遇俊厚，而俊纯实，可谋大事，急使东野启城抚谕诸军。俊立诣公所，公独留俊，握手语曰："太尉知皇帝逊位之由否？此盖傅、正彦欲危社稷。"语未终，泣下交颐，俊亦大哭曰："有辛永宗者来自杭，备为俊言。适遍喻将校辈，且当诣张侍郎求决。侍郎忠孝，必有处置。"公虑俊意未确，复再三感动之。俊曰："只在侍郎。若官家别有它虞，何所容身？"公应曰："某处置已定，当即日起兵问罪。"俊大喜，且拜曰："更须侍郎济以机权，莫令惊动官家。"公给俊军衣粮并及其家，皆大悦。公召辛永宗问傅、正彦所与谋为谁，曰："归朝官王钧甫、马柔吉。旧闻侍郎尝识钧甫等,请以书先离间之。"是夜,公发书约吕颐浩、刘光世兵来会。时颐浩节制建业,光世领兵镇江,公虑书不达,复遣人赍蜡丸从间道往。公已再被赴行在之命,知为傅等奸谋,而兵未集,未欲诵言,戒东野、哲各密奏虏未退,靳赛数万众窥平江,若张某朝就道,恐夕败事。公亦奏:"张俊骤回,平江人情震詟,臣不少留,恐生事。"因命俊遣精兵二千扼吴江而奏曰:"俊兵在平江者多,臣故分屯,以杀其势。"盖惧傅、正彦觉勤王之谋,先出不意,遣兵直捣平江故也。十一日,附递发奏:"臣伏睹三月五日睿圣皇帝亲笔:'朕即位以来,强敌侵凌,远至淮甸,其意专以朕躬为言。朕恐其兴兵不已,枉害生灵,畏天顺人,退避大位。'臣伏读再四,不觉涕泣。臣窃以国家祸难至此,皆臣等不能悉心图事,补报朝廷,致使土地侵削,人民困苦,上负睿圣之恩,下失天下之望。今睿圣皇帝以不忍生灵之故避位求和,臣独有一说,不敢不具陈其详。臣窃以当今外难未宁,内寇窃起,正人主忧劳自任,马上求治之时。恐太母以柔静之身,皇帝以冲幼之质,端居深处,责任臣僚,万一强敌侵凌,不肯悔祸,则二百年宗庙社稷之基拱手而遂亡矣。臣愚不避万死,伏愿太母陛下、皇帝陛下特轸宸虑,祈请睿圣念祖宗付托之重,思二帝属望之勤,不惮勤劳,亲总要务,据形势之地,求自治之计,抑去徽名,用柔敌国,然后太母陛下、皇帝陛下监国于中,抚靖江左,如此则国家大计自为得之。如以臣言为然,乞行下有司,令率文武百僚祈请施行。"贴黄:"臣契勘,伏睹睿圣皇帝方春秋鼎盛,而遽尔退避大位,恐天下四方闻之不无疑惑,万一别生它虞,更乞睿断,详酌施行。"并具因依申尚书省,"伏望朝廷率文武百官力赐祈请,"及具咨目报苗傅、刘正彦:"某久病无聊,日思趋赴行在,缘靳赛人马过平江,平江之人各不安居,守二日夕相守,不容出城。朝夕事毕,即便登途。迩者睿圣皇帝以不忍生灵涂炭之故避位求和,足见圣心仁爱之诚。然当此多难,人主马上图治之时,若睿圣谦冲退避,上无以副宗庙之寄,次无以慰父兄之望,下无以厌四海之心。某曩备员言官日,窃见睿圣皇帝聪明英断,意欲有为,止缘小大臣僚误国至此。某叨窃侍从,盖亦误国之人,乃至过江,事出仓卒。向使将相有人,睿圣岂肯轻发?今太母垂帘,皇帝嗣位,而睿圣乃退避别宫,若不力请,俾圣意必回,与太母分忧同患,共济艰难,中兴之宗未易可图。二公苟不身任此事,人其谓何?当念祖宗二百年涵养之旧,今所恃以存亡,惟睿圣皇帝。况皇帝天资仁厚,从谏如流,愿勉为之,再三恳请,睿圣宜无不允也。"又与柔吉、钧甫书曰:"此事当责在二公。"是日,公再被促赴行在之命。有进士冯辖者,后更名康国。与公为太学之旧,来平江相从。公察辖慷慨气义人也,夜四鼓,呼辖具道所以,且云:"已具奏及移书,今若得一人往面悉此意,大善。"辖激厉请行,诘朝即就道。是日,再以书促颐浩、光世报所处分次序。十三日,以所奏检报诸路,复督颐浩、光世速选精锐来会平江,而张俊再被赴秦州指挥,且命陈思恭总其兵。思恭知逆顺,信用公言,奏不敢交俊兵。十四日,公被命除礼部尚书,将带人马疾速赴行在。公复奏不可离平江状。十五日,傅、正彦遣俱重赍诏书抚谕,且来吴江代张俊。公召重至平江,重初桀骜,以秘计恐之,重逃避。

既而公得请兼领俊兵。有报韩世忠海船到常熟岸者,俊喜曰:"世忠来,事办矣。"即白公。公以书招之,世忠得书号恸。十八日,见公于平江,相对恸哭。世忠曰:"某愿与张俊身任之。"偶甄援自杭来,诡称睿圣面令促诸军。公使遍谕俊、世忠,及至镇江,喻光世及部曲等,众皆号恸。十九日,冯辖至自杭,傅、正彦答公书皆不情语,柔吉、钧甫亦以书来。是日,颐浩、光世报军行。二十日,公大犒俊、世忠将士,令世忠奏以兵归行在,而密戒世忠急至秀据粮道,候大军至。酒五行,公亲呼诸将校至前,厉声问曰:"今日之举,孰顺孰逆?"众皆曰:"我顺贼逆。"公复厉声曰:"若某此事违天悖人,可取某头归苗傅等。闻傅等以观察使及金钜万求某,得某者可即日富贵。不然,一有退缩,按以军法。"众感愤应诺。世忠军自平江舟行不绝者三十里,军势甚振。是时逆党传闻,已自震慑,有改图之意矣。公又恐贼急邀车驾入海道,先遣官属措置召募海船,亦甚集。二十一日,复遣冯辖以书行,且令辖居中凡事相应。会得傅等书云:"朝廷以右丞待侍郎,伊尹、周公之任,非侍郎其谁当之?"公不胜忠愤,度傅等已觉公义兵动,而我兵势既已立,遂因递报之,其略云:"自古言涉不顺谓之指斥乘舆,事涉不逊谓之震惊宫阙。是以见君辂马,必加礼而致恭,盖不如是,无以肃名分、杜僭乱也。废立之事,非常之变,谓之大逆不道。大逆不道者,族矣。凡为人臣者,握兵在手,遂可以责君之细故而议废立,自古岂有是理者哉?今建炎皇帝春秋鼎盛,不闻失德于天下,一旦逊位,岂所宜闻?自处已定,虽死无悔。呜呼！天佑我宋，所以保卫皇帝者历历可数。出质则虏人钦畏而不敢拘，奉使则百姓讴歌而有所属。天之所与，谁能废之？况祖宗在天之灵岂不昭昭，借使事正而或有不测，犹愈于终为不义不忠之人而得罪于天下后世也"。傅等得书怒，遣赤心军及王渊旧部精锐尽驻临平，而韩世忠之军已扼秀州矣。公作蜡丸帛书云："不得惊动圣驾。"募人赍付主兵官左言以下八人及知临安府康允之，皆达。又作手榜遣人间道晓谕临安居民曰："访闻前日睿圣皇帝逊位，军民掩泣，各不聊生，足见军民忠义之情。"

世忠既抵秀州，称病，日令将士造云梯，修弓矢器械。傅、正彦震骇，亟除世忠、俊节度使，指挥略云："世忠、俊深晓内禅大义，不受张某讹误。"二人皆不受命。傅、正彦又令朝廷降指挥谪公，其词曰："张某阴有邪谋，欲危社稷，责授黄州团练副使，郴州安置。仍令平江差兵级防送，经由行在赴贬所。"二十四日，颐浩以兵至，公迓且勉之，握手唏嘘。颐浩亦曰："事不谐，不过赤族。"翌日，光世亦至。二十七日，传檄内外，辞曰："宋有天下垂二百年，太祖、太宗开基创业，真宗、仁宗德泽在民，列圣相传，人心未厌。昨因内侍童贯首开边祸，遂致虏骑历岁侵凌。逆臣苗傅躬犬彘不食之资，取鲸鲵必戮之罪，乃因艰难之际，敢为废立之谋；刘正彦以孺子狂生，同恶共济，自除节钺，专擅杀生。仰惟建炎皇帝忧勤恭俭，志在爱民，闻乱登门，再三慰喻，而傅等陈兵列刃，凶焰弥天，逼胁至尊，苍黄逊位，语言狂悖，所不忍闻。大臣和解而不从，兵卫皆至于掩泣。诏书所至，远近痛心。骇戾人情，孰不愤怒！况傅等揭榜阛市，自称曰余，祖宗讳名，曾不回避，迹其本意，实有包藏。今者吕颐浩因金陵之师，刘光世引部曲之众，张某治兵于平江，韩世忠、张俊、马彦溥各领精锐，辛道宗、陈思恭总率舟师，汤东野、周杞扼据冲要，赵哲调集民兵，刘海、李迫馈饷刍粮，杨可辅等参议军事，并一行将佐官属等，同时进兵，以讨元恶。师次秀州，四方响应。用祈请建炎皇帝亟复大位，以顺人心。今檄诸路州军官吏军民等，当念祖宗涵养之恩，思君父幽废之辱，各奋忠义，共济多艰。所有朝廷见行文字，并是傅等伪命，及专擅改元，即不得施行。敢有违戾，天下共诛之！"二十八日，张俊、光世相继行，闻行在已有复辟之议矣。

初，公遣冯轓授以计策，傅、正彦闻平江之师将至，甚忧恐，轓知可动，即以大义白宰相朱胜非曰："张侍郎之意，盖以国步艰难，政当马上治之。主上盛年，乃传位襁褓之子，听断不出帘帷，天下恐有不测之变。纵主上谦虚，固执内禅之论，此犹有一说焉。主上受渊圣诏，为天下兵马大元帅，今日当以渊圣为主，睿圣称皇太弟，依旧天下兵马大元帅，嗣圣当易称皇太侄。太母垂帘听政，大元帅治兵征伐于外，此最为得策。"胜非令辐与二人议，辐反覆告之，傅、正彦有许意，遂与同议都堂。辐同傅、正彦、钧甫四人并引见，太后劳问曰："卿等皆忠义之臣。"辐遂奏曲折。议定，乞赐傅、正彦铁券，诏宣百官，少顷毕集。宣诏云："二十五日，苗傅、刘正彦等四人上殿奏事，奉圣旨，睿圣皇帝宜称皇太弟，依旧康王、天下兵马大元帅。皇帝宜称皇太侄。"百官退诣睿圣宫，上御殿引见傅、正彦，词色粹然，问劳有加。傅等出宫，以手加额曰："不意圣天子度量如此。"既而傅、正彦归军，逆党张逵曰："赵氏安、苗氏危矣。"王世修尤大悖，三鼓诣胜非府变其事，复欲改正嗣皇依旧，而睿圣之名止称处分天下兵马重事，胜非不能夺。辐次日力争，胜非云："勿与较，其实一也。"辐遂归，而勤王之师已悉至秀州。三十日，公被命同知枢密院，亦不受。四月二日，公次秀州，奉复辟手诏，而傅等大兵屯临平，公进发。三日，次临平，世忠当前，俊次之，光世又次之。逆党立旗招喻世忠等，世忠与战，军小却。世忠亲挥刃突前曰："今日不为官家面上带几箭者斩之！"众争奋，贼党苗翊等大败，傅、正彦相继逃遁。是夕，皇帝圣旨除公知枢密院事。

翌日，公与颐浩等入内朝见，伏地待罪泣，上再三慰劳，宣喻云："曩在睿圣，两宫几不相通。一日，朕方啜羹，小黄门直趋前传太母之命，曰'张浚早来不得已安置郴州'，朕不觉覆羹于手，今其迹尚存。自念卿既被责，此事谁任？"公呜咽奏："臣蒙陛下眷遇之厚，久历台省，不能补助，致虏骑凭凌，祸变窃发。臣之罪大，敢复论功？"上再三称叹，独留公，引入后殿，过宫庭。上宣喻："隆祐皇太后知卿忠义，欲一识卿面目，适垂帘见卿自庭下过矣。"公惶恐，顿首谢。上属意欲倚公为相，公辞晚进，不敢当。盖公意以关陕为中兴根本，欲请行矣。上曰："顾无以见朕意。"解所服玉带，命内侍覆去龙饰，赐公曰："此祖宗御府所宝也。"公重辞元枢之命，诏书曰："卿以小宗伯之职赞天营之事，乃能总合诸师，来赴行在之急，俾奸宄不敢辄肆。威声既振，妖孽宵奔，致朝廷于安平无事之地，卿之功大矣。宜勿复辞。"傅、正彦既败走，与死党直趋闽中。公命世忠以精兵追之，并缚于建州，槛至行在所。及其党左言、张逵、王世修等，伏法建康市。

初，公起义兵，行次嘉禾，一夕坐至夜分，外间警备亦甚严，忽有刺客至前，腰间出文书，乃傅、正彦遣来贼公，赏格甚盛。公顾左右皆鼾睡，见其辞色不遽，问："尔欲何如？"对曰："某河北人，粗知逆顺，岂以身为贼用者？况侍郎精忠大节感通神明，某又安忍害侍郎耶？特见备御未至，恐后有来者，故来相报耳。"公下执其手问姓名，曰："某粗读书，若言姓名，是徼后利。顾有母在河北，今径归矣。"遂拂衣而去，其超捷若神。公翌日取嘉禾死罪囚斩以徇曰："此苗傅等刺客也。"后亦无它。公私识其人状貌，物色之，终不遇云。

盗薛庆啸聚淮甸，兵至数万，附者日众。公以密迩行阙，一有滋蔓，为患不细，且闻庆等无所系属，欲归公麾下，请往示大信以招抚之。渡江而靳赛等率兵降，遂径至高邮，入庆垒，从行者不及百人。出黄榜示以朝廷恩意，庆感服再拜。始，公入贼垒，外间不闻公信，浮言胥动，颐浩等遽罢公枢管。及闻公讫事还，上叹息，即日趣公归，且诏就职。公辞，上抚劳再四，复亲书御制《中和堂》诗赐公，有曰："愿同越勾践，焦思先吾身。"其卒章曰："高风动君子，属意种蠡臣。"仍题其后曰："卿看毕可密藏，恐好议者以朕属意篇什也。"其眷待如此。

公素念国家艰危以来，措置首尾失当，若欲致中兴，必自关陕始。又恐虏或先入陕陷蜀，则东南不复能自保，遂慷慨请行。诏以公充川陕宣抚处置使，便宜黜陟。赐亲笔诏书曰："朕嗣承大统，遭时多艰，夙夜以思，未知攸济。正赖中外有位悉力自效，共拯艰危。今遣知枢密院事张某往喻密旨，黜陟之典，得以便宜施行。卿等其念祖宗积累之勤，勉人臣忠义之节，以身徇国，无贻名教之羞，同德一心，共建隆兴之业，当有茂赏，以答殊勋。"公行有日矣，会御营平寇将军范琼来赴行在。琼自靖康围城与女真通，及京城破，逼胁后妃及渊圣太子宗室入虏中，又乘势剽掠为乱，左右张邦昌，为之从卫，罪状非一。至是闻二凶伏诛，始自豫章拥众入朝。既陛对，恃其众盛，悖傲无礼，多所邀求，且乞贷傅、正彦逆党左言等死。公奏大略云："琼大逆不道，罪冠三千之辟。呼吸群凶，布在列郡，以待窃发。若不乘时显戮，则国法不正，且它日必有王敦、苏峻之患。臣任枢管之寄，今者被命奉使川陕，启行有日，乃心踟蹰。若不尽言，乞伸典宪，死且不瞑。"上深然之，公独与权枢密院检详文字刘子羽密谋，夜召子羽及选密院谨饬吏数辈，作文书札榜皆备，锁吏于府中。翌早，公赴都堂，召琼议事。琼从兵溢涂巷，意象自若。坐定，公数琼罪，琼愕眙，命缚送大理寺。刘子羽已张榜于省门外，亲以圣旨抚劳琼众曰："圣旨罪止琼，余皆御前军也，无所预。"众顿刃应诺。琼论死，兵分隶神武军。自靖康后，纪纲不振，王室陵夷。公首倡大义，率诸将诛傅、正彦，乘舆返正，复论正琼罪，而后国法立，人心服。自武夫悍卒、小儿灶妇、深山穷谷、裔夷绝域皆闻公名，盎然归仰忠义之感，实自此也。

公辟子羽参议军事，遂西行。独念上孤立东南，朝廷根本之计未定，早夜深思，苟有所见，不敢不纳忠，以身在外而不言也。尝奏曰："前日余杭二凶鼓乱，彼岂真恶内侍哉，当此艰危，人情易摇，欲为不顺，借此以鼓惑众听耳。然在我者有隙可指，其事乃作。愿陛下谨之察之，于细微未萌之事每切致意，使奸逆无以窥吾间。"又曰："臣累具奏，谓前此大臣不肯身任国事，意谓事苟差失，众言交攻，取祸必大。惟因循度日，万一得罪而去，亦不过谓庸缪，落职领祠而已。此风误国有素，愿陛下临朝之际，不匿厥指，与大臣决议，继自今必使身任其责，脱或败事，诛罚无赦。"又奏曰："听言之难，自古记之。《书》称先王之盛有曰：'侍御仆从，罔匪正人。'夫仆从之微也，而亦必严择，盖其朝夕在君侧，浸润肤受，言为易入。苟使小人得售，将何所不至？夫小人进谗说以快其私，经营窥测，投隙伺间，固不正名其事、显斥其人也。或因献谈谐之说，或假托市井之论，夤缘附会，其端甚微。人君一或忽之，则忠贤去国，亿兆离心，其祸有不可胜言矣。臣谓欲尽听言之道，莫若亲君子而远小人。不然，虽有过人之聪明，而朝夕所狎近者既皆非类，渐渍以入，其能无过听之失乎？"又奏曰："自古大有为之君，未有不体乾刚健而能成其志者也。《易》曰：'天行健，君子以自强不息。'人君法天，莫大于此。少康氏有田一成，有众一旅，而夏后之业复振，盖其经营越四十年。向使其间一萌退缩之意，则王业无自而兴矣。汉高帝困于鸿门，屏于巴蜀，败于荥阳京索间，屡挫而愈不屈，终灭项氏以启汉基。此二君者，岂非刚健不息而卒能配天乎？今日祸变可谓极矣，意者天将开中兴之基,在陛下体乾之刚,身任天下而已。愿陛下以至公至诚存心,恻怛哀矜,思天下之所以困穷,生民之所以涂炭,自反自咎,身任其责,便佞之惑耳者去之,美丽之悦目者远之,以至于衣服饮食,亦惟菲薄之务,淡然漠然,视天下无足以动吾心者,而专以宗社生灵为念。苟言之非有益于宗社生灵者弗言也,苟思之非有益于宗社生灵者弗思也,持之以坚,行之以久,乾乾不息,则上可以动天,下可以格人。由近及远,由内及外,民虽至愚,岂不感化?少康、汉祖之事业又何难哉?臣于陛下分则君臣,情则父子,故虽远去天威,而区区爱君之心不敢不思所以自效。"上手书赐公曰:"卿自离阙,曾未几时,奇画深规、忠言谠论著之简牍,已三上矣。虚怀领览,嘉叹不忘。"时渡江大赦,独李纲以言者论列,贬海外不放还。公论奏逆党如吴开、莫俦顾反得生归,纲虽轻疏,亦尝为国任事,乃不得叙,天下谓何?上用公奏,纲得内徙。始,公尝论纲罪,至是独为伸理,其用心公明,无私好恶类如此云。

公自七月离行在,经历长江,上及襄汉,与帅守监司议储蓄之宜以待临幸。先是,上问公大计。公请身任陕蜀之事,置司秦川,而乞别委大臣韩世忠镇淮东,令吕颐浩扈驾来武昌,张俊、刘光世等从行,与秦川首尾相应。朝廷议既定,公行。未及武昌,而江浙士夫摇动颐浩,遂变初议。公以十月二十三日抵兴元,奏曰:"窃见汉中实天下形势之地,臣顷侍帷幄,亲闻玉音,谓号令中原,必基于此。臣所以不惮万里,捐躯自效,庶几奉承圣意之万一。谨于兴元理财积粟,以待巡幸。愿陛下銮舆早为西行之谋,前控六路之师,后据两川之粟,左通荆襄之财,右出秦陇之马,天下大势,斯可定矣。"始,公未至,虏已陷鄜延,鄜延帅郭浩寄治德顺军。虏骁将娄宿孛堇于九月二十九日引大军渡渭河,犯永兴,知军郭琰遁去。虏兵四掠,而诸帅方互结怨仇,不肯相援,人心皇皇。公到才旬日,即出行关陕,复奏请早决西来之期,以系天下心。至陕,访问风俗,罢斥奸赃,而尤以搜揽豪杰为先务,一时气义拳勇之士争集麾下。吴玠及其弟璘素负才略,求见公,愿自试。公与语,奇之。时玠方修武郎,璘尚副尉,公奖予,不次擢用,命玠为统制,璘领帐前亲兵,皆感激,誓以死报。诸帅亦慴息听命。

会谍报虏将寇东南,公即命诸将整军向虏,使娄宿不得下。已而虏果大入。寇江淮,车驾浮海东征。四年二月,公以虏势未退,治兵入卫。

· 150 ·

未至襄汉，遇德音，知虏既北归矣，乃复还关陕。奏曰："陛下果有意于中兴之功，非幸关陕不可。愿先幸鄂渚，臣当纠率将士奉迎銮舆，永为定都大计。"又奏曰："臣窃惟国家不竞，患难荐臻，夷虏凭凌，海宇腾沸。二圣久征于远塞，皇舆未复于中原。而敌国交兵，方兴未艾。郡邑半陷于贼手，黎元悉困于涂泥。自古祸乱所钟，罕有若此之比。必欲昊穹悔祸，氓庶获安，自非君臣之间更相勉励，痛心尝胆，修德著诚，大诛奸邪，顿革风俗，亲君子、远小人，去谗佞、屏声色、简嗜欲、崇节俭，则曷以上应天变，下怀民心？四海黔黎，殊未有休息之日也。若昔黄帝遭蚩尤之乱，大禹罹洪水之灾，卒能平夷，终归安治者，正以君臣上下苦心劳形，杜邪枉之门，开公正之道，天人响应，遐迩协谋，故能平难平之寇，成不世之绩。"上手书报公以虏退衄状，且曰："卿受命而西，大恢远略，布朝廷之惠意，得将士之欢心。积粟练兵，兴利除害，去取皆当，黜陟惟公。而又雅志本朝，嘉猷屡告。眷惟忠恳，实副倚毗。"是月，虏大酋粘罕复益二万骑，声言必取环庆路。公率诸将极力捍御，虏势屡挫，生擒女真及招降契丹燕人甚众。

时闻兀术犹在淮西，公惧其复扰东南，使车驾不得安息，事几有不可测者，即谋为牵制之举。始公陛辞，上命公三年而后用师进取。至是上亦以虏欲萃兵寇东南，御笔命公宜以时进兵，分道由同州、鄜延以捣虏虚。公遂决策治兵，移檄河东问罪。八月十三日，收复永兴军。虏大恐，急调大酋兀术等由京西路星夜来陕右，以九月二十间与粘罕等会，而五路之师亦以二十四日至耀州富平大战。泾原帅刘锜身率将士先薄虏阵，自辰至未，杀获颇众。会环庆帅赵哲擅离所部，哲军将校望见尘起惊遁，而诸军亦退舍。公斩哲以徇，退保兴州。时陕右兵散，各归本路宣抚司，独亲兵实从官属。有献议退保夔州者，公坚驻不动，以扼虏冲，独参议刘子羽毅然与公意合。乃劾异议者，遣子羽出关召诸将，收散亡。将士知宣司在兴州，皆相率会子羽于秦亭，凡十余万。公哀死问伤，录善咎己，人心悦焉。乃命吴玠聚泾原兵，据高扼险于凤翔之和尚原，守大散关，断贼来路。命关师古等聚熙、河兵于岷州大潭一带，命孙渥、贾世方等聚泾原凤翔兵于阶、成、凤三州以固蜀口。虏见备御已定，轻兵至辄败，不敢近。公上疏待罪，上手书报公曰："卿便宜收合夷散，养锐待时，但能据险坚壁，谨守要害，既以保固四州之地，又能牵制南下之师，则惟卿之赖。"公奉诏，益厉诸将严备待虏。

绍兴改元五月，虏酋乌鲁却统大兵来攻和尚原，吴玠乘险击之，虏败走。三日间，连战辄胜，虏逗留山谷，人马死亡十之四。八月，粘罕在陕西病笃，召诸大酋，谓曰："吾自入中国，未尝有敢婴吾锋者。独张枢密与我抗，我在犹不能取蜀，尔曹宜息此意，但务自保而已。"兀术出而怒曰："是谓我不能耶？"粘罕死，即合兵来寇。九月，亲攻和尚原。吴玠及其弟璘与合战，出奇邀击，大破之，俘馘酋领及甲兵以万计。兀术仅以身免，亟自髡剃须髯，狼狈遁归，得其麾盖等。自虏入中国，其败衄未尝如此也。

先是，上以公奉使陕右，捍御大敌，制加公通奉大夫。公念自靖康中召赴京师，更历变故，出身为国，违去太夫人色养于兹七年，乃奏迎太夫人自广汉来阆中版舆就养。又思所以悦母意，遂乞以通奉恩命特封外祖父母。优诏许焉。二年，上谓公未至西方时，虏已陆梁，蹂践关陕。及引师而归，势诚不敌。而保护冲要连挫大敌，蜀赖以全。聚兵至十五万，勤劳备至，制加公检校少保，定国军节度使，赐手书曰："朕非敢决取秦穆之效，而卿自修孟明之政，是用夙夜叹嘉。今遣内侍任源往宣旨。"源归，公附奏谢，且密奏曰："天下之事每当谨微，一失于初，末不可救。夫莫显者，微也。常情谓为微而忽之，明智以其著而谨之。唐元宗惑女色而致禄山之祸，宪宗任内侍而启晚唐之祸，其初二君之心皆以为微而不加察也。孰知其贻害之烈至此哉？愿陛下于事之微每深察焉，则天下幸甚。"是岁，公亦遣兄滉及官属奏事行在所，上喜，恩意有加。

公在关陕凡三年，以新集之军当方张之虏，早夜勤劳，亲加训辑，其规模经画，皆为远大恢复之计。以刘子羽为上宾，子羽忠义慷慨，有才略，诸将归心。任赵开为都转运使，开善理财，治茶盐酒法，方用兵，调度百出而民不加赋。擢吴玠为大将，守凤翔。玠每战辄胜，虏不敢近。而西北遗民闻公威德，归附日众，于是全蜀按堵，且以形势牵制东南，江淮亦赖以安。然公承制黜陟，悉本至公，虽乡党亲旧无一毫假借，于是士大夫有求于宣司而不得者，始纷然起谤议于东南矣。有将军曲端者，建炎中任副总管，逼逐帅臣王庶，夺其印，又方命不受节制。富平之役，张忠彦等降虏，皆端腹心，实知其情。公送狱论端死，而谤者谓公杀端及赵哲为无辜，且任刘子羽、赵开、吴玠为非是，朝廷疑之。三年春，遂遣王似来副公。公闻即求去，且论吴玠、刘子羽有功于蜀，不应一旦以似加其上。公虽累乞去，而以负荷国事至重，未尝少忘警备。会虏大酋撒离喝及刘豫叛党聚大兵自金商入寇，公命严为清野之计，分兵据险，前后挠之。虏至三泉，掠无所得，乏食，狼狈引遁。大军蹑之，人马死曳满道，所丧亡不减凤翔时。是时公累论奏王似不可任，而似与宰相吕颐浩有乡里亲戚之旧，颐浩不悦。又或告朱胜非以公唱义平江时尝有斩胜非语，胜非阴肆谤毁，诏公赴行在。公力求外祠，章至十数上，上弗许。

四年二月，至行在。御史中丞辛丙尝知潭州，公在陕时，调丙发潭兵赴湖北，丙怯懦不能遣，反鼓唱军士，几致生变。公奏劾丙，且令提刑司取勘，丙憾。至是遂率同列劾公，诬以危语。始，公在陕，尝以秦州旧驿秦川馆为学舍，以待河东、陕西失职来归之士，给以衣食，令一人年长者主之。又新复州郡乞铸印，请于朝廷，往返动经岁，恐失事机，即用便宜指挥铸以给之，然后以闻。而丙谓公设秘阁以崇儒，拟尚方而铸印。公初彼命还阙，奏归上冢，取道东蜀夔峡，庶几安远近之心。而吕颐浩又以书来言，若一离川陕，事有意外，谁任其责？宜以事实告上，万一欲尚留宣司，当为开陈如请，公不顾也。而丙反谓公不肯出蜀，意有他图。公恐惧，亟以颐浩书进呈。上始愕然，即诏宣押奏事。公竟移疾待罪，而论者亦不已。六月，遂以本官提举临安府洞霄宫，福州居住。

公知虏既释川陕之患，必将复萃师东南，不敢以得罪远去而不言。且是时朝廷已盛讲和好之议，乃具奏曰："臣窃观此虏情状，专以和议误我，亦云久矣。彼势蹙即言和，势盛即复肆，前后一辙，请姑以近事明之。"绍兴三年秋，粘罕有亲寇蜀之意，先遣王伦还朝，且致勤恳。盖惧朝廷大兵乘彼虚隙，又其为刘豫之计，至委曲周悉也。自后九月，余睹作难，前谋遂寝。至十二月，余睹之难稍息，则复大集番汉之众，径造梁、洋。是时朝廷已遣潘致尧出使矣。次年二月，虏困饶风，进退未皇。先是，朝廷开都督府，议遣韩世忠直抵泗上，虏实畏之。于四月遣致尧还。其辞婉顺，欲邀大臣共议，此非无所忌惮而然也。梁、洋之寇未能出境，至五月而后得归，既狼狈矣，而世忠大兵寻复辍行。虏之气力固已复苏，而叛豫之心亦云舒缓，所以前日使人之来，求请不一，故为难从之事也。窃惟此虏倾我社稷，坏我陵寝，迫我二帝，驱我宗室百官，

· 153 ·

自谓怨隙至深，其朝夕谋我者不遗余力矣。况刘豫介然处于其中，势不两立，必求援于虏。借使暂和，心实未已。数年之内，指摘他故，岂无用兵之辞？而我将士率多中原之人，谓和议既定，不复进取，将解体思归矣。若谓今日不得已而与之通使为陛下之权，敌亦固能用权也。愿陛下早夜深思，益为备具，处将士家属于积粟至安之地，使出为战守者无返顾奔散之忧；精择奇才以抚川陕之师，使积年戍边者无懈惰怀望之意；江淮、川陕互为牵制，斥远和议，用定大业。臣奉使川陕，窃见主兵官除吴玠、王彦、关师古累经拔擢，备见可任外，其余人才尚众，谨开具如左："吴璘、杨政可统大兵，田晟可总一路，王宗尹、王喜、王彦可为统制。"后皆有声，时服公知人。

公即日赴福州，从者皆去，肩舆才两人。既至，阖门以书史自娱。是岁九月，刘豫之子麟果引虏大兵由数路入寇，腾言侮慢，上下惧。上思公前言之验，罢宰相朱胜非，而参知政事赵鼎亦建请车驾幸平江，召公任事，遂以资政殿学士提举万寿观，兼侍读召，不许辞免，日下起发。手书赐公曰："卿去国累月，未尝弭忘，考言询事，简在朕心。想卿志在王室，益纡筹策，毋庸固辞，便可就道，夙夜造朝，嘉谋嘉猷，仵公入告。"金书疾置，络绎于道，公即日行，中途条具战守之宜甚悉。且乞先遣岳飞渡江入淮西张声势，以牵制虏大兵在淮东者。以十一月十四日入见，玉音抚劳，加于畴昔。即日复除公知枢密院事。

公奏曰："人道所先，惟忠与孝；一亏于己，覆载不容。自昔怀奸欺君，妒贤卖国，当时闾巷细民，莫不深怨嫉愤，恨不食其肉者。至若一心事上，守正尽忠，虽天下后世，皆知企慕称叹，思见其人焉。盖理义人心之所同，故好恶不期而自定。臣以区区浅薄之质，幼被家训，粗知义方，平居立身，以此自负。偶缘遭遇，寖获使令。陛下任之太专，待之过厚，而有怨于臣者攻毁之备至，有求于臣者责望之或深。上赖圣智，保全微踪。臣奉使无状，岂不自知？至于加臣于大恶之名，陷臣于不义之地，隳臣子百世之节，贻孀亲万里之忧，言之呜咽，痛愤无已。今陛下察其情伪，保庇孤忠，许以入侍，旋擢枢管，在臣毁首碎身，无以论报。然而公议之所劾，训词之所戒，传之天下，副在史官，臣复何颜敢玷近列？"上亲书诏曰："张浚爱君忧国，出于诚心。顷属多艰，首唱大义，固有功于王室，仍雅志于中原。谓关中据天下之上游，未有舍此而能兴起者，乘虏百胜之后，慨然请行。究所施为，无愧人臣之义；论其成败，是亦兵家之常。矧权重一方，爱憎易致；远在千里，疑似难明。然则道路怨谤之言，与夫台谏风闻之误，盖无足怪。比复诏浚，置之宥密，而观浚恐惧怵惕，如不自安，尚虑中外或有所未察欤？夫使尽忠竭节之臣，怀明哲保身之戒，朕甚愧焉！可令学士院降诏，出榜朝堂。"时太史局占明年当日食正旦，公奏曰："臣闻太史推测天象，以来年正月之旦日有食之。臣窃惟天之爱人君，必示以灾变，使之恐惧修省，勉求为治。人主修德畏天，则天心眷佑，享国无穷。如其怠忽不省，归之时数，祸有不可胜言者矣。然而应天之道在实不在文，当求之于心，考之于行，心有未至者勉之，行有不善者改之，如天之无不公，如天之无不容，如天之至诚无私而不失其信，则何忧乎治道之不兴，何患乎贤才之不至哉！"

公既受命，即日赴江上视师。时大酋兀术拥兵十万于维扬，朝廷先遣魏良臣、王绘奉使军前。还，夜与公逮于中涂，公问以虏事及大酋问答。良臣、绘谓虏有长平之众，且喻良臣等当以建州以南王尔家，为小国，索银绢犒军，其数十万。又约韩世忠克日过江决战。公密奏：使人为虏恐怵，朝廷切不可以其言而动，及不须令更往军前，恐我之虚实反为虏得。上然之。公遂疾驱临江，召大帅韩世忠、张俊、刘光世与议，且劳其军。将士见公来，勇气十倍。既部分诸将，遂留镇江节度之。令韩世忠移书兀术，为言张枢密已在镇江。初，虏谍报公得罪远贬，故悉力来寇。至是，兀术问世忠所遣麾下王愈："吾闻张枢密贬岭外，何得已在此？"愈出公所下文书，兀术见公书押，色动，即强言约日当战。公再遣愈以世忠书往问战期，愈回一日，而虏宵遁，士马乏食，狼狈死者相属。遣诸将追击，所俘获甚众。上遣内侍趣公赴行在所。五年二月十二日宣制，除公宣奉大夫、尚书右仆射、同中书门下平章事兼知枢密院事，都督诸路军马，而赵鼎除左仆射。

先是，公在川陕，念上继嗣未立，以绍兴元年八月十五日上奏曰："臣荷陛下恩德之厚，事有干于宗庙社稷大计，臣知而不言，谁敢为陛下言者？惟陛下察其用心，贷以万死。臣恭惟陛下自即位以来，念两宫倚托之重，夙夜忧勤，不近声色，不事玩好，是宜天地感格，祖宗垂祐，受福无穷，决致中兴。臣之区区，亦冀依日月之末光，获保终年，少效补报。臣窃见西汉之制，人君即位，首建储嗣，所以固基本、属人心。臣愿陛下时诏大臣讲明故事，仍先择宗室之贤，优礼厚养，以为藩屏。"至是入谢，复陈："宗社大计，莫先储嗣。虽陛下圣德昭格，春秋方盛，必生圣子，惟所以系天下之心，不可不早定议。"上首肯久之，乃云："宫中见养二人，长者艺祖之后，年九岁，不久当令就学。"公出见赵鼎都堂，相与仰叹圣德久之。自是与鼎益相勉厉，同志协谋，以为为治之要，必以正本澄源为先务。诚能陈善闭邪，使人君无过举，则国势尊安，丑虏自服。是以进见之际，于塞幸门、抑近习尤谆切致意焉。尝奏曰："王者以百姓为心，修德立政，惟务治其在我，则大邦畏其力，小邦怀其德，天下舍我将安归哉？固不徼幸于近绩也。仰惟陛下躬不世之资，当行王者之事，以大有为。正心以正朝廷，正朝廷以正百官，正百官以正万民。国势既隆，强虏自服，天下自归。"因书王朴《平边策》以献，上嘉纳焉。又奏："臣昨奉清光，窃见陛下于君子小人之际反覆详究，退自庆幸，以为治道之本，莫大夫辨君子小人之分。圣意孜孜于此，宗社生灵之福也。昔唐李德裕言于武宗曰：'邪正二者，势不相容。正人指邪人为邪，邪人亦指正人为邪，人主辨之甚难。臣以为正人如松柏，特立不倚，邪人如藤萝，非附他物不能自起。'臣尝推类而言之，君子小人见矣。大抵不私其身，慨然以天下百姓为心，此君子也；谋身之计甚密，而天下百姓之利害，我不顾焉，此小人也。志在于为道，不求名而名自归之，此君子也；志在于为利，掠虚美、邀浮誉，此小人也。其言之刚正不挠，无所阿徇，此君子也；辞气柔佞，切切然伺候人主之意于眉目颜色之间，此小人也。乐道人之善，恶称人之恶，此君子也；人之有善，必攻其所未至而掩之，人之有过，则欣喜自得如获至宝，旁引曲借，必欲开陈于人主之前，此小人也。难进易退，此君子也；叨冒爵禄，蔑无廉耻，此小人也。臣尝以此而求之君子小人之分，庶几其可以概见矣。小人在位，则同于己者誉之以为君子，异于己者排之以为小人，不顾公议，不恤治乱，不畏天地鬼神，是以自崇、观以来以至今日，有异于己者而称其为君子乎？臣以为必无之也。彼其专为进身自营之计，故好恶不公，以至于忘身忘家，乱天下而莫之悔。惟陛下亲学问、节嗜欲，清明其躬，以临照百官，则君子小人之情状又何隐焉？"

上还临安，公留相府。未阅月，复出江上劳军。至镇江，召韩世忠亲喻上旨，使举军前屯楚州以撼山东。世忠欣然受命，即日举军渡江。公至建康抚张俊军，至太平州抚刘光世军，军士无不踊跃思奋。时巨寇杨幺据洞庭重湖，朝廷屡命将讨之，不克。公念建康东南都会，而洞庭实据上流，今寇日滋，壅遏漕运，格塞形势，为腹心害，不先去之，无以立国。然寇阻重湖，春夏则耕耘，秋冬水落则收粮于湖寨，载老小于泊中，而尽驱其众四出为暴。前日朝廷反谓夏多水潦，屡以冬用师，故寇得并力而我不得志。今乘其怠，盛夏讨之，彼众既散，一旦合之，固已疲于奔命，又不得守其田亩，禾稼蹂践，则有秋冬绝食之忧，党与必携，可招来也。虽已命岳飞往，而兵将未必谕此意，或逞兵杀戮，则失胜算，伤国体。遂具奏请行，上许焉。

公在道，念国家任事不顾身者常遇祸，而畏避崇虚誉者常获福，以为国之大患，奏曰："今未有疾于此，正在膏肓，庸医畏缩，方且戒以勿吐勿下，姑进参苓而安养之，虽终至于必死，主人犹以为爱己也。乃若良医进剖胸洗肠之术，旁观骇愕，指以为狂。至其疾良已，尚不免于轻试之谤。自古掠美附众者得誉常多，而骨鲠当权者负谤常重。澶渊之役，寇准决策亲征，功存社稷。事定之后，奸臣乃谓其轻弃万乘。今合天下之力，以诛天下之不义，虽汤武复生，亦必出此。而顾乃为恐惧顾虑之计，何由而事功可集哉？"盖公所以自任者始终如此，故每因事为上言之。

行至醴陵，狱犴数百人，尽杨幺遣为间探者，帅席益传至远县囚之。公召问，尽释其缚，给以文书，俾分示诸寨曰："尔今既不得保田亩，秋冬必乏食，且馁死矣。不若早降，即赦尔死。"数百人欢呼而往。五月十一日至潭州，于是贼寨首领黄诚、周伦先请受约束。然诚等屡尝杀招安使命，犹自疑不安。公遣岳飞分兵屯鼎、澧、益阳，压以兵势，其党大恐，相继约日来降，丁壮至五六万，老弱不下二十万。公一切以诚信抚之。六月，湖寇尽平，乃更易郡县奸赃吏，宣布宽恩。上手书赐公曰："览奏，知湖寇已平。非卿孜孜忧国，不惮勤劳，谁能宽朕忧？顾奏到之日，中外欢贺，万口一词，以谓上流既定，而川、陕、荆、襄形势接连，事力增倍。天其以中兴之功付之卿乎！"于是公奏遣岳飞之军屯荆、襄，图中原，遂率官属吏兵泛洞庭而下。时重湖连年舟楫不通，公舟始行，风日清夷，父老叹息，以为变残贼呻吟之区为和气也。

· 157 ·

始，公定议令韩世忠屯承楚，于高邮作家计。及公出征而廷议中变，公复请去。上悟，优诏从公初计。公既两发储嗣之议，至是闻建资善堂，皇子出就傅，喜不自胜，以为当以择师傅为先。遂具奏，荐起居郎朱震、秘阁修撰范冲可任训导之选。公虽在外，常以内治为忧，每有见辄入奏。其一谓："自昔人君命相，与之讲论天下大计，次第而施行之，故日积月累，成效可必。譬之营室，先度基址，次定规模，付诸匠者，以责其实。一有不合，安可轻委？自建炎以来，陛下选用大臣，未知责以何事，而大臣进说于陛下，未知何以奉诏。臣但见一相之人，引进亲旧，报仇复怨，以行其私意而已。欲望国家之治安，其可得乎？"其二谓："祖宗置台谏，本虑夫军民之利害、人才之善恶、官吏之能否，庙堂不能尽见而周知，台谏得以风闻而论列。不幸大臣不得其人，则台谏力争明辨以去之耳。今乃不然，阴肆揣摩，公为反覆，或伺候人主之意，或密结大臣之私，捃摭细故，以示其公。人主不可以不察也。"其三谓："祖宗时，郎曹之选非累历亲民不以授，自台阁而为守贰者十尝七八，盖使之更历世故，谙晓民情，养成其材，以备任使。今则不然，事口记者可至言官，弄文采者皆升馆职，日进月迁，骤窃要位。一居京局，视州县为冗官。故有为大臣而不知民情之休戚，财用之盈虚、军政之始末者，有为侍从而不知州县所宜施行者，况责以任天下大计哉！"上嘉纳焉。

公自岳、鄂转淮西、东，诸将大议防秋之宜，直至承楚，伪境震动。上念公久劳于外，遣中使赐手书促归，制除公金紫光禄大夫。公力辞至四五乃许。特封公母计氏秦国夫人，赐公兄滉紫章服及五品服二人，官公亲属两人。公以十月十一日至行在，上劳问曰："卿暑行甚劳，然湖湘群盗既就招抚，以成朕不杀之仁，卿之功也。"公顿首谢曰："陛下误知，使当重任，故臣得效愚计。"上亲书《周易》《否》、《泰》卦以赐焉。公奏："自古小人倾陷君子，莫不以朋党为言。夫君子引其类而进，志在于天下国家而已。其道同，故其所趋向亦同，曾何朋党之有？惟小人则不然，更相推引，本图利禄，诡诈之踪，莫可迹究。或故为小异以弥缝其事，或内外符合以信实其言。人主于此何所决择而可哉？则亦在夫原其用心而已矣。臣尝考《泰》之初九'拔茅茹以其汇，征'，而《象》以为'志在外'，盖言其志在天下国家，非为身故也。《否》之初六'拔茅茹以其汇，贞'，而《象》以为'志在君'，则君子连类而退，盖将以行善道而未始忘忧国爱君之心焉。观二爻之义而考其用心，则朋党之论可以不攻而自破矣。臣又观否泰之理，起于人君一心之微，而利害及于天下百姓。方其一念之正，其画为阳，泰自是而起矣；一念之不正，其画为阴，否自是而起矣。然而泰之上六，三阴已尽，复变为阳，则小人在外而泰之所由以生焉。当今时适艰难，民坠涂炭，陛下若能日新其德，正厥心于上，臣知其将可以致泰矣。异时天道悔祸，幸而康宁，则愿陛下常思其否焉。"

上尝召公独对便殿，问所宜为。公退奏曰："臣窃惟二帝皇族远处沙漠，忧愤无聊与夫轻侮受辱，可想而见也。尚忍言之哉！臣尝屈指计之，如此者盖三千昼夜矣。虎狼用意，实欲摧折而消磨之也。虽然，此尚以陛下总师于南耳。异时或一有差跌，其祸可胜言乎？今事虽有可为之几，理未有先胜之道。盖兵家之事，不在交锋授战然后胜负可分，要在得天下之心，则士气百倍，虏叛归服。虽然，是岂可以声音笑貌为哉？心念之间，一毫有差，四海共知。今使天下之人，皆曰吾君孝弟之心须臾不忘，寝食之间父兄在念，当思共为陛下雪仇矣。皆曰吾君之朝君子在位，小人屏去，侍御仆从罔匪正人，谮说不行，邪言不入，市井之谈不闻，道义之益日至，则内外安心，各服其职，而有才智者悉思尽其力矣。皆曰吾君弃珠玉，绝弄好、轻犬马、贱刀剑，金帛之赏不以予幸，惟以予功，则上下知劝矣。以至吾君言动举措俱合礼法，至诚不倦，上格于天，则望教化之可行矣。如是则将帅之心日以壮，士卒之心日以奋，天下百姓之心日以归。夷狄虽号荒服，然非至若禽兽也。闻陛下之盛德，知中国之理直，则气折志丧，小大虽异，战必不力，众必不同，则陛下何为而不可成乎？或有不然，疑似之说毫发著见，天下之人口不敢言而心敢怒，异日事乖势去，祸乱立作，如覆水之不可救也。盖隙见于此则心生于彼，不易之道，自古为君之难，非特今日也。一言之失，一行之非，或失色于人，或失礼于人，或一小人在侧，便足以致祸致难，起戎起兵。前日明受之变，大逆之徒陈兵阙下，旁引他辞，其监不远也。为人上者，其可不兢畏戒惧耶！"其警戒深切如此。上皆嘉纳，且命公以所见闻置策来上。公承命条列以进，号《中兴备览》，凡四十一篇。立国之本，用兵行师之道，君子小人之情状，驾驭将帅之方，均节财用之宜，听言之要，待近习之道，以至既往之得失，郡县之利病，莫不备具。上深嘉叹，置之坐隅。六年正月,上谓公曰:"朕每以事几难明,专意精思,或达旦不寐。"公奏曰:"陛下以多难之际,两宫幽处,一有差失,存亡所系,虑之诚是也。然臣尝闻之,听杂则易惑,多畏则易移,以易惑之心行易移之事,终归于无成而已。是以自昔君人者修已正心,惟使仰不愧于天,俯不怍于人,持刚健之志,洪果毅之实,为所当为,曾不它恤。陛下聪明睿知,灼知古今,苟大义所在,断以力行,夫何往而不济乎?臣愿万机之暇保养天和,澄静心气,庶几利害纷来不至疑惑,以福天下,以建中兴。"

公以虏势未衰,而叛臣刘豫复据中原,为谋叵测,不敢皇宁处于朝,奏请亲行边塞,部分诸将,以观机会。上许焉,即张榜声豫僭逆之罪,以是月中旬启行。公谓:"楚汉交兵之际,汉驻兵敖渑间,则楚不敢越境而西。盖大军在前,虽有它岐捷径,敌人畏我之议其后,不敢逾越而深入也。故太原未陷,则粘罕之兵不复济河,亦以此耳。论者多以前后空缺,虏出它道为忧,曾不议其粮食所自来,师徒所自归。不然,必环数千里之地尽以兵守之,然后为可安乎?"既以此告于上,又以此言于同列,惟上深以公言为然。至江上,会诸帅议事,命韩世忠据承楚以图淮阳,命刘光世屯合肥以招北军,命张俊练兵建康,进屯盱眙,命杨沂中领精兵为后翼佐俊,命岳飞进屯襄阳以窥中原。形势既立,国威大振。上遣使赐公御书《裴度传》以示至意。公于诸将中尤称韩世忠之忠勇,岳飞之沉鸷,可倚以大事。世忠在楚州时入伪地,叛贼颇聚兵。世忠渡淮击败之,直引兵至淮扬而还,士气百倍。上手赐书公曰:"世忠既捷,整军还屯,进退合宜,中外忻悦。每患世忠发愤直前,奋身不顾,今乃审择利便,不失事机,亦卿指授之方。卿宜明审虚实,徐为后图,或遣岳飞一窥陈蔡,使贼支吾不暇,以逸待劳。"时飞母死,扶护葬庐山。公乞御笔敦趣其行,飞奉诏归屯。

公身任辅相,虽督军在外,朝廷有大差除,不容不预议。而孟庾除知枢密院,及高世则除节度使,皆不知始末。具奏,以为如此则臣不当在相位。上亲笔喻指焉。公以东南形势莫重建康,实为中兴根本。且人主居此,则北望中原,常怀愤惕,不敢自暇自逸。临安僻居一隅,内则易生安肆,外则不足以号召远近,系中原之心。奏请车驾以秋冬临建康抚三军,以图恢复。公又渡江遍抚淮上诸屯,属方盛暑,公不惮劳,人人感悦。时防秋不远,公以方略谕诸帅,大抵先图自守以致其师,而乘几击之。六月,制加公食邑、食实封。时公所遣人自燕山回,知徽宗皇帝不豫,又闻钦宗皇帝所贻虏酋书,奏曰:"臣近得此信,不胜臣子痛切愤激之情。仰惟陛下处天子之尊,遭父兄之变,圣怀恻怛,勤切于中,固不止坐薪尝胆也。臣愿陛下至诚刚健,勉强有为,成败利害,在所不恤。彼藉姑息之论,纳小忠之说者,为一己妻孥计耳。使天有志于中兴,陛下奋然决为,躬冒矢石,事无不济。使天无意乎中兴,陛下虽过为计虑,以图一身之安,曾何补于事乎?但当尽其在我,一听天命而已。况夫孝弟可以格天,仁厚可以得民,推此心行之,臣见其福,不见其祸也。"七月,有诏促公入觐。八月至行在,时张俊军已进屯盱眙,三帅鼎立,而岳飞遣兵入伪地,直至蔡州,焚其积聚,时有俘获。公力陈建康之行为不可缓,朝论同者极鲜,惟上断然不疑。车驾以九月一日进发,逮至平江,公又请先往江上。

谍报叛贼刘豫及其侄猊挟虏来寇,公奏虏疲于奔命,决不能悉大众复来,此必皆豫兵。公既行,而边遽不一,大将张俊、刘光世皆张大贼势,争请益兵,自赵鼎而下,莫不恟惧。至欲移盱眙之屯,退合肥之师,召岳飞尽以兵东下。公独以为不然,以书戒俊、光世曰:"贼豫之兵以逆犯顺,若不尽剿,何以立国?平日亦安用养兵为?今日之事,有进击无退保。"时杨沂中为张俊军统制,公令沂中往屯濠梁,且使谓之曰:"上待统制厚,宜及时立大功,取节钺。或有差跌,某不敢私。"诸将悚惧听命。公至江上,知来为寇者实刘麟兄弟,豫封麟淮西王,兵凡六万人。寇已渡淮南,涉寿春,逼合肥。公调度既已定矣,而张俊请益兵之书日上,刘光世亦欲引兵退保。刘豫又令乡兵伪胡服,于河南诸州十百为群,由此间者皆言处处有虏骑。赵鼎及签书枢密院事折彦质惑之,移书抵公至七八,坚欲飞兵速下。又拟条画项目,乞上亲书付公。大略欲俊、光世、沂中等退师善还,为保江之计,不必守前议。公奏:"俊等渡江则无淮南,而长江之险与虏共矣。淮南之屯正所以屏蔽大江,向若叛贼得据淮西,因粮就运,以为家计,江南其可保乎?陛下其能复遣诸将渡江击贼乎?淮西之寇,正当合兵掩击,令士气益振,可保必胜。若一有退意,则大事去矣。又岳飞一动,则襄汉有警,复何所制?愿陛下勿专制于中,使诸将不敢观望。"上手书报公曰:"朕近以边防所疑事咨问于卿,今览卿奏，措置方略、审料敌情条理明甚，俾朕释然，无复忧顾。非卿识虑高远，出人意表，何以臻此？"是时内则庙堂，外则诸将，人人畏怯，务为退避自全之计。虽公远策之忠始终不贰，然握兵在外，间隙易生，向非主上见几之明，不惑群议，则诸将必引而南，大势倾矣。及奉此诏，异议乃息，而诸将亦始为固守计。既而贼大张声势于淮东，阻韩世忠承楚之兵不敢进，杨沂中亦以十月四日抵濠州。公闻光世已舍庐州而南，淮西人情恟动，星夜疾驰至采石，遣谕光世之众曰："有一人渡江，即斩以徇。"光世闻公来采石，大恐，即复驻军，与沂中接连相应。刘猊分麟兵之半来攻沂中。是月十日，沂中大破猊于藕塘，降杀无遗。猊仅以身免，麟拔寨遁走，虏获甚众，得粮舟四百余艘。

于是公奏车驾宜乘时早幸江上，上赐手书曰："贼豫阻兵，枭雏犯顺，夹淮而阵，侵寿及濠，卿奖率师徒，分布要害，临敌益壮，仗义直前，箕张翼舒，风驰电扫，遂使凶渠宵遁，同恶自焚，观草木以成兵，委沟壑而不顾。昔周瑜赤壁之举，谈笑而成；谢安肥上之师，指挥而定。得贤之效，与古何殊？寤寐忠勤，不忘嘉叹。"公奏曰："逆雏远遁，尚稽授首之期；金寇方强，未见息戈之日。臣之罪大，何所逃刑？愿陛下念十年留滞之非，叹双驭还归之晚，傥为民而劳己，当有神以相身。无使自谋择利之言，得惑至高无私之听。"又上奏以"贼臣迩者辄入边塞，今虽胜捷，而渠魁遁去，杀戮虽众，亦吾赤子。致彼操戈而轻犯，由臣武备之弗严。愿赐显黜，以允公议。"上深嘉叹焉。有旨："都督府随行官吏、军兵诸色人等备见勤劳，可令张某等第保奏。"公奏："驰驱尽瘁，职所当然，赏或滥加，士将解体。乞上保奏战功，庶可旌劝军士。"又遣内侍赐公古端石砚、笔、墨、刀剑、犀甲，且召公还。及至平江，随班朝见，上曰："却贼之功，尽出右相之力。"于是赵鼎惶惧乞去。

方公未至平江时，鼎等已议回跸临安。公入见之次日，具奏曰："昨日获闻圣训，惟是车驾进止一事利害至大。盖天下之事不唱则不起，不为则不成。今四海之心孰不思恋王室？虏叛相结，胁之以威，虽有智勇，无由展竭。三岁之间，赖陛下一再进抚，士气从之而稍振，民心因之而稍回。正当示之以形势，庶几乎激忠起懦，而三四大帅者，亦不敢怀偷安苟且之心。夫天下者，陛下之天下也。陛下不自致力以为之先，臣惧被坚执锐、履危犯险者皆有解体之意。今日之事，存亡安危所自以分。

六飞傥还，则有识解体，内外离心，日复一日，终以削弱。异时复欲下巡幸诏书，谁能深信而不疑者？何哉？彼知朝廷姑以此为避地之计，实无意于图回天下故也。论者不过曰万一秋冬有警，车驾难于远避。夫军旅同心，将士用命，扼淮而战，破敌有余。况陛下亲临大江，气当百倍。苟士不效力，人有离心，陛下虽过自为计，将容足于何地乎？又不过曰当秋而进，士有战心；及春而还，绝彼窥伺。为此论者，特可纾一时之急，应仓卒之警。使年年为之，人皆习熟，谓我不兢，当有怨望，难乎其立国矣。又不过曰贼占上流，顺舟而下，变故不测。夫襄汉我所有也，贼舟何自而来？使虏叛事力有余，果然凌犯，水陆偕进，自上而济，陛下虽深处临安，亦能以安乎？矧惟陛下负四海之重责，有为而未成，天下犹矜怜而归心于陛下；不为而坐待其尽，其为祸可胜言耶！要须刚大志气，恢廓度量，以拯救天下为心，仰不愧于天，俯不怍于人，度事而为，审时而动，先谋自治，利而诱之，致而破之，何难而不可济？今臣侍陛下以还归，在臣之谋，无所任责，臣亦得计矣。而为陛下国家计，则为不忠。是以披心腹、露肝胆，反复一二言之。惟陛下详教而曲谕焉，庶几君臣之间得尽其道，不贻万世之悔。"上翻然从公计。十二月，赵鼎出知绍兴府，专委任公。

公谓亲民之官治道所急，而比年以来内重外轻，祖宗之法尽废。流落于外者，终身不获用；经营于内者，积岁得美官。又，官于朝者，不历民事，利害不明，诏令之行，职事之举，岂能中理？民多被其害。遂条具以闻：郡守、监司有治状，任满除郎。郎曹资浅，未经民事之人，秩满除监司、郡守。令中书省、御史台籍记姓名，回日较其治效，优加擢用。治民无闻者，与闲慢差遣。馆职未历民事者，除通判、郡守，殿最如前，仍乞降诏。又以灾异，奏复贤良方正科，上皆从之。七年正月，上以公去冬却敌之功，制除特进。公恳辞再四。先是，十二月以禄令成书加金紫光禄大夫。公辞不得，即求回授兄溉。至是，上谓公曰："卿每有迁除，辞之甚力，恐于君臣之义有未安也。"公乃奉命。

公与赵鼎当国时，议徽宗在沙漠，当遣信通问，遂遣问安使何藓等行。是年正月二十五日，藓归，报徽宗皇帝、宁德皇后相继上仙。上号恸擗踊，哀不自胜。公奏："天子之孝，与士庶不同。必也仰思所以承宗庙、奉社稷者。今梓宫未返，天下涂炭，至仇深耻，亘古所无。陛下挥涕而起，敛发而趋，一怒以安天下之民，臣犹以为晚也。"数日后求奏事，深陈国家祸难，涕泣不能兴，因乞降诏谕中外。上命公具草以进，亲书付外。其词曰："朕以不敏不明，托于士民之上，勉求治道，思济多艰。而上帝降罚，祸延于我有家，天地崩裂，讳问远至。呜呼！朕负终身之戚，怀无穷之恨。凡我臣庶，尚忍闻之乎！今朕所赖以宏济大业，在兵与民。惟尔小大文武之臣，早夜孜孜，思所以治兵恤民，辅朕不逮。皇天后土，实照临之。无或自暇，不恤朕忧。"又以公请，命诸大将率三军发哀成服，中外感动。公退，又具奏待罪曰："仰惟陛下时遇艰难，身当险阻，图回事业，寝食不遑。所以思慕两宫，忧劳百姓，未尝一日忘也。臣之至愚，获遭任用，在诸臣先。每因从容语及北狩事，圣情恻怛，泪必数行。臣感慨自期，愿歼房仇。十年之间，亲养阙然，爰及妻孥，莫之私顾，其意亦欲遂陛下孝养之志，拯生民涂炭之难，则臣之事亲保家，庶几得矣。昊天不吊，祸变忽生，使陛下抱无穷之痛，积罔极之思，哀复何言？罪将谁执？载念昔者陕蜀之行，陛下丁宁告戒，且曰：我有大隙于虏，刷此至耻，惟臣是属。而臣终隳成功，使贼无惮。况以沙漠之墟，食饮忧虑，两宫处此，违豫固宜。今日之祸，端自臣致。尚叨近辅，实愧心颜。伏愿明赐罢黜，亟正典刑，仰以慰上皇在天之灵，俯以息四海怨怒之气。"上降诏，起公视事。公再上疏待罪，不获请。

车驾以二十七日发平江，三月十一日至建康。时公总领中外之政，会车驾巡幸，又值国恤，几事丛委，公以一身任之，至诚恻怛，上下感动，人情赖公以安。每对，必深言仇耻之大，反复再三，上未尝不改容流涕。上方厉精克己，务自损节，戒饬宫庭内侍等，无敢少有越度者。事无巨细，必以咨公。赐诸将诏旨，往往命公拟进，未尝易一字。四方有灾异，公必以闻，祥瑞则皆抑不奏。知果州宇文彬、通判庞信孺进嘉禾九穗，并镌秩放罢，而四方皆知朝廷好恶所在矣。

四月，公行淮西，抚喻诸屯，筑庐州城，治东西关，且申防秋备。自公来东南，太夫人留蜀。及再入政府，遣人迎侍。太夫人安于蜀，未即出。上为降旨，召公兄滉，俾迎侍而来，又遣内侍胡宗回往喻意。五月始达建康，而公亦自淮西归。上叠遣中使劳问太夫人，赐予稠叠。公戴星而出，经处国事，至暮入侍色养，委曲奉承，中外观感歆慕，传相告语，以为美谈。自公与赵鼎在相位，以招来贤才为急务，从列要津，多一时之望，百执事奔走效职，不敢自营，人号为"小元佑"。而公尤未尝以恩泽私亲戚，仲兄滉，上知其贤，累欲加以异恩，公辄辞。及赐进士第，后省官缴驳，公非惟不加忤，且奏不当以臣故沮后省公议。外舅宇文时中，政和中为郎，出守大藩，旧以寓直，万里召赴，仅进职知湖州。舅氏计有功，久在幕府，得直徽猷阁。公止，乞就秘阁，人服其公。公以人主当务讲学以为修身致治之本，荐河南门人尹焞宜在讲筵，有旨趣赴阙。会旱灾，且自太夫人以次阖门悉卧病，公力求去，至再四不得。方车驾在平江时，公归自江上，奏刘光世握兵数万，无复纪律，沈酣酒色，不恤国事，语以恢复，意气怫然，宜赐罢斥，用警将帅。上然之，罢光世，而以其兵尽属督府。公命参谋、兵部尚书吕祉往庐州节制，公又自往劳之，人情协附，上下帖然。而枢密使秦桧、知枢密院事沈与求意以握兵为督府之嫌，奏乞置武帅。台谏观望，继有请，乃以王德为都统制，即军中取郦琼副之。公归，以为不然，奏论之，而琼等亦与德有旧怨，与其下八人列状诉御史台。乃命张俊为宣抚使，杨沂中、刘锜为制置判官以抚之。此军自闻王德为帅，往往怀疑，而郦琼遂阴有异志，唱摇其间。八月八日，琼等举军叛，执吕祉以行，欲渡淮归刘豫。祉不肯渡，詈琼等，碎齿折首以死。公遂引咎，力求去位。上不得留，因问可代者。公辞不对。上曰："秦桧何如？"公曰："近与共事，始知其暗。"上曰："然则用赵鼎。"遂令公拟批召鼎。既出，桧谓公必荐己，就合子与公语良久，上遣人促进所拟文字，桧始错愕而出。后反谓鼎："上召公，而张丞相迟留，至上使人促，始进入。"桧之交谍类此。公本以桧靖康中建议立赵氏，不畏死，有力量，可与天下事，而一时仁贤荐桧尤力，公遂推引。既同朝，始觉其顾望包藏，故临行因上问及之。

先是，公遣人赍手榜入伪地云："刘豫本以书生被遇太上皇帝，曾居言路。主上嗣极，擢守乡郡。当山东之要冲，任济南之委寄。眷礼殊厚，责望至深。俄闻率众以请降，旋乃失身而据位。谅亦迫于畏死，姑务偷生。如能诱致金人，使之疲弊，精兵健马，渐次消磨，兹诚报国之良图，亦尔为臣之后效。更须爱惜民力，勿使伤残；傥或永怀异心，自致显戮。岂惟皇天后土有所不容，抑恐义士忠臣终怀愤疾。"金房用事者见此榜，已疑豫。八月，豫闻王师欲北向，遣韩元英告于虏，谓南寇张某总领乌合之兵，或逼宿亳，或窥陈蔡，或出襄阳，增修器甲，趣办军装，其志不小。先起制人，后起制于人，欲乞兵同举。豫得此报，谓豫真欲困己，益疑之。会琼等叛去，公复多遣间，散持蜡书故遗之。大抵谓豫已相结约，故遣琼等降，而豫又乞兵于豫。十月，豫副元帅兀术径领兵来废豫。惜其机会之来，公已去位矣。

盖公以九月五日得请，授观文殿大学士、提举江州太平兴国宫。左司谏王缙奏乞留公，即日补外。都官郎中赵令衿继上疏，亦罢去。而御史中丞周秘、殿中侍御史石公揆、右正言李谊，交章诋公未已。旋落职，以朝奉大夫、秘书少监分司西京，永州居住。于是赵鼎复当国，而车驾自江上还临安矣。

公出任国事，每以不得从容尽子职为念。及既去国，太夫人以公退处，欣然从之。八年二月，抵永，左右侍旁，凡所以顺承亲意者，无不曲尽。太夫人安之，不知其为迁谪也。然公自以为上遇我厚，虽流离远屏，亦未尝一念不在朝廷。作草堂旁近，以奉版舆游历，命以"三省"，为文纪之曰："予作堂于寓止客馆之东隅，仅庇风雨，取曾子'三省'之目以名之。其省谓何？思吾之忠于君、孝于亲、修于己者恐或未至也。士大夫学圣人之道，当求所以通天人之际。予之三省，将有进于斯，而愧其未能也。"则公之所深省而自得者远矣。

是岁，秦桧已得政，始决屈己和戎之议。九年正月，诏书至永。公伏读恐惧，寝食不安，移书参知政事孙近，大略曰："鲁仲连不尊秦为帝，且云连宁有蹈东海而死盖知帝秦之祸迟发而大。况我至仇深隙，乃欲修好而幸目前少安乎？异时岁币求增而不已，使命络绎以来临，以至更立妃后，变置大臣，起罢兵之议，建入觐之谋，皆或有之矣。某是以伏读诏书，不觉战汗。幸公深思，密以启沃。"又闻故人李光自洪州召入政府，复以此意移书抵之。怀不自已，又具札子以奏曰："恭睹诏书之颁，再三伏读，通夕不寐。今日事之虚实姑未论，借令豫中有故，上下分离，天属尽归，河南遂复，我必德其厚赐，谨守信誓。将来人情益解，士气渐消，彼或内变既平，指瑕造隙，肆无厌之欲，发难从之请，其将何词以对？顾事理可忧，有甚于此者：陛下焦心劳虑，积意兵政，精诚感格，将士渐孚。一旦北面事豫，听其号令，游谈之士取功于一时，忠勋之臣置身于无用，小大将帅，孰不解体？陛下且欲经理河南而有之，臣知其无与赴功而共守者矣。今从约之遽，肆赦之速，用世儒之常说，答猾虏之诡秘，措置失绪，不胜寒心。愿陛下思宗社之计，图恢复之实，逼之以大势，庶乎国家可得而立。臣罪戾之余，一意养亲，深不欲论天下事。顾惟利害至大至重，不忍缄默，以负陛下之知。惟陛下留意。"

二月，以大需复宣奉大夫，提举临安府洞霄宫，任便居住。公复具札子曰："窃惟今日事势，处古今之至难，一言以断之，在陛下勉强图事而已。陛下进而有为，则其权在我，且顺天下之心。间虽龃龉，终有莫大之福。陛下退而不为，则其权在敌，且怫天下之心。今虽幸安，后将有莫大之忧。夫在彼者情不可保，在我者心不可失。外徇敌国，内罹实害，智者所不为也。仰惟圣慈深计审虑，茂图大业，永福元元。"又自作谢表云："敢不专精道学，黾勉身修。求以事亲，方谨晨昏之养；庶几报国，敢忘药石之规！"视此，则公许国之忠为如何哉！居旬日，又具札子曰："自陛下回驻临安，甫阅岁时，圣心之所经营，朝论之所商确，专意和议，庶几休息，莫不幸其将成矣。臣尝不寐以思，屈指而计，虏人与我仇衅之深，设心措意，果欲存吾之国乎？抑愿其委靡而遂亡也？臣意其力弱未暇，姑借和以怠我之心。势盛有余，将求故以乘吾之隙。理既甚明，事又易见，然则纷纷异议可端拱而决矣。料虏上策，还梓宫、复母后，舆地来归，不失前约，结欢笃好，以怠我师。迟之数年，兵无战意，然后遣一介之使，持意外之诏，假如变置大臣，更立妃后，将何以塞请？虏出中策，则必重邀求、责徽礼，失约爽信。近在期年，中原之地，将有所付，如梁武之立北魏王颢者，尚庶几于前。虏出下策，怒而兴师，直临江表。势似可愕，而天下之乱，或从此而定矣。"是月，复资政殿大学士、知福州兼福建路安抚大使。公以太夫人念乡，不欲东去，力辞至再三。

四月，公奏前论讲和事未蒙开纳，又具札子曰："窃惟陛下建炎初载，尝历大艰，天意至深，益彰圣德。前事不忘，后事之鉴。伏愿亟收人心，务振士气，权势专制，操纵自我。外之丑虏，曷发敢侮之谋？内之群帅，益坚尽节之志。天下国家，我所自定，宋之社稷，永永无穷。夫理有近利，亦有深忧。有天下者，当审机会、度人情、断大义，持柄握权，不以与敌。腐儒寡能远见，事至而悔，将何及焉？况夫今日事机尚可，因权适变，速于救药。惟望圣慈断以无疑，则天下幸甚！"八月，闻虏遣使来，以诏谕为名，则又具奏曰："臣近者累输瞽说，仰渎圣明，诚以忧君过虑，不能自息。窃惟天下之事，有置必有废，有与必有夺。虏以诏谕为名，持废置与夺之大柄。且其蓄谋起虑，欲以沮人心、夺士气而坐倾吾国。臣之所忧，不但目前也。刘先主曰，济大事以人心为本。此存亡之大计。愿陛下考臣前后所奏，留神毋忽焉。"福州之命既累辞不获，公念时事多虞，惟在近或可以补报万一，遂受命而东。

九月，至闽中。闽素号健讼难治，公谓人心一也，正由临民者先有逆诈亿不信之心，是以不能感格。入境，一切谕以义理，饬守令诚意民事，令乡里长老知书者，率劝后生及强悍者无为乡党羞，民皆感仰。每出，观者至升屋登木如堵墙。十年正月，上遣中使抚问，公附奏谢，且曰："愿陛下全养精神，刚大志气，惟果惟断。见几见微，察强弱于言辞之际，转祸福于谈笑之间，无使噬脐，为天下笑。"时虏中变盟约，复取河南。公奏曰："臣窃念自群下决回銮之议，国势不振，事机之会失者再三。向使虏出上策，还梓宫，归两殿，供须一无所请，宗族随而尽南，则我德虏必深，和议不拔，人心懈怠，国势寝微。异时衅端卒发，何以支持？臣知天下非陛下之有矣。今幸上天警悟，虏怀反复，士气尚可作，人心尚可回。愿因权制变，转祸为福，用天下之英才，据天下之要势，夺敌之心，振我之气。措置一定，大勋可集。臣又有臆见，当燕山新复，朝廷恃郭药师为固。一旦丑虏败盟，药师先叛，何则？卖国无耻之人，本无它长，难与共事。愿陛下每以为鉴，制御于早无忽。"继闻淮上有警，连以边计奏知，又条画海道舟船利害。上嘉公之忠，遣中使奖谕。公时大治海舟至千艘，为直指山东之计，以俟朝命。在郡细大之务，必躬必亲，人人感悦，和气熏然，讼事清简。山海之寇招捕无余，间引秀士与之讲论，闽人化之。

十一年三月，刘锜大破兀术于顺昌。锜本晚出，公一见关陕，奇之，即付以事任，锜亦感慨自立。公归，荐之上，谓锜才识诸将莫及。而一时辈流嫉其材能出己右，百计沮遏。公既平湖寇，即荐知岳州。已而召赴行在，左右扶持，付以王彦军，且擢为骑帅。至是，锜竟以所部成大功。方欲进兵乘虏虚，而桧召锜还矣。锜还朝，上见之，首曰："张某可谓知人。"桧遣郎官盖谅来讽公，使附其议，当即引公为枢密使。公答桧书，历言和不可成、虏不可纵，且面为谅言。谅归，桧怒。时幕将等归自虏，朝廷复遣刘光远等奉使，而公亦力请祠奉亲矣。十一月，除检校少傅、崇信节度使，充万寿观使，免奉朝请。去福之日，军民送者咨嗟号泣，相属于道。公以蜀还朝廷，不欲径归，遂奉太夫人寓长沙。

十二年，太母鸾辂来归，制封公和国公，具札子以贺，且曰："与或为取，安必虑危。夫惟务农而强兵，乃可立国而御侮。愿勤圣虑，终究远图。"公恐太夫人念归，乃即长沙城之南为屋六十楹，以奉色养，太夫人安焉。筑堂榜曰尽心，亲为之记，大意欲益求所以尽心于君亲者。居间玩意六经，考诸史治乱得失，益思前事之机微，忧时之志，一饭未尝忘也。桧既外交仇雠，罔上自肆，恶嫉正论，讳言兵事，自以为时已太平，日为浮文侈靡，愚弄天下，独忌公甚。中丞万俟卨希桧旨，论公卜宅僭拟，至仿五凤建楼，上不以为然。桧遣朝士吴秉信以使事至湖南，有所案验，且以官爵诱之。秉信造公，见其居不过中人常产可办，不觉叹息，反密以桧意告公而归，且奏其实。桧黜秉信。

十六年，公念桧欺君误国，使灾异数见，彗出西方，欲力论时事，以悟上意。又念太夫人年高，言之必致祸，恐不能堪。太夫人觉公形瘠，问故。公具言所以，太夫人诵先雍公绍圣初对方正策之词曰："臣宁言而死于斧钺，不忍不言而负陛下。"至再至三，公意遂决。乃言曰："臣闻受非常之恩者，图非常之报；拯焚溺之急者，乏徐缓之音。窃惟当今事势，譬如养成大疽于头目心腹之间，不决不止。决迟则祸大而难测，决速则祸轻而易治。惟陛下谋之于心，断之以独，谨察情伪，豫备仓卒。犹之奕棋，分据要害，审思详处，使在我有不可犯之势，庶几社稷有安全之理。不然，日复一日，后将噬脐，异时以国与敌者反归罪正议。此臣所以食不下咽，不能一夕安也。傥非陛下圣德在人，获天地之祐，承祖宗之庆，有以照察其心，臣亦何所逃罪？"事下三省，桧大怒。时公又以天申节手写《尚书无逸》篇具札子为贺，曰："臣尝潜心圣人之经，有可以取必于天，膺大福、获大寿，决然无疑者，辄输丹诚，为陛下献。臣伏考周公《无逸》篇，商王中宗'严恭寅畏，天命自度，治民祗惧，不敢荒宁'，高宗'嘉靖商邦，至于小大，无时或怨'，周文王'自朝至于日中昃，不遑暇食，用咸和万民'，'不敢盘于游田，以庶邦惟正之供。'三君者，非独身享安荣，而有国长久，后世莫加焉。商自祖甲之后立王，'生则逸，不知稼穑之艰难，不闻小人之劳，惟耽乐之从'，是以'罔或克寿，或十年'，'或五六年，或四三年'。天道昭然，其应如响。

· 169 ·

古之圣人，以一身芘天下，惠泽四海，无不如意，未尝少有忧惧退怯之怀。凡以天道可必，吾无愧歉于心而已。臣不胜臣子祝颂之诚，愿陛下兢兢业业，勉之又勉，永坚此心，以奉天道。天之所以报吾君者，宜如何哉！"七月，桧命台谏论公，章四上。上以特进、提举江州太平兴国宫，连州居住。樊川周绩者，气义人也，自公贬永，即来相从。公帅福唐，辟为属。公来长沙，绩亦从居焉。桧累书招绩不得，恨之，乃谓公与绩诽谤时事，亦削绩官，窜封州。

公被命即行，自夫人以下皆留侍，独挈子侄往。太夫人送之，曰："汝无愧矣，勉读圣人书，无以家为念。"公至贬所，月一再遣人至太夫人所。日夕读《易》，精思大旨，述之于编，亲教授其子栻。连为州，景物甚胜，暇即策杖游历。连人爱重公，争持肴果以迎，所至必为曲留终日。时桧益肆凶焰，迁谪者不绝于道，四方观望。公处之恬然，形气益充实，太夫人亦安居长沙。公在连作《四德铭》以示其人曰："忠则顺天，孝则生福，勤则业进，俭则心逸。"连人相与镌之于石，家传人诵焉。己巳岁，岭南瘴疫大作，日色昼昏。官于连者，自太守而下死凡数人，郡人无不被疾，哭声连巷，乡落至有绝爨者。公和药拯之，病者来请，日至千余人。惟公家下至仆厮无一人告病，过者咨叹，莫不以为天相忠诚也。

居连凡四年，二十年九月，移永州。湖湘之人见公归，喜甚，争出迎。望见公所养胜前，退皆叹息相贺。公遣人迎太夫人，以次年四月至永，母子相见，强健如初。永旧所尝居，人情尤相安，而公兄徽猷公遽以疾终。方公官于朝及在贬，徽猷公常留太夫人左右，悦适其意，太夫人钟爱之。至是，悲恻殆不能为怀，虽公解释备至，太夫人亦年高多疾矣。盖公去国至是几二十年，退然自修，若无能者。而天下士无贤不肖，莫不倾心，武夫健将言公者咨嗟太息，至小儿妇女，亦知天下有张都督也。虏人惮公尤甚，岁时使至虏中，其主必问公安在。方约和时，誓书有"不得辄更易大臣"之语，盖惧公复用云。

至是，秦桧宠位既极，老病日侵，鄙夫患失之心无所不至，无君之迹显然著见。意欲先剪除海内贤士大夫，然后肆其所为。尤惮公为正论宗主，使己不得安，欲亟加害，命台臣王珉、徐哲辈有所弹劾，语必及公。至弹知洪州张宗元文，始谓公国贼，必欲杀之。有张柄者，尝奏请令桧乘金根车，其死党也，即擢知潭州。汪召锡者，娶桧兄女，尝告讦赵令衿，遣为湖南提举官，俾共图公。又使张常先治张宗元狱，株连及公。以为未足，又捕赵鼎子汾下大理狱，备极惨酷，考掠无全肤，令自诬与公及李光、胡寅等谋大逆。凡一时贤士五十三人，桧所恶者，皆与狱上。会桧病笃，不能书判以死，时绍兴二十有五年也。上始复亲庶务，先勒桧子熺致仕，尽斥群凶，公迹稍安，而太夫人遽薨。有旨复公职观文殿大学士、除判洪州，公已在苦块矣。哀苦扶护，以治命当归葬雍公之兆，奏请俟命长沙。独念天下事二十年为桧所败坏，人心士气委靡销铄，政事无纲，边备荡弛，幸其一旦陨毙，当汲汲惟新令图，而未见所以慰人望者。且闻顽颜亮篡立，势已骄豪，必将妄举，可为寒心。自惟大臣义同休戚，不敢以居丧为嫌，五月，具札子曰：

臣夙负大罪，自谓必死瘴疠之地。仰惟陛下优容之，矜怜之，保全之，死骨复生，尽出圣神之造。自今以往，皆已死之日，而陛下实生之。臣今虽居苦块中，安敢恝然遂忘陛下恩德，且顾惜一己而默不出一言，庶几有补万一哉？惟陛下察其用心，恕之而已。

臣闻自昔忠臣事君，莫不欲其主之圣，莫不欲其主之名显日月，功盖宇宙。彼知夫国家安荣，则其身亦与有安荣，故犯颜逆指而不敢辞也。奸臣不然，惟利是图，不复它恤。导君于非，使重失天下之心，而阴肆其邪志。始则曲意媚顺，而欺蔽人主之聪明，终则专事擅权，而潜移生杀之大柄。迹其包藏，有不可胜言者矣。然而身灭国亡，族覆世绝，见于史册，历历可考。天下后世视之，曾犬豕之不若。彼诚果何所利耶？惜乎至愚而莫之思也。

日者陛下法乾之刚而用以沉潜，施设中几，天下四夷孰不畏服？是臣可言之秋也。臣疏远，不复预闻朝廷几事，而伏自思念，今日事势极矣，陛下将拱手而听其自然乎？抑将外存其名而博谋密计，求所以为长久欤？臣诚过虑，以为自此数年之后，民力益竭，财用益乏，士卒益老，人心益离，忠臣烈将沦亡殆尽，内忧外患相仍而起，陛下将何以为策？方祖宗盛时，尝与虏通和，惟力敌势均，而国家取兵于西北，取财于天下，文武之才世不乏人，是故得以持久。而百四十年之后，靖康大变，事出不意，祸乱之大，亘古所无。论者犹恨夫恃和为安而不自治之失。今天下几何？譬之中人之家，盗据其堂，安居饱食其间，而朝夕阴伺吾隙，一日之间，其舍我乎？然则陛下不可不深思力图于此时也。或谓虏尝有弑立之举，夫弑立之人，天地所不容，人情所甚恶。诚能任贤选能，修德立政，断然为吾之所当为，口不绝和，而实以势临之，彼必有瓦解之忧。借使虏不量度，轻为举动，第坚壁清野以持之，明示顺逆，其众自离，虏之危亡可立而待。何则？人心必不肯附逆而忘顺。假之五七年，而虏之君臣之分定，彼国有人得柄用事，虽有贤智，莫知为陛下计矣。愿陛下精思审谋，无忘朝夕，无使真有噬脐之叹。夫约和衰弱之时，谓不能久，而强虏之变荐生于内，是天赞陛下。违天不祥，陛下其承之。

臣闻人主之俯仰天地间，所以自立其身者，不过"忠、孝"二字。此天下之大义，不可须臾少忽也。而臣行负神明，孤苦余生，亲养已无所施矣。事有大义所当为者，不过尽忠于陛下。顾虽头目手足有可捐弃而为陛下用者，所不当顾惜。而况亲逢圣明，极力保全，恩德至大，使臣有怀私顾己、匿情虑祸之心，则是陛下不负臣，臣实负陛下，天地鬼神，其肯容之哉！是以不顾嫌疑，不避鼎镬，不恤谗毁，为陛下陈之。陛下勿谓军民之心为可忽，忠良之言为可弃。夫治天下譬如盘水，一决而溃，有不可收拾者矣。陛下其念之哉！臣行年六十，死亡无日，非若纷纷互持和战之说，惟恐其说之不胜而身之不获用，贪目前之得，忽久远之图。臣知为陛下国家计耳。陛下安荣，臣亦预有安荣，臣之自谋，亦岂有不审耶？幸未即陨，得终礼制。陛下不以臣为愚而卒弃之，愿陛下许臣居严、婺间，优游养疴，为陛下谋画心腹之臣，以毕愚尽忠，庶几有补万一，臣之志愿足矣。惟陛下廓乾坤之度，以精求天下之贤，无忘祖宗国家之耻、父兄宗族之仇，盛德大业，昭著后世，臣犹幸及见之。

继被朝命，以太夫人之丧归蜀。八月，行至荆南，会以星变诏求直言。公念虏数年间势决求衅用兵，吾方溺于宴安，谓虏可信，荡然无备，沈该、万俟卨据相位，尤不厌天下望，朝廷益轻。顾伏在苫块，经历险阻，死亡无日，不得为上终言之，怀不自安，乃复奏曰：

臣受陛下更生大恩，今至忧迫身，涉险万里，常恐一旦死填沟壑，终无以仰报万一。思以展尽所怀，瞑目无憾。臣尝病世儒牵于战和异同之说，而不知实为一事，或者窃儒为奸，不知经史之心，切切焉利禄是图，而有以欺惑陛下之听也；又其甚，则大奸大恶挟虏怀贰，以自封殖其家，簧鼓曲说，愚弄天下：敢毕陈之。

臣闻天地之大德曰生，而天地生物之功，本于秋冬。盖非严凝之于秋冬，则无以敷荣之于春夏。然则秋冬之严凝，乃生物之基也。在《萃》之《象》曰："除戎器，戒不虞。"《泰》之九二爻辞曰："包荒用冯河。"泰、萃之世，圣人谨于武备如此，谓不如是，不足以生物而行其心也。况时方艰难，而可忽略不省，启大祸于后，反谓是为得哉！若夫一时之和，则亦圣贤生利天下之权矣。商汤事葛矣，而终灭葛，《书》曰"汤一征，自葛始"；周太王避狄矣，筑室于岐，未几谋以却敌，《诗》曰"乃立冢土，戎丑攸行"；文王事昆夷矣，卒伐之，《诗》曰"昆夷駾矣，维其喙矣"；越勾践事吴矣，坐薪尝胆，竟以破吴，《越语》曰"越十年生聚，而十年教训。"彼皆翕之乎始而张之乎终，汲汲乎德政修立而以生利为心，未尝恃和为安，自乐其身而已也。汉高祖与项羽和，羽归太公，吕后割鸿沟以西为汉，东为楚。良、平进言："今楚兵罢食尽，释而弗击，是养虎自遗患也。"汉王从之，卒成大业。汉文帝与匈奴和，曾无间岁之宁。汉文全有天下，可谓和以息民。方是时，百姓犹不免侵凌之苦。至武帝始一大征伐之，其后单于来朝，汉三百年间用以无事。唐太宗初定天下，有渭上之盟，未几，李靖之徒深入沙漠之地，犁其庭，系其酋，海内始安焉。兹岂非以和为权而亦得之哉？

若夫石晋之有天下则不然，取之非其道，谋之非其人。桑维翰始终于和，其言曰："愿训农习战，养兵息民，俟国无内忧，民有余力，观衅而动，动无不成。"若有深谋者。然考其君臣所为，名实不孚于上下。朝廷之上，专务姑息，赏罚失章，施设缪戾，权移于下，政私于上，无名之献，莫知纪极。一时用事方镇之臣，往往昏于酒色，厚于赋敛，果于诛戮，以害于百姓，朝廷莫知所以御之。所谓训农习战，养兵息民，略无实事。维翰所陈，殆为空言，姑欲信其当时必和之说，以偷安窃位而已。契丹窥见其心，谓晋无人，须求凌侮，日甚一日。后嗣不胜其忿，始用景延广之议，侥幸以战，而不知其荒淫怠傲失德非一日，天下之心已离，天下之势已去，天下之财已匮。延广不学，不知行圣贤之权，亟思所以复其心、立其势、强其国，急于兵战之争，事穷势极，数万之师，无一夫为之发矢北向者，至今为天下嗤笑。言君臣委靡不振、服役夷狄者，必曰石晋云。

仰惟陛下聪明圣智，孝心纯一，即位以来，简用实才，虏人闻风而畏之，于是有议和之事。陛下以太母为重，且幸徽宗皇帝梓宫之亟还，和之权也。不幸用事之臣贪天之功，肆意利欲，乃欲剪除忠良，以听命于虏，而阴蓄其邪心。方国家闲暇之时，急傲是图，德政俱废，而专于异己之去，意果安在哉！夫虏日夕所愿望者，欲我之忠良沦没耳，欲我之尽失天下之心耳，欲我之将士解体、其气不复振作耳，欲我之怀于宴安以甘于耽毒耳。前日用事者一切徇其所甚欲而毕为之，不几乎与虏为地欤？身死之日，天下酌酒相庆，不约而同。下至田夫野老，莫不以手加额。其背天逆人，不忠于君，而天下之心重恶之如此。且彼曾不思虏之于我，其爱之而和乎？其有余力而肯和乎？其国中亦有掣肘之虞而和乎？其欲图之于后而和乎？臣谓虏有大仇大怨，不可复合，譬夫一叶之分。今日之和，必其酋帅携离，人心暌异，姑为此举，以息目前。而图回江淮以去除后患之心，其中未尝一日忘也。惜夫昏庸奸贼之人，豢于富贵，暗于政事，曾无尺寸之效以上报于国家，毫发之惠以下及于百姓，分列党与，布在要郡，聚敛珍货，独厚私室，为身谋，为子孙谋，而不知为陛下谋，不知为国家天下谋，坐失事机者二十余年，误陛下社稷大事。有识之士，谁不痛心！且夫贤才不用，政事不修，形势不立，而专欲责成受命于虏，适足以启轻侮之心而正堕其计中。鲁仲连所谓"彼将有所予夺，梁王安得宴然乎"，而甚可痛恨者也。敌国之人何自而畏？敌国之心何自而服？敌国之难何自而成？迟以岁月，百姓离心，将士丧气，亦危亡而已矣。

臣愿陛下鉴石晋之败而法商汤、周太王、文王之心，用越勾践之谋，考唐、汉四君之事，以保图社稷。深思大计，复人心，张国势，立政事，以观机会。未绝其和，而遣一介之使，与之分别曲直逆顺之理，事必有成。臣不孝之身，亲养已绝，含毒忍死，其亡无日，徒能为陛下言之而已。又伏思祖宗之德在天下至大至厚，太平之治，多历年所，三代盛时，有不能及。恭惟皇帝陛下禀乾刚之资，辅以缉熙之学，何为而不成？何治而不致？愿陛下充其志气，扩其聪明，必使清明在躬，如太虚然。惟是之从，以选贤才，以修德政，以大基业，天下幸甚！

又以所著《否泰卦解义》进之，奏曰："臣往待罪相位，陛下赐臣亲书《周易》否、泰二卦辞。其后臣谪居连山，益远天日，葵倾之心，不能自已。遇朔望，必取再拜伏读。窃不自揆，为二卦训释。久欲献之，以备乙鉴,而负罪积畏,无路上达。今谨缮写,昧死以进。顾坐井之见,岂足以仰补万一?惟臣子爱君之诚,则不能自已焉。窃惟《易》谨君子小人之辨,而二卦则其效之尤深切著明者也。其事则本诸一心,惟陛下留神。"上付前奏三省,宰执沈该、万俟卨、汤思退等见之大怒,以为虏初未有衅,岁时通问,不翅如胶漆,而公所奏,乃若祸在年岁者,或笑以为狂。台谏汤鹏举、凌哲闻之,章疏交上,谓公方归蜀,恐摇动远方。有旨复令永州居住,候服阕日取旨。

公自扶护西归,抵绵竹,即卜日治太夫人葬,附雍公之兆。宾客纷至,自朝及夕,哭泣应接不少倦。子侄交谏尊年不宜致毁,而公孝诚自天,不能已也。太夫人既葬十日而谪命至,且有朝旨,促迫甚急。公即日就道。服阕得旨,落职,以本官奉祠,居永。公自为表谢曰:"念君臣虽分于异势,而利害实系于同舟。"其忧国之诚拳拳不舍盖如此云。公自是不复接宾客,日纽绎《易》、《春秋》、《论》、《孟》,各为之说,夜则阅司马氏《通鉴》。如是者又四年,而宇文夫人亦终焉。

自庚辰秋冬,朝廷颇闻虏有异志,公卿大夫下至军民无不内怀炱炱,日愿公还相位,表疏不绝。三十一年春,有旨令公湖南路任便居住。时临安积阴,命下之日,廓然清明,上下欣悦。公归至潭。五月,奉钦宗讳,号恸至不能食。又闻虏有嫚书,不胜痛愤,上奏曰:"孝慈皇帝讣自北来,又闻逆虏兵动,凡为臣子,孰不痛愤?臣往叨任使,孤负眷知。主忧臣辱,主辱臣死,无所逃罪。臣又度今日虏势决无但已,九月十月之间,必有所向。愿陛下与大臣计议,早定必守必战之策,上安社稷。"未几而亮兵大入,中外震动。十月,复公观文殿大学士、判潭州。时虏骑跳梁两淮,王权兵溃,刘锜引归镇江,两淮之人奔迸南来,沿江百姓荷檐而立。遂改命公判建康府、兼行宫留守,金书疾置,敦促甚遽。长沙在远,传闻不一,人人危惧。公被命明日即首途,曰:"吾君方忧危,臣子之职,戴星而趋,犹恐其缓。"至岳阳,遇大雪,亟买小舟,冒风涛,泛长江而下,且欲经历诸屯,慰接将士。未至鄂,有士大夫自江东来者云:"虏焚北采石,烟炎涨天,南岸人不复可立,公毋庸进也。"公愀然曰:"某被命,即携二子来,正欲赴君父之急。今无所问,惟直前求乘舆所在耳。"长江是时无一舟行,独公以小舟径下,遭大风几殆。北岸又近虏兵,从者忧惴甚,公不少顾。过池阳,闻亮被杀,然余众犹二万屯和州。李显忠兵在沙上，公渡江往劳，以建康激赏犒之。一军见公，以为从天而下，欢呼增气。虏谍报惴恐，一二日遁去。显忠乘士气锐追之，多所俘获。

公至建康，奏乞车驾早来临幸。闻已进发，乃督官属治具，不半月而办，风采隐然，军民恃以安。上至建康，公迎见道左。卫士见公，至以手加额，无不喜公复用，而悲公久处瘴疠，形容之瘠也。车驾入行宫，首引公见，问劳再四。公顿首谢上更生骨肉之赐，且曰："方秦桧盛时，非陛下力赐保全，无此身矣。"上亦为之惨然，曰："桧之为人，既忌且妒。"后六日，再引对，公奏："国家譬如人之一身，必元气充实，然后邪不能干。朝廷，元气也。今邪气得以干犯，必是元气之弱，或汗或下。邪气固暂退，然元气不壮，邪再干之，恐难胜任。用人才、修政事、治甲兵、惜财用，此皆壮元气之道。"上改容开纳。时车驾将还临安，欲付公以江淮之事。已而中止，更留御营宿卫使杨存中，俾专措置。临发，复引公对。公奏："陛下当京城阽危之际，毅然请使不测之虏，后复受任开元帅府，以孤军当虏锋。当是时，不知陛下之心还知有祸福生死否？"上曰："朕尔时一心家国，岂知有祸福？岂知有死生？"对曰："是心乃天心也。愿陛下试反此心而扩充之，何畏乎虏贼！"上首肯焉，且劳公曰："朕待卿如骨肉，卿在此，朕无北顾之忧矣。卿久在谪籍，闻甚清贫，郊祀合得奏荐及封邑当尽以还卿。"继遣内侍赐公黄金及象管笔，公皇恐不敢辞。秦桧二十年间所以潜公者无所不至，有臣子所不忍闻者。独赖上主张，不至死地。至是上见公辞和气平，无淹滞之叹，而温乎忠爱之诚，为之感动，对辅臣嘉美再三。

车驾既还，或有劝公求去者。公念旧臣它无在者，而国家多虞之际，人心尤以己之去就为安危，不忍舍而远去。日治府事，细大必亲。时虏骑虽去，人情未安，朝廷赖公屹然增重。两淮之兵渡江归息，而奔走疮痍之余，重以疫疠，自三衙诸军皆留建康，死者日数十人。公亲为分课医工，置历诊候，自帅司给药饵及它费，遣官属监示。至日暮，公亲视历，考其勤惰得失而赏罚之，全活甚众。

四月，杨存中罢。公被旨兼措置两淮，继兼节制建康、镇江府、江池州、江阴军驻屯军马。时虏以十万众围海州甚急，镇江都统制张子盖提兵在淮上，欲前救。闻当受公节制，士气十倍。而公受命之日，亦即为书抵子盖，勉以功名，令出奇乘虏弊。子盖率兵力战，大破虏众，得脱归者无几。公谓去岁淮上诸军奏功例不以实，有功者摈不录，而庖人厮役悉沾滥赏，轻名器、耗财用、乱纪纲，使军士不复知所劝激。奏："今海州上功当有以深革其弊，使可为后法。"于是令诸大将战胜则命统制官以下至旗头押拥队公共保明，限三日申。稍有缪伪，重寘典宪。公德威表著，将士望风畏爱。至是复总兵权，当军政二十年废弛之后，问疾痛、恤劳苦、抚孤遗、禁刻剥，勉将士俾知忠顺，于是人人勉励，慨然有趋事赴功之志。公念军籍日益凋寡，中原之人久困腥膻，思慕我宋，欲因兹时，乘虏事力未强，顿兵淮甸要处，以招集忠义来归之人，内以壮军势、实旷土，外以詟虏情、系人心。奏曰："虏人退兵之后，士马物故几半，饮马长江之志固未敢萌也。而用事群酋人各有心，日夜备具，似有欲窥淮甸之谋。先事预图，理不可缓。我之甲兵，方之西北之士，所存无几，而又去岁捍御大敌，伤折逃亡，继以病死十亦四五，马固同之。以今岁事力比量酌度，夫人而知其为弱也。议者或欲弭兵息民以治，在我，此说近是也；诚恐虏之图事未肯但已，一旦仓卒，何以待之？又况补集将士，必资西北之人，能战忍苦，方为可仗。然则乘机及时，内坚守备，外疑敌心，左牵右制，使之首尾奔趋，人情摇动，斯为成算，不可忽也。淮甸要处，我不先图，异日强虏起侮渡淮，先据形势，则事有难处者矣。"又奏曰："臣体访得东北今岁蝗虫大作，米价踊贵，中原之人极艰于食。欲乞朝廷或拨米粮，或钱物，付臣措置，招来吾人。人心既归，虏势自屈。"公又以淮楚之人自古可用，乘其困扰之后，当收以为兵，又奏曰："两淮之人素称强力，而淮北义兵尤为忠劲，困于虏毒亦已甚矣，仇虏欲报之心，盖未尝一日忘也。特部分未严，器甲不备，虽有赤心，不能成事。自强虏恣为残虐，十室九空，皇皇夹淮，各无所归。臣恐一旦奸夫鼓率，千百为群，别致生事。谓可因其愤嫉无聊之心而招集之，欲置御前万弩营，募民强壮、年十八以上、四十五以下堪充弩手之人，并不刺臂面，以御前强弩效用为名，各给文帖，书写乡贯、居住之处及颜貌、年甲、姓名，令五人结一保，两保为一甲，十甲为一队，递相委保，有功同赏，有罪同罚，于建康府置营寨安泊。"诏皆从公请。公即下令曰："两淮比年累被荼毒，父子兄弟夫妇杀伤虏掠，不能相保。今议为必守之计，复耻雪怨，人心所同。有愿充者，宜相率应募。至于淮北，久被涂炭，素怀忠义，欲报国恩，亦当来归，共建勋业。"于是两淮之人欣然愿就，率皆强勇可用。公亲训抚之，又奏差陈敏为统制。敏起微贱，声迹未振。公擢于困废中，感激尽力图报，未几成军。方召募之初，浮言鼓动，欲败成绩。数月间，来应者不绝，众论始定。公谓虏长于骑，我长于步，制步莫如弩，卫弩莫如车，乃令敏专制弩治车。又谓三国以后，自北窥南，未有不由清河、涡口两道以舟运粮。盖淮北广衍，粮舟不出于淮，则惧清野无所得，有坐困之势。于是东屯盱眙、楚、泗以振清河，西屯濠、寿以扼涡、颍，大兵进临，声势连接，人心毕归，精兵可集。即具奏言之。又乞多募福建海船，由东海以窥登、莱，由清河窥淮阳。有旨下福建选募。张子盖自镇江来谒，公与之语，见其智识过人，谋虑精审，与图规取山东之计。奏子盖才勇而性刚气直，愿优容之。且乞益以精甲，资以财用，俾屯江淮，措置招来。

会今上即位，公首奏建康行宫当罢工役华采之事，据今所营，足备临幸。有诏从之。上自藩邸熟闻公德望，临朝之初，顾问大臣，咨嗟叹息。首召公赴行在，赐公手书曰："朕初膺付托，以眇然一身，当万几之繁，夙夜祗惧，未知攸济。公为元老，被遇太上皇帝礼遇之久，群臣莫及。宜有嘉谋至计，辅朕初政。方今边疆未靖，备御之道实难遥度。思一见公，面议其当，使了然如在目中。惟公是望，公其疾驱，副朕至意。"公奏曰："臣敢不以前日恪事太上皇帝之心事陛下。惟一其志，有陨无二。"遂就道。未至国门，敦促再四，至即引见。上见公，改容礼貌曰："久闻公名，今朝廷所恃惟公。"命内侍赐公坐，降问再四。公奏："人主以务学为先。人主之学本于一心，一心合天，何事不济？所谓天者，天下之公理而已。人主惟嗜欲私溺有以乱之，失其公理。故必须兢兢业业，朝夕自持，使清明在躬，惟是之从，则赏罚举措无有不当，人心自归，丑虏自服。"上竦然曰："当不忘相公之言。"公又奏："今日便当如创业之初，宜每事以艺祖为法，自一身一家始，以率天下。"公见上天锡英武，每言及两朝北狩、八陵废隔、兆民涂炭、仇耻之大，感痛形于词色，因力陈和议之非，劝上坚志以图事。制除公少傅、江淮东西路宣抚使，节制建康、镇江府、江、池州、江阴军屯驻军马，进封魏国公。太上皇退处德寿宫，群臣希得进见，独再引公，见辄移时。以秋防复往江上，留临安旬日，中使问赐饮食等不绝，礼遇冠一时。

公舟行出国门，见蝗自北来，飞长数里，即具奏曰："灾异之起，必有所因。陛下即位之初，忧劳庶政，岂容有此？伏愿益修钦畏，以答天心。抑天之爱陛下，殆将有以警勉于初，助成圣德也。更乞延见近臣，咨问时政，必使惠泽实及军民。"先是，公谓新政以人才为急，人才以刚正为先，因疏当今小大之臣有经挫折而不挠，论事切直者凡十数人荐于上，且乞以闲暇时数引贤者自近，赐以从容，庶几启沃之间有所广益。复荐陈俊卿、汪应辰可为宣抚判官，有旨差俊卿。又奏前国子司业王大宝可备劝讲论思，上遂命召大宝。公至江上，复奏曰："直言不闻，非国之福。自秦桧用事，二十年间，诬以它罪，贼杀忠良不知几何人。愿下明诏，以太上之意条具往以直言获罪之人，各加恩施。其诬之以事而身已沦没，许本家开析事因，经朝廷雪诉，庶几冤愤之气得申今日。"又奏乞尽天下之公议以用天下之才。时洪迈、张抡使虏回，见公于镇江，具言初到虏中，锁之寓馆，不与饮食，令于表中换"陪臣"字。公奏："虏主恃强，弹压诸国。今日之事，惟修德立政，寝食之间无忘此仇，上慰天心，下从人欲，不当复遣使以重前失。"

翰林学士史浩建议，欲筑瓜洲采石城，上下公议。公谓："今临淮要地俱未措置，高邮巢县家计亦复未立，而乃欲驱兵卒但于江干建筑城堡，岂不示虏削弱，失两淮之心，堕将士之气？或有缓急，谁肯守两淮者？不若先城泗州便。"上以公言为然。浩已为参知政事，力主初议，其余公所措置，浩辄不以为是。公以张子盖可任，使镇淮上，图山东，而子盖所陈，浩辄沮抑百端，至下堂札诘责，又深遏海州之赏。公方招来山东之人，至者云集，而浩不肯应副钱粮，且谓不当接纳以自困。公奏乞上幸建康，而浩专欲为怀安计。公治舟楫于东海，所图甚远，而浩辄令散遣。凡公所为，动皆乖异，党与唱和，实繁有徒。子盖西人，负气竟以成疾。公遣官属劳问不绝，且乞上亲喻之。上赐手书抚存备至，而子盖卒不起，山东前所结约者皆失望。浩遣其腹心司农寺丞史正志来建康，专欲沮招纳事。公论奏曰："窃惟国家自南渡以来，兵势单弱，赖陕西及东北之人不忘本朝，率众归附，以数万计。臣自为御营参赞，目所亲见，后之良将精兵，往往皆当时归正人也。三十余年，扞御力战，国势以安。今一旦遽欲绝之，事有大不可者。此令一下，中原之人以吾有弃绝之意，必尽失其心，一也。人心既失，变为寇仇，内则为虏用，外则为我寇，二也。今日处分既出圣意，将见淮北之人无复渡淮归我者，人迹既绝，彼之动息无自而知，间探之类，孰为而遣？三也。中原之人本吾赤子，今陷于虏者三十余年，日夜望归，如赤子之仰父母。今有脱身而来者，父母拒户弃绝之，不得衣食，于天理人情皆所未顺，四也。自往岁用兵，大军以奔疲疾疫死亡十之四五。陛下慨念及此，命诸将再行招募。若淮北之人不复再渡，所募之卒何自而充？五也。寻常诸军招江浙一卒之费不下百缗，而其人柔脆，多不堪用。若非取军淮北，则军旅之势日以削弱，六也。若果绝之，人心一失，大事去矣。国家所系，人心为本。惟陛下恢廓圣度，同符天地，信顺获佑，其理必然。"上见之感悟，事得不罢。正志又受浩旨，聚两路监、司守臣往瓜洲相度筑垒事。及见公，恃其口辩，欲为浩游说。公折大义，正志乃愧恐不敢言。将行，公复谓之曰："归致意史参政，秦桧主和，终致误国。参政得君，无蹈覆辙。"浩闻之悚然。时浩已遣使使虏，报登宝位。公奏："陛下初立，方欲图回恢复，而遽闻遣使，惧天下解体。前日洪迈虏中供伏事状，寻闻虏酋备坐告喻岭北诸国。虏借我和议之名，以迫胁诸国类如此，愿毋遣。"浩竟遣之，然虏计已行，亦竟责旧礼不纳也。

十一月，有旨召宣抚判官陈俊卿及公子栻赴行在。公附俊卿等奏曰："今日之事，非大驾亲临建康，则决不能尽革宿弊，一新令图，鼓军民之气，动中原之心。臣自太上时，已为此谋。盖江南形势实在于此，舍而不为，未见其策。"又奏曰："汉文帝初立，有司请早建太子，以尊宗庙，其为天下国家计甚远。愿陛下留意焉。"公于九月中尝具奏，以谓："近闻吴璘之兵在德顺曾未几月，与虏大战，不可不为之深思也。使此虏得志于西，则气焰必炽，胁制蕃汉，聚兵边陲，迫我臣属，事固难处。今持久不决，有大利害存焉。倘坐视不问，贻忧异时，非计之得也。当令两淮之师虎视淮壖，用观其变，而遣舟师自海道摇山东，及多遣忠义结约中原，疑惑此虏，使有左顾右盼之虑。而德顺之师知我有牵制之势，将士当亦贾勇自奋。"至是复令俊卿等力言之。时浩已发诏，命璘弃德顺。盖浩志专欲亟和，以自为功，谓德顺既弃，则非徒璘无能为，亦固挠公之谋矣。上见俊卿等，问公动静饮食颜貌，曰："朕倚公如长城，不容浮言摇夺。"

时上已有欲幸建康之意矣，而浩殊不以为然。上遣内侍黄保躬赐公鞍马手书曰："卿以元勋，特为重望，慨风尘之未静，仗忠义以亲行。首固边防，徐谋开拓，俾朕居尊，无复轸虑。缅思忠赤，益用叹嘉。"俊卿等归，公知车驾来建康之期尚缓，深虑有失机会，复具奏曰："人心向背，兴亡以分。建康之行，一日有一日之功。愿仰稽天道，俯徇众情，亟定行期，以慰中外之望。"时契丹酋窝斡亦起兵攻虏，为虏所灭，其党奔溃。骁将萧鹧巴、耶律适里自海道来降。公以为女真一国之兵，其数有限，向来独以强力迫胁中国之民及诸国之人为用，是以兵盛莫敌。今当招纳吾民，厚抚诸国，则女真之心自生疑惑，中原诸国莫为其用，虏可亡也。奏乞厚抚鹧巴等。上从之，诏公拟官赏施行，仍赐手书劳公曰："卿以文武全才，副朕倚毗，宣威塞垣，厥功益茂。夷虏来归，中外帖然。今赐卿貂帽等。"时虏以十万众屯河南，多张声势，欲窥两淮。公以大兵屯盱、泗、濠、庐，虏不敢动，但移牒三省、密院及移书宣抚司，虚为大言，欲索海、泗、唐、邓、商州及岁币等。公奏此皆诡诈，不当为之动，卒以无事。

隆兴元年正月九日，制除公枢密使、都督建康、镇江府、江池州、江阴军屯驻军马，且命即日开府视事。始，公命诸将筑泗州两城，至是而毕，隐然为边塞重镇。时虏将万户蒲察徒穆及伪知泗州大周仁以兵五千屯虹县，都统萧琦以万余人屯灵壁，积粮修城，遣间不绝。公谓至秋必为边患，当及时扫荡。若破两城，则淮泗可奠枕也。且萧琦素有归我之意，累遣亲信至宣抚司。会主管殿前司李显忠、建康都统制邵宏渊亦献捣二邑之策，公具以奏上。上手书报可。三月，召公赴行在。公中道具奏曰："今之议者，孰不持战守之说？其下则欲复遵旧辙，重讲前好。以臣观之，战守之说是也。然而战守之道，本于庙胜。君天下者，诚能正身以正朝廷，正朝廷以正百官，正百官以正万民，用之战则克，用之守则固，理有决然者矣。今德政未洽于人心，宿弊未革于天下，揆之庙算，深有可疑。臣愿陛下发乾刚、奋独断，于旬月之间，大布德章，一新内外，尽循太祖、太宗之法，使南北之人知有大治于后。人心既孚，士气必振，于以战守，何往不济？"既至，复伸前说。上再三叹美，谓公当先图两城，边患既纾，弊以次革。乃命李显忠出濠州趋灵壁，邵宏渊出泗州趋虹县，而令参议冯方随往犒劳。公亦自往临之。将行，念军事利钝难必，恐或小跌，伤上有为之心，谓诸葛亮建兴六年所上奏其言明切,曲尽事机,乞上置之坐右,尝观览焉。又出旗榜军前曰:"面奉圣旨:大军所至,务要秋毫不扰,专以慰安百姓为事。敢有行一不义、杀一不辜,达于听闻,朕所不赦。"公渡江,闻李显忠至灵壁,而萧琦中悔,以众来拒。显忠大破之,琦所将万五千人降杀殆尽。邵宏渊亦进围虹县,显忠会之,徒穆、周仁穷蹙,率其众降,亦以万数。公又遣戚方将舟师趋淮阳,虑显忠轻敌深进,则亲帅官属前驻盱眙,几便近得以指呼。显忠追萧琦至宿州近城,琦与家属及千户头领等百余人降,遂直抵城下。虏伪元帅者遣二万余人来战,大破之。进攻城,将士蚁附而上,遂克之,中原震动,归附日至。上手书曰:"近日边报,中外鼓舞。数十年来,无此克捷。"公以盛夏人疲,急召显忠等还师,而上亦戒诸将以持重。皆未达,伪副元帅纥石烈志宁率大兵至,显忠等恃胜不复入城,但于城外列阵以待,士卒颇疲矣。伪帅令于阵前打话,谓:"尔若破我,当尽归河南之地。"既战,兵引却。明日复来战,我师小不利,统制官有遁归者,军心颇摇。显忠等率兵入城,虏众进攻城,复杀伤而退。居数日,得谍者报,虏大兵将至,显忠等信之,夜引归,虏亦不能追也。时虏名酋勇将降执系道,精甲破亡不翅三倍,是后不复能为灵壁,虹县之屯矣。

方初退师,公在盱眙,去宿不四百里,浮言汹动,传虏且至。官属中有怀檄以归者,亦有请公亟南辕者。公不答,遂北渡淮,入泗州城。军士归者劳而抚之,视疮痍,拯疾病,存录死事,旌有功,人情胥悦。凡数日,上下始知虏初无一骑过宿者,人心始定。时公独与子栻留盱眙几月,俾将士悉归憩而后还维扬,具奏待罪。上手书抚劳,公复奏曰:"今日之事,明罚为本。而罚之所行,当自臣始。"上手书报曰:"卿屡待罪,欲罚自卿始。卿此言至公,岂不感格?朕委任卿,未尝少变,卿不可以此介意。正赖卿经画,他人岂能副卿?"有旨降授特进,更为江淮宣抚使。宿师之还,士大夫素主和议者乘时抵巇,非议百出。上又赐手书曰:"今日边事尤倚卿为重,卿不可以畏人言而怀犹豫。前日举事之初,朕与卿独任此事。今日亦须朕与卿终任此事,切不可先启欲和之言。"又荐遣内侍劳公,于是公又第都统制官以下,乞以次行罚。

时朝廷建遣杨存中以御营使行江上守备,首途有日。公谓命令不一,将士观望,或败国事,身死无益,遂论奏之。上即日诏存中毋行。公留真扬,大饬两淮守备,命魏胜守海州,陈敏守泗州,戚方守濠州,郭振守六合，治高邮、巢县两城为大兵家计，修滁州关山以扼虏冲，聚水军淮阴，马军寿春、庐州。大抵虏人来攻泗州，则粮道回远，城中兵二万余足以守，乘其弊足以胜。如其出奇自淮西来，则清野坚壁，使无所掠。既不得进，合兵攻之，可大破也。然是时师退未几，人不自保，公命杙往建康挈家属来维扬，众情大安。两淮郡县悉增葺屋宇，人物熙熙，以至乡落亦皆成聚。

上复召杙奏事，公附奏曰："自古大有为之君，必有心腹之臣相与协谋同志，以成治功，不容秋毫之间，然后上下响应影从，事克有济。如伊尹之于汤，太公之于周，其次管夷吾之于齐，诸葛亮之于蜀，书传所载，始终可考。不然，作舍道边，何自而成？而况安危祸福之几，其应不远，可不畏哉！今边隅粗定，军旅粗整，虏以伤败之故，其势未能为竭国之举。而臣以孤踪，跋前疐后，动辄掣肘，陛下将安所用之？愿深惟国计，精选天下岩穴之贤，付以中外大柄，任之专，信之笃，如前数君所为，谋出于一，不使小臣得以阴间，不使异议得以轻摇，先内后外，以图恢复，庶几日积月著，太平可期。载惟陛下当至艰至难之时。遇自古未尝有之强敌，若非君臣相与为一，朝夕图回，不较利钝，终期有成，诚恐岁月易流，后悔难追，甚可痛惜也。臣老且病，望陛下矜怜，赐以骸骨，使之待罪山林，无令出处狼狈，取笑天下后世。"上览奏，谓杙曰："虽乞去之章日至，朕决不许。朕待魏公有加，终不为浮议所惑。"公闻之，不敢复有请。时上对近臣未尝名公，独曰魏公，每遣使来，必令视公饮食多寡、肥瘠何如，其眷礼如此。八月，有旨复公都督之号。

虏都元帅仆散忠义与志宁并贻书三省、密院，索四郡及岁币等。且云："今兹治兵，决在农隙。"以恐胁我。公奏："虏力强则来，力弱则止，初不在夫和与不和之间。使其有隙可乘，有机可投，虽使人接踵于道，卑辞厚礼无所不至，亦莫足以遏其锋也。今伪帅书盖知江南之士欲和者众，离间吾心腹，挠乱吾成谋，坐收全功，以肆其忿毒于后。惟陛下深察之。臣诚过虑，窃恐腐儒之论不知大计，遂为真和。曾不知三数年之后，虏马日蕃，人心益定，我之将士解体怠惰，方是时，何以枝梧？然今日内治未立，人多怀私，只贵谋身，不思为国，军民之弊，漠不加意。不求之此而区区于末，恐无益也。"时朝廷欲谢却归正人，已至者悉加禁切，且不欲公多遣间谍，恐生边衅。公奏曰："自昔创业中兴之君，图回天下，初非有夙任之将、素养之兵、旧抚之民为之用也。考其施设，事非一端。或取之群盗，或得之降虏，或以夷狄攻夷狄，莫不虚怀大度，仰凭天道，俯顺人心，以成大功。后世仁德之不孚，措置之失宜，驯致降人多有背叛。此非徒人事之谬，盖亦天命之不归也。今陛下绍隆祖宗，方务恢复，乃于降者而首疑之，则左右前后与夫今日军旅之众，孰不可疑？而况它日进抚中原，必先招徕，事乃可济。若处之失当，反激其怒，它日人自为敌。计之出此，岂不误哉？陛下将有经营四海之心，推诚待人，如天如日，岂比固陋之士，姑为保身之谋，独无天命之可信哉！"又奏："虏之于我，有不戴天之仇，挟诈肆欺，不遗余力。自宣和、靖康以来，专以和议挠乱国家，反覆诡秘，略无一实。今败盟如此，而朝廷尚蹈覆辙，号为信义，恐生兵隙，臣所未喻也。昔宋襄公谓君子不重伤，不禽二毛，而卒败于楚，得无类是乎。"

时汤思退为右相，思退本桧死党，尤急于求和，遂遣卢仲贤、李栻持书报虏，并借职事官以往。公又奏："仲贤小人多妄，不可委信。"上因其辞，戒勿许四郡，而宰执则令仲贤等许之无伤。栻至境，托故不行，独仲贤往。仆散忠义惧之以威，仲贤遂鼠伏拱手，状称归当禀命许四郡，愿持书复来。仲贤见公，谬称虏有数十万之众近边，若不速许四郡，今冬必入寇，我无以当其锋。且公重臣，不宜在江外，当亟渡江。公知仲贤为虏所胁，即谓之曰："某在此边备已饬，借使虏来，当力破之。况探报日至，虏之屯河南者不过十万，计议得无为虏游说耶？"栻复被旨令入奏。公命栻奏仲贤辱国无状，但所谋事，未知有无出朝廷之意，臣实不预此议。栻至，上即召见，首问仲贤事。栻具奏其状，且曰："仲贤不可不明正其罚，朝廷与为表里，不可不察。"上怒，下仲贤大理寺。思退等惶惧，反谓仲贤能说虏削去君臣之礼，止以叔侄相往来为有功，百端救之，至与左相陈康伯等叩头殿上乞去。上不悦，犹镌仲贤官。思退及其党惧，益大唱和议，建遣王之望、龙大渊为通问使副。公在远，争不能得。见诸军惶惑，归正人尤不自安，即出榜诸军，谓虏人妄有邀索，如辄敢渡淮，当约日决战。朝廷闻公出此榜，皆大恐，独上以为然。公又奏曰："伏闻朝廷遣使甚亟，思虑反复，实不遑宁。伏念臣顷居谪籍几二十年，流离困苦，加以忧患，狼狈万状。所以养爱此身，不敢即死，亦以臣子大义，负不戴天之深仇，终幸一朝得伸素志，瞑目无憾。幸遇陛下龙飞之始，英武奋发，慨然有澄清天下之志。臣是敢受任而不辞，今将士人情日以振作，而虏寇作于内，师老于外，少稽时月，形势毕见。载惟此虏若势力有余，内无掣肘，则秋冬之交必引兵长驱，要我以和，何求不成？而乃遣书约期，势实畏怯，其状甚露。纵令敢以偏师深入，自淮西来，为我则利，为彼非福。盖三百里之内，野无刍粟，扼以不战，又何能为而直为此急急也。重念臣衰老多病，所见所为迂阔寡合。自度赋分单薄，无以胜任国事，方欲俟岁晚力求休退。惟臣所爱者，陛下之圣德闻于天下，有有为之时。惟臣所忧者，夷狄之奸计得以肆行，而后悔何及！不然，臣年余几何？岂不欲姑就安逸以毕此身，而固为异同于今日也？"又奏："今岁守备甚严，自秋涉冬，初无一事。向若虏不贻我以书，固自若也。不幸因虏以一介持书慢我，而朝廷忽遽遣人，自招纷纷。缘此内外之情各不怀安，于国体所系甚大。今兹使行，事体尤重，岂宜更复草草？惟此虏若必欲侵凌我，虽恳请百拜，有不可遏；如其不能，亦何由而动？况专幸寇仇之不我侵，急急然徒为恳免苟安之计，臣之所未谕也。"上赐手书谕意，将以首相待公。公奏力辞。未几，遂召公赴行在奏事。

公初议答虏书事，以为但当轻遣一介往观其情伪而为之所。至是，乃闻朝廷遣之望等。十一月二十五日，行至镇江，上奏曰："近者窃承朝廷已定遣使之议，臣身在外，初不预闻。窃惟徽宗、钦宗不幸不反，亘古非常之巨变，凡在臣庶，不如无生。而八陵久隔，赤子涂炭，国家于虏，大义若何？况逆亮凭陵，移书侮嫚，邀求大臣，坐索壤地，其事近在前岁。今议者不务力为自强之计，而因虏帅一贻书，遽遣朝士奔走麾下，再贻书欲遣侍从近臣趋风听命，复将衰吾民之膏血以奉仇人，用犹子之礼以事仇人，欺陛下以款之之名，而为和之之实。其说固曰吾将款之而修吾兵，政不知使命一遣，岁币一出，国书一正，将士褫气，忠义解体，人心愤怨，何兵政之可修？又不过曰吾将款之而理吾财用，不知今虽遣使而兵不可省，备不可撤，重以岁币之费，虏使之来，复有它须，何财用之可理？此可见欺陛下以款之之名，实欲行其宿志也。彼方惟党与之是立，惟家室之是顾，惟富贵之是贪，岂复以国事为心哉？况两朝銮舆之望已绝，宗室近亲流落虏廷，戕贼殆尽，犹欲与之结和，不知于天理安否？臣实痛之。臣年老多病，所论与朝廷略不相合，岂可蒙耻更造班列，以重败其素节？且陛下庙堂之上，岂容狂妄不合之臣滥厕其间？臣虽至愚，亦诚不忍与今日力主和议之臣并立于朝。伏乞早降指挥，罢臣机政。臣见力疾至前路秀州，听候指挥。"上赐手书曰："览卿奏，欲在秀州候指挥，甚非朕所望也。卿忠诚为国，天下共知，和议事专俟卿到，面尽曲折。卿宜速来。"继遣内侍甘泽赐公手书曰："卿赴召入觐，何为中道遽欲引嫌自陈？军国大事，正要卿同心叶济。已差甘泽宣卿，宜体朕意，疾速前来。"公以上意厚甚，不敢固辞，复上奏曰："臣窃闻道路之言，谓今兹议和非陛下本心，事有不得已者。询之士大夫，多以为然。惟臣昔尝力陈和之不可，为秦桧所挤，濒死者屡。赖太上皇帝保全覆护，获有余生。今日之议，臣以国事至大，不敢爱身，力为陛下敷陈，不知陛下终能主张之否？又有事之大者，人才混淆，风俗陵夷，纲纪久弛，上下偷安，巨细积弊，内治自强未见端绪。若力图所以革之，一绳以公，不恤浮议，则怨谤之言投隙伺间，巧为伤中，事必无成。若因循不革，日复一日，何以为国？国政不立，何以御寇？不知陛下能力断于中，果行于外，君臣一心，无间可乘，以济此疑难之业否？臣是以食不遑味，寝不遑处，拳拳忧心，有如瞰日。思所以为陛下计、为社稷计，须臾不敢忽也。不然，臣年老数奇，粗知学道，岂敢叨踰荣宠，窃位于朝，以负陛下社稷哉！臣到阙日，愿赐清闲之燕，俾尽区区。度其是否，使之进退有据，不违其道。不胜幸甚！"

既至入见，上首谕公以欲专委任之意，公复力陈和议之失。上为止誓书，留使人，而令通书官胡昉、杨由义先往谕虏帅以四郡不可割之意。于是之望、大渊待命境上，而上与公密谋，若虏帅必欲得四郡，当遂追还使人，罢和议事。十二月二十二日，制拜公尚书右仆射、同中书门下平章事兼枢密使都督如故。而思退亦转左仆射。上谕当直学士钱周才以注意在公，故思退虽为左相，而公恩遇独隆。每奏事，上辄留公与语，又时召栻入对，赐公御书《圣主得贤臣颂》。思退等素忌公，至是益甚。公既入辅，首奏当旁招仁贤，共济国事。上令条具，公奏虞允文、陈俊卿、汪应辰、王十朋、张阐可备执政，刘珙、王大宝、杜莘老宜即召还，胡铨可备风宪，张孝祥可付事任，马时行、任尽言、冯方皆可备近臣，朝士中林栗、王秬、莫冲、张宋卿议论据正，可任台谏，皆一时选也。

公自太上时，即建议当驻跸建康，以图恢复。上初即位，公入对，又首言之。及总师江淮，每申前说。至是复力言于上曰："今不幸建康，则宿弊不可革，人心不可回，王业不可成。且秦桧二十年在临安，为燕安耽毒之计，岂可不舍去之而新是图？大抵今日凡事皆当如艺祖创业时，务从省约，而专以治军恤民为务，庶国有瘳。不然，日复一日，未见其可。"上深感悟。通书官胡昉等至宿州，仆散忠义以不许四郡之故，械系迫胁。昉等不屈，忠义计穷，更礼而归之。上闻之，亟召栻语之故，令谕公曰："和议之不成，天也，事当归一也。"始议以四月进幸建康。公又奏当诏之望等还，上批出曰："王之望、龙大渊并一行礼物并回。"思退等大骇，更约翌日面奏。及至漏舍，思退等竞执前说。公折以正论，辄屈。是日三月朔旦，上当诣德寿宫，未登辇，召宰执议事。思退及参知政事周葵、同知枢密院洪遵叩头力争，上怒，声色颇厉。及自德寿宫回，复批出曰："追回之望等札子宜速进入。"适诣德寿宫，太上皇帝亦深怒："此虏无礼，卿等不可专主和议，恐取议于天下。"思退等惧，遂以札子进入，发金字递行。公奏胡昉等能不为虏屈，当加赏。而向者卢仲贤擅以国家境土许寇与仇，宜有重罚。有旨：仲贤除名勒停，编管郴州。又奏："宜榜示诸军，谕以仆散忠义械系使人，加以无礼，使各奋忠义，勉励待敌，趋赴功名，庶几诸军知曲在虏，且知和议不成，激昂增气。"上令都督以此旨降榜两淮，荆、襄、川、陕，数日之间，号令一新，中外军民皆仰上英断。思退计穷，复奏力主和议，且请上以宗社大计奏禀太上皇帝而后从事。上亲批其后，降付三省曰："虏无礼如此，卿犹欲言和，今日虏势非秦桧时比，卿之议论，秦桧之不若。"故事，宰相日一人启御封。是日适公当启，启毕，即转示思退。思退大骇，藏去。先是，上既决幸建康之议，思退等初不与闻。后奏事上前，语屡屈，因请曰："和议不成，虏至何以待之？"上曰："朕已决幸建康。"思退等失色。及又见批语，乃阳为皇恐乞祠状，而阴与其党谋为倾陷之计，踪迹诡秘，人不得尽知也。居数日，俄有旨命公按视江淮。公知一日出外，奸人必得肆意，然趣行之旨屡下，而事之成败，则又非人力所能为者，乃行。既出国门，思退遂与右正言尹穑通谋，日夜汲汲益求所以间公者。公未抵镇江，道遇王之望等还，见之望力主和议，因密奏之。而思退等亦相与阴谋，谓不毁守备则公不可去，和不可成，乃令之望等盛毁守备，一无以恃者。又阴以官爵讽诸将，令入文字，称虏盛强，为畏怯语。而稿专主其议，百计毁公。

盖公受任江淮两年有半，念国家多虞，丑敌未靖，忧恐计度。寝不遑安，食不遑味，祁寒盛暑，劳抚将士，接纳降人，讲论军务，未尝少倦，少年精力有不能及，而公忠义奋激，曾不以为劳。诸军感悦，有不待号令而从者。计所招来山东、淮北忠义之士，实建康、镇江两军，凡万二千余人，万弩营所招淮南强壮及江西群盗又万余人，陈敏统之，以守泗州。淮南军士知泗为两淮要塞，皆愿以死守，至挈父母妻子往焉。要地如海、泗、高邮、巢、和、六合等皆已成筑，其可因水为险处，皆积水为柜，增置江淮战舰，诸军弓矢器械悉备。两年冬，虏屯重兵十万于河南，为虚声，胁和至再至三，皆有约日决战之语。泗州将士日望虏至成大功，而虏亦知吾备御甚设，卒不敢动，反为防我计。及是，公又以宰相来抚诸军，将士无不踊跃思奋，军声大振。虏闻公来，亦檄宿州之兵归南京，沿边清野以俟。淮北归正者日来不绝，山东豪杰悉遣人来受节度。公晓之曰："淮北、山东之人慕恋国恩，厌苦虐政，保据山险，抗拒贼兵，于今累年。首领冒难远来，备述尔等忠勤，为之恻痛。已具奏皇帝，记录汝等姓名。将来大兵进讨，则犄角为援，昼惊夜劫，抄绝粮道。如是贼兵深入，便当连跨城邑，痛剿贼徒。勋绩倘成，节钺分茅，皆所不吝。但当观时量力，无或轻动，反堕贼计。今本朝厉兵秣马，以俟天时，汝等亦宜训习，以待王师之至。"公又以萧琦乃契丹四军大王之孙，沉勇有谋，欲令琦尽统契丹降众，且以檄喻契丹，大意谓本朝与契丹有兄弟之好，不幸奸臣误两国，皆被女真之祸。今契丹不祀，皇帝无日不念此。尔能结约相应，本朝当敦存亡继绝之义。虏人益惧，遂为间书，镂板摹印，散之境上，类后周所以间斛律明月之意。

督府参议官冯方立朝有直声，临事不避难，遍行两淮，筑治城垒，最为劳勤。思退等以其效力尤多，尤恶之，使稿论方不当筑城费财，凡再章而方罢。又论公所费国用不赀，公奏，计督府遣间探、给官吏等，二年半之费，实不及三十万缗。其余为修城造舟、除器招军等用。上出公奏，思退、稿议屈，于是始谋更造它事撼公。殿前后军统制张深守泗有劳，军士安之。俄有旨放罢，而以赵密之子廓代之。公至淮东，询问知状，奏留深，而稿指公此事为拒命跋扈。思退等又相与谋，上眷公厚，必未肯遽罢公，但先罢都督，则公自当引去。稿奏论如思退计，而公自闻冯方罢，已上奏乞罢督府。诏从公请，而公亦封章力求还政矣。稽连疏诋公愈力。左司谏陈良翰奏，如公忠勤，人望所属，不当使去国。上谓良翰："本无此事，且当今人材孰有逾魏公者？卿宜遍喻侍从台谏，使知朕此意。"侍御史周操素同良翰议，至是争论甚力。然是时公留平江虎丘，致仕之章已八上矣。上察公恳诚，欲全其去。四月二十有二日，制除公少师、保信军节度使判福州，而思退等遂决弃地求和之议。且命宣谕司及统领司磨治督府文书钱物，吹毛求疵，卒不可得，乃已。公力辞恩命，上不许，至五六，除醴泉观使。

公虽去国，不敢以嫌故有隐，奏尹穑奸邪，必误国事，又奏劝上务学亲贤。故旧门生或劝公当勿复问时事，后虽有召命，亦无庸起。公慨然语之曰："君臣之义，无所逃于天地之间。况吾荷两朝厚恩，久尸重任，今虽去国，犹日望上心感悟。苟有所见，安忍不言？上复欲用某，某当即日就道，敢以老病为辞？如公等言，复何心哉！"闻者耸然。公以连年疲劳，比得退休，已觉衰薾。且畏暑，未能遂还长沙。行次余干，假宗室赵公頵之居而寓止焉。所居之南有书室，公名之曰"养正"，而为之铭曰："天下之动，以正而一。正本我有，养之斯吉。道通天地，万化流出。精思力行，无忘朝夕。"日读《易》，更定前说，且曰："庶几未死，于学有进也。"又取《易》象题坐右曰："谨言语，节饮食。致命遂志，反身修德。"亲旧来访者，辄与讲论古道，终日不倦，盖其心纯一，无出处动静之间如此。

孟秋既望，公荐享祖考，既奠而跌。公起，叹曰："吾大命不远矣。"手书家事付两子，且定祭祀昏丧之礼，俾遵守，曰："丧礼不必用浮屠氏。"且曰："吾尝相国家，不能恢复中原，尽雪祖宗之耻，不欲归葬先人墓左。即死，葬我衡山足矣。"及仲秋二十日，犹为饶守王十朋作《不欺室铭》，有曰："泛观万物，心则惟一。如何须臾，有欺暗室？君子敬义，不忘栗栗。"至二十有二日，始寝疾。二十八日，疾病。日晡时，命子栻等坐于前，问："国家得无弃四郡乎？"且命作奏乞致仕。日暮，命妇女悉去，夜分而薨。先是，六月末有大星陨于赵氏居养正堂之北，光芒若昼，赵氏一家尽惊。翌日，得公书欲来寓居云。讣闻，上震悼，辍视朝两日。有旨赠公太保。栻等不敢违公志，扶护还潭州。以是岁十一月辛亥，葬于衡山县南岳之阴，丰林乡龙塘之原。

公自幼即有济时之志，未尝观无益之书，未尝为无益之文，孜孜然求士尚友，讲论当世之故。闻四方利病休戚，辄书之册，至一介之贱，亦曲加询访。在京城中，亲见二帝北狩，皇族系虏，生民涂炭，誓不与虏俱存。委质艰难之际，事有危疑，它人方畏避退缩，则挺然以身任之，不以死生动其心。南渡以来，士大夫往往唱为和说，其贤者则不过为保守江南之计。夷狄制命，率兽逼人，莫知其为大变。公独毅然以虏未灭为己责，必欲正人心、雪仇耻、复守宇、振遗黎，颠沛百罹，志逾金石。晚复际遇，主义益坚，虽天啬其功，使公困于谗慝之口，不得卒就其志，然而表著天心，扶持人纪，使天下之人晓然复知中国之所以异于夷狄，人类之所以异于禽兽者，而得其秉彝之正，则其功烈之盛，亦岂可胜言哉！

公论事上前，务尽道理，期于听从，不为苟激。其在官守，事无细大，必以身亲，视国事如家事，视民疾苦如在己身，至诚恳恻，贯彻上下。平生四被谪命，处炎方几二纪，拳拳念君之心，远而弥笃。见朝廷一举措之善，则喜溢词色；一事不厌，则忧思终夕不寐。尝曰事君者必此心纯一而后能有感格，盖其忠义自壮至老，或用或舍，未尝有斯须之间也。事太夫人先意承志，婉愉顺适，曲尽其心，奉养恭恪，寒暑不渝。家人妇子见公身率，莫敢不敬。或时远去侍侧，每觉意绪不佳，则曰："太夫人得无有疾乎？"遣人候问，则其日果太夫人服药也。太夫人方严，或颜色不和，则公拱立左右，踧踖若无所容。俟太夫人意舒，乃敢安。盖自膝下至白首如一日。太夫人既没，见素所服用之物，未尝不泣下，起敬起孝，孝诚笃至，上自宫禁，下至闾阎，无不咨嗟叹息。缙绅军民闻风而兴起慕用，与夫愧悔改行者，不可胜计也。于兄㧑猷公友弟笃至，教养其子与己子不少异。置义庄以赡宗族之贫者，以至母族丧葬婚嫁，亦皆取给焉。岁时祭祀，必预戒小大，使各严恪。涤牲治具，必亲莅焉。及祭，肃乎如祖考临之。时节尝新，必先荐于庙而后敢食。器皿择精洁者备荐享，不以它用。素能饮酒，至斗余。及贬连山，太夫人曰："南方地热，宜省酒。"即不敢饮。及再见太夫人，命之饮乃饮，遂终身不逾三酌。于器用取具，不问美恶，平生无玩好，视天下之物泊然，无足以动其心者。燕处饮食，皆有常度，虽在闺门，无戏语，无堕容。未尝偏倚而坐，未尝疾呼遽行，言必有教，动必有法。盛德日新，至老无息。及在余干，未寝疾间，温恭朝夕，无丝毫倦怠意。绝笔二铭，于今读之，犹能使人悚然起敬。则公之心虽未易以言语形容，然于此亦可以少见其几矣。盖其天资粹美，涵养深厚，以至于德成而行尊，非强勉所能及也。

公之学一本天理，尤深于《易》、《春秋》、《论》、《孟》。尝论《易》数曰："易有太极，是生两仪。太极一也，两仪二之也。分为二，而七、八、九、六之数五十有五，此天地之中数也。何以知其然？盖一、三、五、七、九合为天数。而天数不过五；二、四、六、八、十合为地数，而地数不过五。天地奇偶，合之为十，总之为五十有五。自然之数，皆不离乎中，中故变，变故其道不穷。圣人神而明之，用数之中，故消息盈虚之妙、阖辟变化之几，皆在于我而动静莫违焉，中其至矣。"又尝论刚柔之义示子侄曰："君道主刚，而其动也用柔，故乾动则为坤矣；臣道主柔，而其动也用刚，故坤动则为乾矣。故夫必欲远声色，必欲去小人，必欲配帝王，必欲定社稷，必欲安民人，必欲服四夷，乾之刚也，君则之于内而主断也。至于礼臣下、下贤才、抚四邻、爱百姓、恤孤寡，虚心取善，舍己从人，其动莫非柔矣。不敢唱始，不敢先事，谨礼法、循分守、安进退、守职业，坤之柔也，臣得之于内而有承者也。至于犯颜敢争，捐躯尽节，可以托六尺之孤，可以寄千里之命，可杀不可辱，可困而不可使为不义，守忠义之大训，弭患难于当年，断大计、定大疑，正色立朝，华夷詟服，其动莫非刚矣。故夫善观《易》者，必观夫刚柔之中而究其所以用，则六十四卦三百八十四爻之或得或失，或悔或吝，或吉或凶，可以类推矣。不知刚柔之用，不可言《易》也。"胡铨求公序其所著《春秋传》者，公告之曰："《春秋》所书，莫非人事章章者。作之于心，见之于事，应之于天，毫厘不差。夫子叙四时，称天王，以谓顺天则治，生物之功于是兴；逆天则乱，生物之功于是息。为千万世训至明也。故一言以断春秋之义，曰'天理'而已矣。呜呼！使王知有天，则诸侯知有王，大夫知有诸侯，陪臣知有大夫，驯致之理，得之自然，祸难孰为而作哉？盖王者知有天而畏之，言行必信，政教必立，喜怒必公，用舍必当，黜陟必明，赏罚必行。彼列国诸侯虽曰强大，敢违天不恭，以重拂天下之心而自取诛灭耶？周道既衰，王之不王，不能正身行礼，奉承天心，以大明赏罚于天下。《春秋》为是作，以我褒贬，代天赏罚，庶几善者劝、恶者惧，乱臣贼子易虑变志，不复接踵于后，天地之大德，始获均被万物。圣人先天心法之要，蔑有著于此书者矣。"

公于本朝大臣最重李文靖公，谓近三代气象。又以寇忠愍、富文忠、范文正之事为可法，尝曰："莱公自澶渊还，耻于城下之盟，益劝上修德立政，既不获用，乃有东封西祀之说。郑公使虏还，以和议为耻，以自治为急务，而不受枢庭之赏。文正自西鄙入参大政，劝仁祖开天章阁，俾大臣条时务，大修政事。文正所具二十条，无非要切，然亦不克施。使三公获尽其猷为，则王业必不至二百年而中微也。异时归老山林，当作三贤堂于敝庐之侧，庶几朝夕想像，如见其人。"岂三公所为，适有契于公心也与？

每训诸子及门人曰："学以礼为本，礼以敬为先。"又曰："学者当清明其心，默存圣贤气象，久久自有见处。"见人有一善，为之喜见辞色。子侄辈言动小不中理，则对之愀然不乐。人自感动。

公初娶杨国夫人乐氏，旬日被命召，即造朝。及为侍从，或以公盛年，劝买妾。公曰："国事如此，太夫人在远，吾何心及此？"遂终身不置妾。再娶蜀国夫人宇文氏，贤明淑顺，与公同志。事太夫人尽礼，鸡初鸣，已冠帔立寝前，俟太夫人寤觉。夜则俟太夫人寝，至息匀寐安乃去。食饮汤药，一一亲之。太夫人常曰："吾儿孝，天赐贤妇，以成其心。"内外宗族敬仰无间言，起居饮食，亦皆如公有常度不渝，相对如宾。公方贵，未尝言及宇文氏私门，每训诸子曰："吾朝夕兢兢，履地如履冰，惟恐一言之失，一事之差。"盖其德诚足以配公焉。先公五年薨，葬衡山，与公同兆异穴。生子男二人：长栻，右承务郎、直秘阁；次杓，右承奉郎。

公奏议务坦明，不为虚辞，率口诵，令子侄书之，皆根于心，不易一字。有《绍兴奏议》、《隆兴奏议》各十卷，《论语解》四卷，《易解》并《杂记》共十卷，《春秋解》六卷，《中庸解》一卷，《诗书礼解》三卷，《文集》十卷。

惟公忠贯日月，孝通神明，盛德邻于生禀，奥学妙于心通。勋存王室，泽在生民，威震四夷，名垂永世。平生言行，非编录可纪。谨掇其大略，以备献于君父，下之史官，传之无穷，且将以求当世立言之君子述焉。谨状。乾道三年十月日，左迪功郎、特差监潭州南岳庙朱熹状。

——《朱文公文集》卷九五，《四部丛刊》本

附 录

《张魏公传》 [（宋）杨万里]

张浚，字德远，汉之绵竹人，唐宰相九龄弟九皋之后。祖纮，尝举茂材异等。父咸，举进士、复擢贤良方正异等。浚四岁而孤，母计守志鞠养，虽幼，行直视端，俨如成人，识者知为远器。甫冠，入太学，中政和八年进士第，调山南府士曹参军，恭州司录。靖康改元，召除太常寺主簿。张邦昌僭窃，浚逃太学中，闻高宗皇帝即位南京，星驰赴焉，除枢密院编修官，改虞部员外郎，擢殿中侍御史，迁侍御史。尝奏事，高宗曰："朕于直言容受不讳，近有河北武臣上书诋毁朕，躬亦不加罪，浚请宣布中外以劝言者。"

时乘舆在维扬，久之，中外窃议，以为上将安居焉者。浚言："中原天下之根本，愿下明诏令葺东京、关陕、襄邓以待巡幸。"大拂宰相意请补外，除集英殿修撰、知兴元府。未行，擢礼部侍郎，高宗召之谕曰："卿知无不言，言无不尽，朕将有为，政如欲一飞冲天而无羽翼，卿为朕留"，浚顿首泣谢。除御营使司参赞军事，浚念虏骑必至，而庙堂不为备，力言之于宰相，黄潜善、汪伯彦皆笑不答。

三年春，虏果犯维扬，而乘舆渡江行幸钱塘，留朱胜非吴门御虏，臣浚同节制平江府、秀州、江阴军军马。已而，胜非召赴行在，浚独留。时溃兵数万，所至焚剽，浚散金帛招集事甫定。会三月五日苗傅、刘正彦作乱，胁立皇子，隆佑皇太后垂帘同听政，高宗退处睿圣宫。改元明受，赦至平江，浚命守臣汤东野秘不宣。傅等以檄来，浚恸哭，召东野及提点刑狱赵哲谋起兵讨贼。

时傅等以张俊为秦凤路总管，将万人自中途还。浚念高宗遇俊厚，而俊纯实，可谋大事，握手泣语之，故俊亦哭。浚曰："浚即起兵问罪。"俊喜再拜，因遍犒其师。吕颐浩在建康，刘光世在镇江，浚以书约其兵来会。傅正彦等胁朝廷召浚诣行在所，浚奏："张俊军骤还，宜少留，慰抚之。"因命俊分精甲二千扼吴江，即上疏请复辟，仍以奏草报诸路，又令蜀人冯辐持书往谕。傅等俄除浚礼部尚书，命将所部人马诣行在所。浚复言："不可离平江状。"

会韩世忠舟师抵常熟。张俊喜曰："世忠来，事济矣。"亟以白浚。浚以书招之，世忠至，相对恸哭。世忠曰："愿与张俊身任之。"因大犒俊、世忠将士。浚呼诸将校至前，抗声问曰："今日之举，孰逆孰顺？"众皆曰："贼逆我顺。"浚又曰："若浚此事逆天悖人，可取浚头归苗傅等。不然，一有退缩，悉以军法从事。"众莫不感愤。浚令世忠奏以兵归阙，而密戒其急至秀，据粮道以伺军至。浚又恐贼急邀乘舆入海，遣官属募海舟，皆集。傅等遣大兵驻临平。浚为蜡帛书，募人持付临安守臣康允之等俾勿惊乘舆。韩世忠至嘉禾，称病不进，日造攻具。傅正彦等大惧，亟除俊、世忠节度使，谪浚黄州团练副使，郴州安置。俊、世忠皆拒不受。二十四日，吕颐浩、刘光世踵至。二十七日，乃传檄中外，浚率诸将相继以行。

傅等闻师且至，忧恐不知所出。冯轓以浚意说宰相朱胜非，牵百官请复辟。四月二日，浚至嘉禾，奉复辟手诏。三日，进次临平，傅、正彦逆党屯距不得前，世忠等搏战，大破之，傅、正彦脱身遁。是夕，除浚知枢密院事。翌旦，浚与颐浩等入见，伏地涕泣待罪，高宗乃再三问劳，曰："曩在睿圣，两宫隔绝。一日朕方啜羹，小黄门忽传太母之命，言不得已贬卿郴州。朕不觉羹覆于手，今其迹尚存，念卿被谪，此事谁任？"留浚，引入后殿，过宫庭，曰："皇太后知卿忠义，欲识卿面，适垂帘，见卿过庭矣。"解所服玉带以赐。傅、正彦既败走闽中，浚命世忠以精兵蹑之，并获于建安，槛以献，与其党皆伏诛。

乘舆方经理东南，顾关陕之重，未有所付。浚亦以中兴之功当自关陕始，慨然请行。诏以浚为川陕宣抚处置使，命以便宜黜陟。将御营平寇将军范琼，拥众自豫章来朝。浚疏其通房从伪之罪，吕颐浩请留浚，委以诛琼而后行在。道屡言于高宗，愿体乾之刚以大有为，谨左右之微，而杜其隙听言之道，在亲君子而远小人，责大臣以身任国事，高宗手书嘉纳焉。

先是，高宗问浚大计，浚请身任陕、蜀之事，置幕府于秦川，别属一大臣与韩世忠镇淮东，令吕颐浩扈跸来武昌，从以张俊、刘光世与秦川相首尾。议既定，浚行，未及武昌，而颐浩变初议。浚以十月抵兴元，时房已陷鄜延，骁将娄宿孛堇引大兵渡渭，犯永兴，诸帅莫肯相援。浚至，甫旬日，即行关陕，问风俗，斥奸赃，搜豪杰，诸帅听命。谍告房将寇东南，浚即命诸将整军向房，使娄宿不得下。已而房果入，寇渡江。

四年二月，浚治兵入卫。未至襄汉，遇德音，知房北归，乃复还请，幸关陕为定都大计。是月，虏益兵，欲必取环庆。浚率诸将极力捍御虏势，屡挫。时闻兀术独在淮西，浚惧其复扰东南，谋为牵制之举，浚之始行。高宗命浚三年而后用师，至是，诏浚以时进讨。浚遂合五路之师以复永兴。虏大恐，急调大酋兀术等由京西来援，九月大战于富平。泾原帅刘锜身率将士薄虏阵，杀获颇众。会环庆帅赵哲擅离所部，哲军将校望见尘起，惊遁，诸军亦退。浚斩哲以退保兴州。命吴玠聚泾原兵于凤翔和尚原、守大散关，以断贼路，命关师古等聚熙河兵于岷州大潭，命孙渥、贾世方等守阶、成、凤，以固蜀口。虏轻兵至辄败，浚上疏待罪，高宗手书慰勉焉。

绍兴元年五月，虏酋乌噜部却统大兵来攻和尚原，吴玠乘险击之，连战三日，虏大败走。八月，兀术复合兵来，寇九月亲攻和尚原，吴玠及其弟璘邀击，复大破之，兀术仅以身免，祝须鬓而遁。制加通奉大夫，寻拜检校少保、定国军节度使，赐手书，遣中使宣旨。浚遣兄滉及属官奏事行在所，高宗喜，恩意有加。

浚在关陕三年，以新集之军当方张之虏，早夜训，辑以刘子羽为上宾，子羽忠义有才略。任赵开为都转运使，开善理财，治茶盐酒法，方用兵调度百出，而民不加赋。擢吴玠为大将守凤翔，玠每战辄胜。

先是将军曲端逐其帅王庶而夺之印，又不受节制。富平之役，其腹心张忠彦等降虏。端与知之，浚送端狱论死。西北遗民闻浚威德，归附日众，于是全蜀按堵，且以形势牵制东南，江淮亦赖以安然。浚承制黜陟悉本至公，虽乡党亲旧无一毫假借，于是士大夫有求于幕府而不得者谤浚杀赵哲、曲端为无辜，而任刘子羽、吴玠、赵开为非是，朝廷疑之。三年春，遣王似副浚。会虏大酋撒离喝及刘豫叛党聚大兵自金商入寇，破金州，夺饶风岭。先是浚命刘子羽为兴元帅，至是子羽约吴玠同守三泉。守御甚固，虏至金牛，知三泉有备，又闻子羽遣锐师袭已惧而引退，王师掩击，其后斩馘及堕溪谷死，以数千计。浚闻王似来，求解兵柄，吕颐浩、朱胜非不悦，浚曰毁之，诏浚赴行在所，浚力丐外祠高宗弗许。

四年二月，浚至，御史中丞辛炳率同列劾，诬以危语。六月，以本官提举临安府洞霄宫，居福州。浚知虏既无西顾忧，必并力窥东南，而朝廷已议讲解，乃极言其状。是岁九月，刘豫之子麟果引虏大兵由数路入寇。高宗思浚前言之验，策免宰相朱胜非；而参知政事赵鼎请幸平江，及召浚以资政殿学士提举万寿观兼侍读。召既入见，复除知枢密院事。

高宗亲书降诏，辩浚前诬，仍榜朝堂。浚既受命，即日赴江上视师。时兀术拥兵十万于维扬，浚遂疾驱临江，召大将韩世忠、张俊、刘光世与议，且劳其军，留镇江节度之。兀术闻浚至，一夕遁去。高宗遣中使趣浚赴行在所。

五年二月，除宣奉大夫、尚书右仆射、同中书门下平章事兼知枢密院事，都督诸路军马，而赵鼎除左仆射。浚与鼎同志辅治务，在塞幸门、抑近习以正原本。书王朴《平边策》以献。高宗还临安，浚留相府。未阅月，复出江上劳军。至镇江，召韩世忠谕上旨，使举军前屯楚州以撼山东。世忠即日渡江。巨寇杨么据洞庭，朝廷屡命将攻之，不克。浚自请以盛夏乘其怠讨之。行至醴陵，释邑囚数百人，乃杨么遣为谍者，给以文书，俾分示诸砦谕以早降，皆欢呼而往。五月至潭，遣岳飞分兵屯鼎、澧、益阳，贼魁相继请，降众二十余万。浚一以诚信抚之。七月，湖寇尽平，遂奏遣岳飞之军屯荆襄，以图中原。

自鄂、岳转淮东，会诸将大议防秋之宜，高宗遣中使赐书促归，制除浚金紫光禄大夫。浚力辞不拜，请以其恩封其母。十月至行在所，高宗劳问曰："卿暑行甚劳，然湖湘群盗既就招抚，以成朕不杀之仁，卿之功也。"亲书《周易·否》、《泰》卦以赐。浚言："自古小人之陷君子，必以朋党为言。夫君子引其类而进，志在于天下国家而已。其道同，故其趋向亦同，何朋党之有焉？小人则不然，更相推引，本图利禄而已。或故为小异以弥缝其事，或表里相符以信实其言。人主于此何所决择哉？原其用心而已。臣尝考《泰》之初九'拔茅茹以其汇，征'，而《象》以为'志在天下国家'，非为身故也。《否》之初六'拔茅茹以其汇，贞'，而《象》以为'志在君'，则君子连类而退，盖将以力行善道而未始忘忧国爱君之心焉。观二爻之义而考其心，则朋党之论可以不攻而自破矣。臣又观否泰之理，起于人君一心之微，而利害及于天下。方其一念之正，画而为阳，泰自是而起矣；一念之不正，画而为阴，否自是而起矣。陛下能日新其德，正心于上，臣知其可以致泰矣。异时天道悔祸，幸而康宁，愿陛下常思其否焉。"

又言："今日之事虽有可为之几，而其理未有先胜之道。盖不在于交锋接战之际，而在于得天下之心，是岂可以声音笑貌为哉？心念之间，一毫有差，四海共知。今使天下之人，皆曰吾君孝悌之心寝食不忘，父兄则当思其为陛下雪仇耻矣。皆曰吾君之朝君子在位，小人屏去，侍御仆从罔非正人，则有才智者悉思尽其力矣。皆曰吾君弃珠玉，绝玩好，赏不予幸，而惟以予功，则上下知劝矣。以至吾君言动举措俱合礼法，至诚不倦，上格于天，则望教化之可行矣。如是则将帅之心日以壮，士卒之心日以奋，天下百姓之心日以归。夷狄闻陛下之盛德，知中国之理直，则气折志丧，陛下何为而不成乎？不然，疑似之心毫发著见。隙见于此则心生于彼，天下之人口不敢言而心敢怒，异日事乖势去，祸乱立作，以致祸致难，起戎起兵。前日明受之变，大逆之徒陈兵阙下，旁有他辞，其监不远也。为人上者，其可不兢畏戒惧耶！"又言："听杂则易惑，多畏则易移，以易惑之心行易移之事，终归于无成而已。是以自昔人君修己正心，惟使仰不愧于天，俯不怍于人，持刚健之志，洪果毅之姿，为所当为，曾不他恤。陛下聪明睿知，灼知古今，苟大义所在，断以力行，夫何往而不济乎？臣愿万几之暇保养天和，澄静心气，庶几利害纷来不至疑惑，以福天下。"召对便殿，问所宜为。浚既面奏，复条例以进，号《中兴备览》，凡四十有一篇。高宗嘉叹，置之坐隅。

浚以虏势未衰，而叛臣刘豫复据中原，请亲行边塞，部分诸将。六年正月，至江上榜豫僭逆之罪，命韩世忠据承楚以图淮扬，命刘光世屯合肥以招北军，命张俊练兵建康，进屯盱眙，命杨沂中领精兵为后翼以佐俊，命岳飞进屯襄阳以窥中原。高宗遣使赐浚御书《裴度传》，浚请乘舆以秋冬幸建康。浚复渡江遍抚淮上诸戍。七月，诏促浚入觐。八月至行在所，时张俊军已进屯盱眙，岳飞遣兵入伪地，至蔡州。浚复力趣建康之行知，乘舆九月朔进发，浚先往江上。

刘豫及其侄猊挟虏来寇，浚以书戒俊、光世，令进击，又令杨沂中往屯濠梁。刘麟渡淮南涉寿春逼合肥，张俊请益兵，刘光世欲引兵退保，赵鼎及金书枢密院事折彦质，移书抵浚，欲召岳飞兵速东下。又乞请高宗亲书付浚，欲俊、光世、沂中等退师为保江之计。浚奏："俊等渡江，则无淮南，而长江之险与虏共矣。淮南之屯正所以屏蔽大江，向若叛贼得据淮西，江南其可保乎？又岳飞一动，则襄、汉有警，复何所制？"高宗手书听浚，杨沂中以十月抵濠州。浚闻刘光世舍庐州而南，疾驰至采石，令光世之众渡江者斩。光世闻浚来，大恐，即复驻军，与沂中接连。

刘猊分麟兵之半来攻沂中，大破猊于藕塘。猊仅以身免，麟拔栅而遁去。高宗遣内侍赐浚端砚、笔、墨、刀剑、犀甲，且召浚还。至平江，班见高宗，曰："却贼之功，尽出卿力。"

时鼎等已议回跸临安。浚奏："天下之事，不倡则不起，三岁之间，陛下一再进抚，士气百倍。今六飞一还，人心解体矣。"高宗幡然从浚计。十二月，赵鼎出知绍兴府。浚独相以亲民之官，治道所急，而比岁内重外轻，遂条具郡守、监司、省郎、馆阁出入迭补之法；又以灾异奏复贤良方正科，皆从之。

七年正月，以去冬却敌之功，制除特进。浚恳辞。先是，禄令成书加金紫光禄大夫，浚辞不获，即求流贬兄滉。至是，高宗乃谓浚曰："卿每有迁除，辞之甚力，恐于君臣之义未安。"浚乃奉诏。问安使何鳞归报徽宗皇帝、宁德皇后上仙，高宗号恸擗踊，哀不自胜。浚奏："天子之孝，与士庶人不同，必思所以承宗庙、奉社稷者，今梓宫未返，天下涂炭，愿陛下挥涕而起，一怒而安天下之民。"乞降诏谕中外。高宗命浚草以进，其辞哀切。又请命诸大将率三军发哀成服，中外感动。乘舆发平江，至建康。几事丛委，浚独身任之，人情赖浚以安。每见，必深言仇耻之大，反复再三，高宗未尝不改容流涕。时高宗方厉精克己，戒饬宫庭内侍，无敢越度。事无巨细，必以咨浚。赐诸将诏旨，往往命浚草之，四方灾异，浚必以闻，祥瑞皆抑不奏。刘光世在淮西，军无纪律。浚奏其状，高宗罢光世，而以其兵属督府。浚命参谋军事兵部尚书吕祉往庐州节制，浚又自往劳之，人情初无他。而密院以握兵为督府之嫌，奏乞置武帅。乃以王德为都统制，即军中取郦琼副之。浚归，奏其不然，琼亦与德有宿怨，自列于御史台。乃更命张俊为宣抚使，杨沂中、刘锜为制置判官以抚之。未至，琼等举军叛，执杀吕祉，以归刘豫。浚引咎，求去位，以观文殿大学士、提举江州太平兴国宫。先是，浚遣人持手榜入伪地间豫。会琼等叛去，浚复遣间，持蜡书遗之。大抵谓豫已相结约，故遣琼等降，房疑豫，遂废之。台谏交章诋，浚旋落职，以朝奉大夫、秘书少监分司西京，居永州。于是赵鼎复相，乘舆自建康还临安。

九年二月，以赦复宣奉大夫，提举临安府洞霄宫，除资政殿大学士、起知福州兼福建路安抚大使。时秦桧得政，始决和戎之议，房遣使来，以诏谕为名，浚前后五上疏争之。

十年正月，高宗遣中使抚问。时虏败盟，复取河南。浚奏："愿因权以制变。"继闻淮上有警，连以边计奏知，又条画海道舟楫利害甚悉。高宗嘉浚之忠，遣中使奖谕。浚大治海舟至千艘，为直指山东之计，以俟朝命。在郡细务必亲，讼清事简。山海之寇招捕无余，间引秀士与之讲学，闽人化之。十一年十一月，除检校少傅、崇信军节度使，充万寿观使，免奉朝请。十二年，太母銮辂来归，制封浚和国公。

十六年，彗出西方，浚上疏力论时事。浚又以天申节手书《尚书无逸篇》以进为贺，秦桧大怒，令台谏交章论浚，以特进、提举江州太平兴国宫，居连州。

二十年九月，徙永州。浚去国至是几二十年，退然自修，若无能者。而天下士无贤不肖，莫不倾心，武夫健将言浚者必咨嗟太息，至小儿妇女，亦知天下有张都督也。每使至虏，虏主必问浚安在。先是，虏载书有"毋易大臣"之语，盖惮浚复用也。

于是桧令台臣王珉、徐哲每弹事，必及浚。至谓浚为国贼，欲必杀之。又令张柄知潭州，汪召锡为湖南提举，以图浚。又令张常先为江西转运判官，治张宗元狱，株连及浚，又捕赵鼎子汾下大理狱，令自诬与浚及李光、胡寅等谋大逆。一时贤士桧所恶者凡五十三人，皆与焉。会桧死，高宗始亲庶务，复浚观文殿大学士，判洪州，浚时丧母将归葬。浚念天下事二十年为和议所移，边备荡弛；且闻完颜亮篡立势已骄悍，浚忧之。自以大臣，义同休戚，不敢以居丧归蜀。会星变诏求直言，浚虑虏数年间，其势决生隙用兵，而吾方信虏，荡然莫备，乃复言愿法汤文事葛事狄之心，用勾践事吴之谋以和为权，鉴石晋之事契丹以和致败。大臣沈该、万俟卨、汤思退见之大怒，以为虏初未有衅，而浚所奏乃若祸在年岁者，或笑以为狂。台谏汤鹏举、凌哲论浚归蜀，恐摇动远方，诏复居永州。服除落职，以本官奉祠。庚辰秋冬，朝廷闻虏有异志，中外表疏，请还浚相位者不绝。

三十一年春，命浚自便。浚归至潭州，奉钦宗讳，号恸不食。又闻虏有嫚书，不胜痛愤。上疏请早定守战之策。未几，而亮兵大入，中外震动。十月，复浚观文殿大学士、判潭州。时虏骑充斥两淮，王权兵溃，刘锜兵退归镇江。遂命浚判建康府、兼行宫留守。浚被命即首途。至岳阳，遇大雪，亟买小舟，冒风涛而下。时道途之言，传闻日异，中外危惧，长江无一舟敢行，北岸者，浚不少顾。过池阳，闻亮死，然余众犹二万屯和州。李显忠兵在沙上，浚渡江犒之。一军见浚，欢呼增气。虏惴恐，即遁去。浚至建康，请乘舆亟临幸。闻已进发，乃督官属储偫以须，不半月而办，军民恃以安。

三十二年正月，高宗至建康，浚迎见道左。卫士见浚，以手加额。乘舆入行宫，首见浚。浚言："国如身也，元气充，则外邪远。朝廷，元气也。用人才、修政事、治甲兵、惜财用，皆壮元气之道。"高宗嘉纳之。乘舆还临安，将行劳浚曰："卿在此，朕无北顾之忧矣。"四月，命浚经理两淮，继兼节制建康、镇江府、池州、江阴军屯驻军马。时虏兵十万围海州，浚命镇江都统张子盖往救。大破虏众，浚以军籍凋寡，请招集忠义来归之人，及募淮楚壮勇之士以充弩手。未几成军。又谓虏长于骑，我长于步，卫步莫如弩，卫弩莫如车，乃令陈敏专制弩治车。且请东屯盱眙、楚、泗以扼清河，西屯濠、寿以扼涡、颍，外可以塞虏寇之粮道，内可接大兵之气势。益募福建之海舟，由东海以窥东莱，由清河以窥淮阳。张子盖自镇江来谒，浚与图取山东之计。奏乞益以精甲，俾屯淮上。

上即位，浚首言建康行宫当罢工役华采之事，诏从之。盖上自藩邸熟浚德望，临朝之初，顾问大臣，咨嗟叹息。召浚赴行在所，赐手书。未至国门，遣趣三四，既见。上改容曰："久闻公名，今朝廷所恃唯公。"赐坐，降问再三。浚言："人主以务学为先。人主之学以一心为本，一心合天，何事不济？所谓天者，天下之公理而已。人主之心，一为嗜欲私溺所乱，则失其公理矣。必兢业自持，使清明在躬，则赏罚举措无有不当，人心自归，丑虏自服。"上竦然曰："当不忘公言。"又言："今日当如创业之初，每事以艺祖为法，自一身一家始，以率天下。"浚见上天锡英武，力陈和议之非，劝上坚志以图事。制除浚少傅、江淮东西路宣抚使，节制建康、镇江府、池州、江阴军屯驻军马，进封魏国公。荐陈俊卿为判官，复往江上。翰林学士史浩欲城瓜洲、采石，下浚议。浚谓："不守两淮而守江干，是示虏以削弱之形，息军战守之气，一有缓急，谁肯守淮者？不若先城泗州。"浩既为参知政事，浚所规画，浩必沮挠，如不赏海州之功，沮死骁将张子盖，散遣东海舟师，皆浩之为也。先是洪迈、张抡使虏回，见浚，具言虏不礼我使，状且令称陪臣，浚请不当复遣使，而浩议遣使报虏以登宝位。浚请毋庸遣，竟遣之虏责旧礼不纳而还。十一月，上召俊卿及浚子栻赴行在所。浚请临幸建康，以动中原之心，用师淮堧，进舟山东，以遥为吴璘德顺之援。上见俊卿等，问浚动静饮食颜貌，曰："朕倚魏公如长城，不容浮言摇夺。"契丹酋窝斡起兵攻虏，为虏所灭，其骁将萧鹧马、耶律适里自海道来降，浚请厚抚之。诏浚拟官，以闻虏以十万众屯河南，声言窥两淮。浚以大兵屯盱眙、泗、濠、庐虏不敢动，第文移索海、泗、唐、邓、商州及岁币。浚言虏诈，不当为动，卒以无事。

隆兴元年正月，制除枢密院使、都督建康、镇江府、池州、江阴军屯驻军马。时虏将万户蒲察徒穆及伪知泗州大周仁屯虹县，都统萧琦屯灵壁。浚谓至秋必为边患，当及时扫荡。会主管殿前司李显忠、建康都统制劭宏渊亦献捣二邑之策，浚具以上。闻上手书报可。三月，召浚赴行在所。浚中道上疏谓："庙胜之道在人君，正身以正朝廷，正朝廷以正百官，正百官以正万民。今德政未洽，宿弊未革，揆之庙胜，深可疑者，愿发乾刚、奋独断，尽循太祖、太宗之法。"上谓浚当先图两城，边患既纾，弊以次革。乃命李显忠出濠州趋灵壁，劭宏渊出泗州趋虹县。浚自往临之。以军事利钝难必，乞上以诸葛亮建兴六年所上奏，置之座右。又以上旨出旗榜军前，慰安百姓。李显忠至灵壁败萧琦，劭宏渊围虹县降徒，穆周仁乘胜进克宿州，中原震动，归附者日至。上手书曰："近日边报，中外鼓舞。数十年来，无此克捷。"浚恐盛夏人疲，急召显忠等亟还师，而上亦戒诸将以持重。皆未达，伪副元帅纥石烈志宁率兵至，显忠与战连日未决，谍报虏益兵将至，显忠等信之，夜引归，虏亦解去。时浚在盱眙，去宿不四百里，传言虏且至。浚亟北渡淮，入泗州城。抚归士，已乃还维扬，上疏待罪。上手书抚劳，浚复奏曰："今日之事，明罚为本。罚之所行，当自臣始。"上手书报从其请，降授特进，更为江淮宣抚使。宿师之还，士大夫主和议者，非议百出。上又赐手书曰："今日边事倚卿为重，卿不可以畏人言而怀犹豫。前日举事之初，朕与卿独任之。今日亦须朕与卿终之。荐遣内侍劳浚。"浚留维扬，大饬两淮守备，是时师退未几，人不自保，浚徙家维扬，众情始定。于是浚又第诸将乞，以次行罚。命魏胜守海州，陈敏守泗州，戚方守濠州，郭振守六合。治高邮、巢县两城为大兵形势，修治关山以扼虏冲，聚水军淮阳马军寿春，由是两淮守备浸固。上复召栻奏事，浚言："自古有为之君，必有腹心之臣相与协谋同志，以成治功，不使浮言异议得以动摇。今边隅粗定，军旅粗整，而臣以孤踪，跋前疐后，动辄掣肘，陛下将安用之？因乞骸骨。"上览奏，谓栻曰："虽乞去之章日至，朕决不许。朕待魏公有加，不为浮议所惑。"上对近臣未尝名浚，独曰魏公，每遣使来，必令视浚饮食多寡、肥瘠何如。八月，有旨复浚都督。虏元帅仆散忠义贻书三省、密院，欲索四郡及岁币。且云："今兹治兵，决在农隙。"浚言："虏强则来，弱则止，不在和与不和。"时朝廷欲谢遣来归之人，其已至者悉加禁切。浚言："陛下方务恢复，乃于降者而首疑之。"时汤思退为右相，急于求和，遂遣卢仲贤持书报虏。浚言："仲贤小人多妄，不委信。"已而，仲贤果以许四郡辱命，朝廷复建遣王之望，为通问使龙大渊副之。浚争不能得。未几，召浚赴行在奏事。至镇江，以论议不合，乞罢机政。上赐手书，报以面议。既入见，上谕浚以欲专委任之意，浚复力陈和议之失。上为止誓书，留使人，而令通书官胡昉、杨由义先往谕虏以四郡不可割之意。于是之望、大渊待命境上，而上与浚密谋，若虏帅必欲得四郡，当追还使人，罢和议。十二月，制拜浚尚书右仆射、同中书门下平章事兼枢密使都督如故。思退为左仆射。上书《圣主得贤臣颂》以赐，虏械胡昉等。上闻之，谕浚曰："和议之不成，天也，自此事当归一矣。"

二年三月，始议以四月进幸建康。浚又言当诏之望等还。上从之幸建康之议，思退初不与闻。大骇力争，乃与其党密谋为陷浚计。俄诏浚行视江淮，自浚受任督府且将三年，讲论军务，不遑寝食。所招来山东、淮北忠义之士，以实建康、镇江两军，凡万二千余人，万弩营所招淮南壮士及江西群盗又万余人。要害之地、城堡皆筑，其可因水为险者，皆积水为堰，置江淮战舰，诸军弓矢器械悉备。两年冬，敌屯重兵十万于河南，为虚声，胁和有刻日决战之语。将士望虏至成大功，而虏亦知吾有备，卒不敢动。及是，浚又以宰相来抚诸军，将士踊跃思奋。虏闻浚来，亦檄宿州之兵归南京，沿边清野以俟。淮北来归者日不绝，山东豪杰悉愿受节度。浚又以萧琦契丹望族，沈勇有谋，欲令琦尽统契丹降众，且以檄喻契丹，虏益惧。思退乃令王之望盛毁守备，以为不可恃；又令尹穑论罢督府宣力属官冯方；又论浚费国用不赀，又论浚奏留张深守泗不受赵廓之代为拒命。又论乞罢浚都督。浚亦请解督府，诏从其请。言者诋浚愈力，左司谏陈良翰、侍御史周操力言浚不当去国。上谓良翰曰："当今人才孰逾？魏公卿宜遍谕侍从台谏，使知朕意。"浚留平江，上章乞致仕者八。上察其诚，欲令其去。四月，制除浚少师、保信军节度使判福州，朝廷遂决弃地求和之议矣。浚恳辞恩命，改除醴泉观使。

行次余干，以家事付两子，曰："吾尝相国家，不能恢复中原，尽雪祖宗之耻，即死，不当归葬先人墓左，葬我衡山足矣。"八月二十二日，寝疾后七日呼。子栻等于前，问："国家得无弃四郡乎"？且命作奏，乞致仕而薨。讣闻，上为震悼，辍视朝两日，赠太保。后五年，上追思浚忠烈，加赠太师，赐谥忠献。

浚自幼即有济时志，不观无益之书，不为无益之文，孜孜求士尚友，以讲明当世之故。在京城中，亲见二帝北狩，皇族系虏，生民涂炭，誓不与虏俱存。艰难危疑，人所畏避，则以身任之，不以生死动其心。南渡以来，士大夫唱为和戎之说，浚独以虏未灭为念。晚志益确，虽不克就，然表著天心，扶持人纪，使天下知有君臣父子之道。论事上前，必以人君当正心、务学、修德、畏天、至诚、无倦为先。绍兴间，力挽耆儒寔之讲筵。至隆兴，罢政。犹惓惓劝上，讲学绍兴之日，食隆兴之飞蝗，率上疏请修德以弭变。又以储副为天下本。自在川陕，即上疏乞选养宗室之贤。及为相，复陈宗庙大计。及资善堂建，皇子出就傅，又荐朱震、范冲充训导之选。每以东南形势莫重建康，人主居之，北望中原，常怀愤惕。若居临安，内则易以安肆，外则难以号召中原。故自绍兴至隆兴，屡以迁幸为言，禀性至公，尝劾李纲以私意杀从臣宋齐愈，罢其政。及大赦，纲贬海外独不原，浚为请，得内徙。韩世忠军士剽掠，浚尝奏夺其观察使。及视师淮上，独称世忠勇，可倚以大事。兄滉以才学为高宗所知，赐进士第，后省，缴驳。浚言：不可以臣故违后省，公议。其辅政以人才为急，与赵鼎当国，多所引擢，从臣朝列，皆一时之望，人号为"小元祐"。至隆兴初，首荐论事切直挫折不挠者数十人。及再相，又荐虞允文、汪应辰、王十朋、刘珙等，皆一时名士，其后多至执政侍从。尤善于抚御将帅，而知其才。始在关陕，吴璘由行间识擢，卒有大功于蜀。刘锜晚出，浚一见奇之，即付以事任，归荐于朝，卒成颍昌之奇功。高宗叹息，谓浚知人。其他若杨政、田晟、王宗尹、王彦后皆为名将。大抵浚之用心，以致君尧舜之道为己任，以春秋复仇之义为己责，以未恢复祖宗之境土为己忧。议者谓："其论谏本仁似陆贽，其荐进人才似邓禹，其奋不顾身敢任大事似寇准，其志在灭贼死而后已似诸葛亮。"云："事母至孝，及出身为国，离母七年，为宣抚日。"始迎养于阆中，暨在相位，始遣人迎于蜀，彗星之见，浚将论时事，恐为母忧。其母见浚瘠，问故，具以告。母诵其父对策之语曰："臣宁言而死于斧钺，不忍不言以负陛下。"浚意乃决，母丧。浚逾六十，哀毁不自胜。于兄滉，友弟尤至。教养其子如己子，置义庄以赡其族。及母族昏丧，皆取给焉。生无玩好，视天下之物泊然，无足以动其心，起居皆有常。度在余干，未疾之前，温恭朝夕，无一毫倦怠意。

浚之学一本天理，尤深于《易》、《春秋》、《论语》、《孟子》。奏议务旦明，不为虚辞，口占成文，不易一字。有《绍兴奏议》、《隆兴奏议》各十卷，《论语解》四卷，《易解》并《杂说》共十卷，《春秋解》六卷，《中庸解》一卷，《书诗礼解》又三卷，《文集》十卷，藏于家。长子栻自有传，次子枃以才谞称，今为权兵部尚书，知临安府。

——《诚斋集》卷一一五，《四部丛刊》本

《张浚魏国忠献公》[（宋）李幼武]

字德远，唐张九皋之后，六世祖徙居绵竹，中政和八年进士第，调山南府士曹，调褒城令辟熙河路察干，调恭州录。何栗荐召为审察，除太常簿。光尧即位，除密院编修，改虞部员外郎，殿中侍御史，迁侍御。建炎三年，以母在远乞外补，除集撰，知兴元，知礼侍。召对，又除御营参军，同节制平江、常、秀、江阴军马，除知密院，诏充川陕宣抚处置使，加通奉大夫。二年，加检校少保、定国军节度使。四年二月，本官提举洞霄，福州居住。寻以资学提举万寿，兼侍读召，知密院江上视师，寻除宣奉大夫、尚书右仆射、同中书门下平章事兼密院，都督诸路军马。绍兴初，除金紫光禄大夫。七年，加特进，辞。九月得请，授观文大学士、提举兴国。言落职，以朝奉大夫、秘书监分司西京，永州居住。九年二月，大赦，复宣奉，提举洞霄，复资政大学士，知福州，兼帅。十一月，除检校少傅、崇政军节度使，充万寿观使，免朝请。十二年，封和国公。十六年，秦桧怒，论罢，以特进、提举兴国，连州居住。二十年九月，移永州。二十五年，复观文殿大学士、判洪州，已在苫块矣。三十一年，令湖南路任便居住。十月，复观文大学士、判潭州，改建康、兼留守。四月，被旨兼措置两淮，寻兼节制建康、镇江、江池、江阴军屯驻军马。孝宗即位，召除少傅、江淮宣抚使，进封魏国公。隆兴初，除枢使、开都督府。三月，召降授特进、宣抚江淮。八月，复都督号。十二月，拜右仆射、兼枢使仍都督。二年四月，除少师、保信军节度使判福州，除醴泉观使。二十六日，薨，赠太保，加赠太师。

公甫冠，预计偕入上庠。及第，调褒城令，辟熙河路干办公。到官，遍行边垒，览观山川形势，时犹有旧日戍守将，公悉召，与握手饮酒，问祖宗以来守边旧法及军阵方略之宜，尽得其实。故公起自疏远，一旦当枢管之任，悉通知边事本末，盖自此也。

渊圣皇帝召涪陵处士谯定至京师，将处以谏职。定以所言不用力辞，杜门不出。公往见至再三，问所得于前辈者，定告公但当熟读《论语》。公自是益潜心于圣人之微言。

浚乞于沿江置强弩营，选州禁兵、县弓手为之。

浚为平江府、秀州控扼副使，时苗、刘敕，书至平江，浚即走介入杭，问贼状。至江宁，颐浩寓书于浚，约共起兵，郑毂亦遣所亲谢向微服。至平江，见浚，令严备而缓进。浚虑苗傅等兵上抵平江，则失枝梧，乃令张俊先遣精兵二千扼吴江。于是，浚上表，大略言："国家多难，正人主马上图治之时。愿请睿圣不惮勤劳，亲总要务。"复与二凶咨目，且欲得辩士往说之，使无他图。浚与蜀人冯辂有旧遣之，见二凶为陈逆顺。先是，二凶以书讹浚，曰："伊周之事，非侍郎孰能当之"？浚复书略曰："自古言涉不顺，谓之指斥乘舆；事涉不顺，谓之震惊宫阙。上春秋鼎盛，一旦逊位，似非所宜。天祐我宋，所以保佑圣躬者，历历可考。出质则虏人钦畏而不敢留，奉使则百姓讴歌而有所属，天之所兴，谁能废之？"二凶得书，言浚见讹，以逆贼，内不能堪。朱胜非恐生他变，乃奏贬浚，郴州安置。时两宫音问几不相通，太后遣小黄门至睿圣宫白上曰："张浚不得已贬郴州。"上方啜羹，不觉羹覆于手。颐浩自江宁至，浚乘小舟迓之于郊中，得堂帖，乃贬命。浚恐将士观望，即袖之，语书吏云："有旨趣赴行在，令申已发之日。"是夜，共宿城外，颐浩呼其属李承造草檄文，浚为润泽之。诸将皆谓贼穷则邀驾入海，浚又遣陈思恭等治舟师于海道，以遮贼南道。于是传檄内外，勤王之师五万发平江。至秀州，

· 205 ·

夜有刺客至帐前。浚顾左右已睡,问:"尔欲何为"?对曰:"某粗读书,知逆顺,岂为贼用?况侍郎忠节,安忍相害?但见为备不严,恐后有来者。"浚下执其手,问姓名,曰:"言之是徼利。某河北人,有母在,今径归矣。"浚翌日取郡狱死囚斩以徇,曰:"此刺客也。"后亦无他。二凶闻勤王师来,甚恐。辐知可动,乃白胜非曰:"张侍郎以国步艰难,正当马上治之,主上传位幼子,恐有不测之变。主上受渊圣诏为兵马大元帅。嗣圣易称皇太侄,太母垂帘听政,大元帅总兵征伐于外。此最得策。"遂拉二凶同议都堂。初,浚戒辐,乞以铁券赐二凶,用释其疑。辐遂奏太后许之,议遂定。癸卯,诏百官赴睿圣宫。奏请人皆欢呼,以为复辟。丁未,驾还行宫,众情大悦。寻除苗刘为淮西制置使副。时浚兵次临平,苗翊以重兵御之,战败走,傅、正彦遣兵援之,不能进。是夕,遂开涌金门出遁。浚等引勤王兵入,都城人耸观,以手加额。浚既见,上召至禁中,谓曰:"隆祐皇太后知卿忠义,欲一识卿面,适垂帘,见卿自庭下过矣。"浚惶恐谢。上欲倚浚为相,浚辞以晚进,不敢当。

　　以浚知枢密院事。时浚年二十三,国朝执政,自寇准以后,未有如浚之年少者。

　　上问浚以方今大计,浚请身任陕蜀之事,置司秦川,而别委大臣与韩世忠镇淮东,令吕颐浩扈驾来武昌,张浚、刘光世从行庶与秦川首尾相应,上许之。乃以浚为川陕等路宣抚处置使,川陕、京西、湖南、北为所部。

　　上亲书御制《中和堂》诗赐浚曰:"愿同越勾践,焦思先吾身。"其卒章曰:"高风动君子,属意种蠡臣。"

　　初,金寇京东,命范琼御之。琼领兵转入江西。至召入见,不肯释兵,且乞除殿前司职事。公奏琼大逆不道,上以其事付公。公退与刘子羽谋,夜锁吏于公府中,作文字皆备伪。遣张俊以千人渡江,若捕他盗者,因召俊、琼、刘光世赴都堂计事。俊将众甲以来,琼从兵满阶,意象自若,食已,子羽坐庑下,遽取敕黄纸,诣前麾下,曰:"有敕,将军可诣大理置对。"公数琼罪,琼愕然,遂以俊兵拥缚,付大理。使光世出抚其众,以八字军付王彦,余兵分隶御营众军,顷刻而定,赐琼死。

　　浚发行在,赐度僧牒二万,紫衣、师号五千为军费。时刘锡、赵哲皆在浚军,浚辟刘子羽、傅雱、冯康国、王彦、何伴、甄援与俱,康国将行，往别台谏。赵鼎谓之曰："元枢新立大功，出当川、陕，半天下之重，自边事外，悉当奏禀，盖大臣在外，忌权太重也。"

浚至襄阳，留二十余日，召帅守监司令预备储峙，以待上西幸。时程千秋、王择仁之军咸在，及诸盗之来降者，凡数万人。浚谓襄阳乃衿喉之地，因荐千秋为京西制置，假以便宜，许之久任自属，郡守贰以下皆得诛赏。

浚至汉中，乃上奏曰："汉中实天下形势之地，号令中原，必基于此。谨于兴元积粟理财以待巡幸，愿陛下早为西行之计，前控六路之师，后据两蜀之粟，左通荆、襄之财，右出秦、陇之马，天下大计，斯可定矣。"

浚承制以赵开为随军转运，浚知开有心计，开言："蜀民已困，惟榷利尚有赢余。"于是大变酒法，自成都始，明年，遂遍四路寻变盐法置合同场，收引税钱，与茶法大抵相类，而严密过之，来者无所施其巧。

浚至秦川置司，节制五路诸帅，才数日，即出行关陕，移环庆帅王似知成都府，而以武臣赵哲代之。于是，参议军事刘子羽荐泾原都监吴玠，浚与语，大悦，拔为统制官。又以其弟小使臣璘，领帐前亲兵。

浚言："大食献珠玉，已至熙州。"上谕大臣曰："大观以来，川茶不以博马，惟市珠玉，故武备不修。今若捐数十万缗，易无用珠玉，曷若惜财以养战士。"遂命宣抚司无得受，量赐以答其意。

萨里罕及哈芬等寇邠州，浚遣统制曲端拒之。两战皆捷。至白店原，萨里罕乘高望之，惧而号哭。金人因目曰"啼哭郎君"，遂引去。

浚上疏言："陛下果有意于中兴，非幸关陕不可。愿先幸鄂渚，臣当纠率将士奉迎銮舆，永为定都大计。"上不许。

浚闻金大入寇，上浮海东征，亟治兵入卫。至襄汉，知金退，乃还。先是宰执登舟奏上，上曰："张浚措置陕西，极有条理。"吕颐浩曰："陛下虽失之杜充，复得之张浚。"上曰："浚自荐辛兴宗作秦帅。比至陕西。见孙渥材优，则奏罢兴宗而用渥。盖其用心公也。"

浚之西行也，上命浚三年而后用师。至是达兰及乌珠皆在淮东，约秋高入寇。浚闻乌珠踌躇淮上，必再犯东南，议出师攻取以分其势，士大夫多以为不可。浚皆不听，刘子羽争之曰："相公不记临行天语乎？"浚曰："事有不可拘者，假如万一有前日海道之行，变生不测，吾侪虽欲复归陕西,号令诸将,其可得乎?"子羽议,遂塞。浚乃决策治兵,移檄河东问罪。复永兴军。金大惧,遂调乌珠自京西,令星驰至陕西,与罗索等合。而浚亦札诸路,兵合四十万,约日会于耀州,以与金战。

浚既定议,出师募客,将士皆心知其非而口不敢言,上亦以金萃兵淮。上命浚出兵,分道由同州、鄜延以捣其虚。浚乃檄召,诸路各以兵会,合六路兵四十万人、马七万,以刘锡为统帅。诸军行至富平县将战,诈立曲端旗以惧金。金帅罗索曰:"彼绐我也。"浚时已罢端兵权,安置万州。癸亥,罗索拥兵骤至,舆柴囊土,藉淖平行,进薄吾营,锡等与之战。刘锜身率将士,杀敌颇众,胜负未分。而金铁骑出不意,直击环庆军,他路兵无与援者。会赵哲离所部,哲军望见尘起惊遁,诸将军亦退。金遂乘势而前。

富平战败,诸军还。浚至彬州,召锡等计事。浚立堂上,诸将立堂下。浚问:"误国有大事,谁当任其咎者?"众皆言环庆军先走。浚命拥赵哲斩之,哲不伏,且自言有复辟功。浚亲校以挝击其口,斩于堠下,军士为之丧气,浚遂以黄榜放诸军罪。哲已死,诸将听令。浚命各归本路歇泊,令方脱口,诸路之兵已行,俄倾皆尽。浚率帐下退保秦州,于是陕西人情大震。

浚以关陕失律,上章待罪。上谓宰执曰:"张浚放罪诏须早降。"因言:"浚用曲端、赵哲、刘锡,见其过,即重遣之。浚未有失,焉可罢也?"李回曰:"须得胜浚者方可易。"上曰:"有才而能办事固不少,若孜孜为国,无如浚者。亦有人言其过,朕皆不听。"命放罪。

浚闻金入德顺,军遂移司兴州。惟亲兵千余人自随,其属官皆惧。有建言不当远去,请筑青阳潭左右四关、六屯,浚以为然,乃遣子羽单骑至秦州,访诸将所在。时金兵四出,道阻不通,将士无所归,忽闻子羽在近,宣抚司留蜀口,乃各引所部来会,凡十数万人,军势复振。浚哀死问伤,录善咎己,人情粗安。

金破福津,蹂同谷,迫武兴。浚遂保阆州,令刘子羽于关外调护诸军,子羽颇得众心。又总领赵开兼都漕,号善理财,不加赋于民,而军用足。

浚承制以王庶知兴元府。时兴元帅事草创,仓廪乏绝,师徒寡弱。庶募民教之。河东、陕西溃师多旧部曲,往往来归,不数月,有众二万。

初，浚以曲端在陕西屡尝挫敌，欲仗其威声，乃辟充本部统制。端登坛，将士欢声如雷。先是，朝廷以曲端欲杀王庶，疑其有反心，遂以御营使司提举官召之，端疑不行。议者喧言端反，浚入辞，独以百口保之。及端有白店原之败，庶乘此谮之，吴玠亦以彭衙之败憾端，乃书"曲端谋反"四字于手心，因侍浚立，举以示浚。浚素知端、庶不可并立，且方倚玠为用，恐玠不自安。庶等知之，即言："端尝作诗题柱，有指斥乘舆之意曰：'不向关中兴事业，却来江上泛鱼舟。'此其罪也。"浚乃送端恭州狱。有武臣康随者，在凤翔，尝以事忤端，端鞭其背，有切骨恨。浚以随提点夔州路刑狱，端闻之曰："吾其死矣！"呼天者数声。端有马名铁象，日驰四百里，至是连呼"铁象可惜"者数声，乃赴逮。既至，随命狱吏縶之维之，糊其口，燎之以火，端干渴而死，士大夫莫不惜之，军民亦皆怅恨，西人以是益非浚焉。《西事记》曰："浚之为人，忠有余而才不足，虽昧于知人，短于用兵，而清修笃慎，有志天下，古人不能过也。复果断敢为，诸将亦莫敢桀骜。端初为五路统制，拜威武将军，屡与金人角，更胜迭负，西人以为能。然心常少浚，浚乃废之。"又曰："使端不死，一日得志，逞其废辱之憾，一摇足则秦蜀非朝廷有，虽杀之可也。"

初，乌珠驻兵于熙河秦雍。至是，相继移塞欲窥蜀，公令吴玠于凤翔府之和尚原，先处战地，诱致其来。乌珠乃引众十余万，造浮桥于宝鸡县，渡渭来犯。玠遣吴璘、雷仲率诸将选劲弓强弩，分番迭射，号驻队矢，接发不绝，且繁密如雨。敌稍却，则以奇兵分系，断其粮道，又劫破金寨。与之战凡三十余阵，乌珠中箭而遁，俘其将英格贝勒及酋领三百、甲军八百，杀贼众横尸满野，是役也。乌珠往返万里，始末三年，其众损者逾半，皆呻吟扶携以归。乌珠初有从马数百，至是仅留其六道，由平阳府伪守萧庆以三马奉之，于是北归燕山。

《西事记》曰：浚之败，赖吴玠独全一军据和尚原以守，金人屡攻之不能克，后大破虏军，杀其酋帅，人疑不实。盖陕西之败，皆浚为之，然金人不能取蜀，亦其用玠之力也。

先是，宰执奏："浚今居阆，为水运，以给西军。"上曰："朕料浚必能立功。"宰执退，至省未食，而浚和尚原捷报已至。乃相与叹仰圣明知人、善料敌如此。既而浚以功除定国军节度，职仍旧。

公上言，已运米五万石至荆南，欲理川口与行在相接。上谓宰执曰："两日前，言者犹请遣人副浚，朕谓委之不专，难以责成。"

公在关陕，凡事虽以便宜行之，然于乡党亲旧之间，少所假借。于是士大夫有求于宣司而不得者，始起谤议于东南。朝廷疑之，将召归，先为置副。乃以王似为川陕等路宣抚处置副使，诏与浚相见，同治事。浚寻上疏言："镇重宽厚于民不扰，似之所长，至于驾驭将帅裁处机事不为身谋，似恐未可仗，且外而刘子羽、吴玠之徒与虏为仇，内而张深、程唐日夜谋议，皆尝立。破虏之功，各望照知浸加任使。今一旦以无功侍从骤处副任，人情谓何？臣虑子羽之徒必自引去，而似之庸常，终至败事。臣等日夜治兵，亦欲奉迎大驾以福中原，而或者相为朋党求挠，臣权在，臣去就甚轻，而国家之计恐有未便。"

诏知枢密院张浚罢宣抚处置，令赴行在。寻诏浚有大功，久劳于外，令学士院降诏。

先是，监广州盐税。吴伸上疏大略谓："浚忠有余而智不足，且复辟之功大，失地之罪小，天下之人所共知之。其退保四川，敌人卒未能下，盖亦浚之功也。"切见里巷游谈咸曰："张浚之来，章疏列上，必于失地之外，吹毛求疵，增其过恶。使浚不至，则必曰慢而不恭，有违命之罪；至则必曰覆军之将，有失地之罚。将群起而攻之，必使罪去而后已。使浚罪去，不知谁可继其忠乎？"御史常同、辛炳俱有论列，疏入不报。浚既入见，遂赴密院治事。

浚之出使也，尝以秦川馆为学舍，以待河北陕西之士来归者，给衣食养之，又新复诸郡乞铸印。浚已去，朝廷远，亦先铸给而后奏闻。又浚之还，取道东蜀夔峡其至稍迟，台臣辛炳言浚被命宣抚不能成功，轻失五路，坐困四川。用刘子羽辈皆小人，而杀曲端、赵哲为无辜；以至设秘阁以崇儒，拟尚方而铸印；及被召不肯出，乞黜责浚，遂落职奉祠，炳等复交论浚跋扈不臣之罪大。于是诏浚福州居住，即日如福州，从者皆去。肩舆才两人而已。

浚虽得罪，犹上疏论金伪暂和，其心必未已。大略谓："此敌情状，专以和议误我，亦云久矣。彼势促则言和，势盛则复肆，前后一辙。愿陛下早夜深思，益为备具，处将士家属于积粟至安之地，使出而战守者无反顾奔散之忧。精择奇才以抚川陕之师，使积年屯边者无懈惰怀望之意。江淮、川陕互为牵制，斥远和议，用集大业。窃见主兵官除吴玠、王彦、关师古外，如吴璘、杨政可统大兵，田晟可总一路，王宗尹、王喜等可为统制。"后皆有声，世服其能知人。

初，浚知金无西顾忧，必并力窥东南，朝廷已议讲解，乃极言其状。及刘麟引金兵入寇，上思浚前言之验，而赵鼎亦乞召浚，既入见，遂命知枢密院。浚请遣岳飞渡江入淮西，以牵制金兵之在淮东者，从之。

上曰："君臣之间当至诚相与，勿事形迹，庶可同心叶德，以底于治。朕于二三大臣当分委，以事张浚专治军器，胡松年专治战舰。"浚曰："仁宗时亦尝令韩琦、范仲淹分事而治，言者数以为辞，不旋踵报罢。"上曰："今日若不专责，事无由集国用，亦须委一大臣。"松年曰："议论既定，力行之必有效，若今日行，明日罢，徒纷纷无益耳。"松年时金书枢密院事。

诏浚视师江上。浚疾驱临江，召大帅韩世忠、张浚、刘光世与议，且劳其军。将士见浚来，勇气十倍。浚部分诸将，遂留镇江节度之。

魏良臣等自北军回，浚遇之，问以金事及大帅之语，良臣谓金有长平之众，且出大言，谓当割建州以南，王尔家为小国，索银绢犒军，其数十万。仍约良臣等再使。浚密奏，不可以其言而动，及不须令再往。

浚在镇江，时乌珠拥兵十万于淮阳，世忠移书与之为言张枢密已在此矣。初，金谍报浚得罪远贬，故悉力来寇。至是，乌珠问世忠所遣麾下王愈："吾闻张枢密贬岭外，何得已在此？"愈出浚所下文书，乌珠见浚书押，色动，即强言约日当战。浚再遣愈以世忠书往问战期，愈回一日，而金宵遁，士马乏食，狼狈死者相属。遣诸将追击，所俘获甚众。

浚奏捍贼次第，且言相持已久，恐其别生奸计，已与诸将议，凡可以克敌者，无不为也。上曰："浚措置如此，虏必不能遽为冲突。"参政沈与求曰："晋元帝时，石勒寇寿春，相持三月，晋臣至有劝降勒者，王导拒之。虏今远来久相持，非其利也。"上曰："朕得浚，何愧王导！"

以赵鼎、张浚为左右仆射，浚仍兼都督诸路军马。初，浚在川陕，念上继嗣未立，以绍兴元年秋上奏曰："荷陛下恩德之厚，事有千于宗庙社稷大计，臣知而不言。谁敢为陛下言者，惟陛下察其用心，贷以万死。窃见西汉之制，人君即位，首建储嗣，所以固基本、属人心。臣愿陛下特召大臣讲明故事，仍先择宗庙之贤，优礼厚养，以为藩屏。"至是入谢，复陈："宗庙大计，莫先于储嗣。虽陛下圣德昭格，春秋方盛，必生圣子，惟所以系天下人，不可以不早定议。"上首肯久之。乃云："宫中见养，艺祖之后，二人长者年九岁，不久当令就学。"浚出见鼎都堂，相与仰叹圣德。自是鼎益相勉励，同志协谋，以为为治之要，必以正本澄原为先务。诚能陈善闭邪，使人君无过举，则国势奠安，丑虏自服。是以进见之际，于塞幸门、抑近习尤谆切致意焉。

浚复奏事，因书王朴《平边策》以献。又奏："臣昨奉清光，窃见陛下于君子小人之分，圣意拳拳于此，宗社生灵之福也。昔唐李德裕言，正人如松柏，特立不倚；邪人如藤萝，非附他物不能自起。臣尝推类而言之，君子小人见矣。小人在位，则同于己者誉之以为君子，异于己者排之以为小人。不顾公议，不恤治乱，不畏天地鬼神。彼其专于自营进身之计，故好恶不公，以至于亡身亡国乱天下而莫之悔。惟陛下亲学问，节嗜欲，清明其躬以照临百官，则君子小人之情状又何隐焉？"

浚至镇江视师，召韩世忠亲谕上旨，使举军前屯楚州以撼山东，世忠欣然承命。浚遂至建康抚张俊军，至太平州抚刘光世军，军士无不踊跃思奋。浚以诸路军马所用钱粮，当从督府总制，故悉以上佐兼之。仍关送尚书，指挥行府关三省指挥始此。

浚谓湖寇杨么据洞庭，实为上流，不先去之，为腹心害，将无以立国。请自行。上许焉。初，席益得么探者数百人，皆传致远县。浚至醴陵，召囚问之，尽释其缚，给以文书，俾分示诸寨，令早降。皆欢呼而往。会岳飞兵至复令分屯鼎、澧、益阳，压以兵势。至是，降贼将杨钦乘胜急攻水寨，么穷蹙赴水死，湖寇悉平得丁壮五六万人、老弱十余万，浚一以诚信抚之，乃更易郡县。奸贼吏宣布宽恩，命岳飞进屯荆襄，以窥中原。浚率官属泛洞庭而下。

浚自湖南转由两淮，会诸将，议防秋。至是入见，上劳勉之，赐赍甚厚，亲书《否》、《泰》二卦以赐浚。浚奏："自古小人倾陷君子，莫不以朋党为言。夫君子引其类而进，志在于天下国家而已。其道同，故其所趋向亦同，曾何朋党之有？惟小人则不然，更相推引，本图利禄，诡诈之踪，莫可迹究。故或为小异以弥缝其事，或内外符合以信实其言。人主于此何所决择而可哉？则亦在夫原其用人而已。臣尝考《泰》之初九'拔茅茹以其汇，征'，而《象》以为'志在外'，盖言其志在天下国家，非为身故也。《否》之初九'拔茅茹以其汇，征'，而《象》以为'志在君'，则君子连类而退，盖将以行善道而未始忘忧国爱君之心焉。观二爻之义而考其心，则朋党之论自不攻而破矣。臣又观否泰之理，起夫人君一心之微，而利害及于天下百姓。方其一念之正，其画为阳，泰自是而起矣；一念之不正，其画为阴，否自是而起矣。然而《泰》之上六，阴已尽，复变为阳，则君子在外而否之所由生焉。《否》之上九，阳已尽，复变为阴，则小人在外而泰之所由生焉。当今时适艰难，民坠涂炭，陛下若能日新其德，正厥心于上，臣知其将可以为泰矣。异时天道悔祸，幸而康宁，则愿常思其否焉。"

上尝召对便殿，问所宜为，且命以所闻见置策来上，浚承命条例以进，号《中兴备览》凡四十一篇，莫不备具。上深嘉叹，置之座隅。

自渡江以来，三衙名存实亡。逮公与赵鼎并相，乃以杨沂中所将隶殿前司，解潜部曲隶马军司，统制官颜渐部曲隶步军司。沂中之军本辛永宗部曲，后又益以他兵，故其众特盛。潜之军才二千余，渐所统乌合之兵而已。

时以雪寒，命赈济。上谓公曰："朕居燠室尚觉寒，细民甚可念。若湖南、江西旱灾去处，宜早措置赈济。"公曰："陛下推是心以往，则足以感召和气，况实惠乎？"上曰："朕每以事机难明，专意精思，或达旦不寐。"公曰："杂听则易惑，多畏则易移，以易惑之心行易移之事，终归于无成而已。以陛下聪明，苟大义所在，断以力行，夫何往而不济？臣愿万机之暇澄心静气，保养天和，庶几利害纷至而不疑，中兴之业可成矣。"

浚以金势未衰，而刘豫复据中原，为谋叵测，奏请亲行边塞，分命诸将，以观机会，上乃令浚往视师。浚即张榜声豫僭逆之罪。时韩世忠驻军承、楚。刘光世屯太平州，张俊屯建康府，而岳飞在鄂州，朝论以为边防未备，空缺之处尚多。浚独谓："楚、汉交兵之际，汉驻兵殽、渑间，则楚不越境而西，盖大兵在前，虽有他岐捷径，敌人畏我之议其后，不敢逾越而深入。故太原未陷，则尼玛哈之兵不复济河，亦以此尔。不然环数千里之地尽以兵守之，然后可安乎！"上深以为然。

初，言屯田者甚众，而行之未见其效。至是，公兼领屯田以出，始置官属，凡所行之事皆画一而去。

公至江上，会诸大帅议事，乃命世忠自承楚以图淮阳，命刘光世屯庐州以招北军，张俊练兵建康，为进屯盱眙之计，杨沂中领精兵为后翼，岳飞进屯襄阳以窥中原。于是，国威大振。上御书《裴度传》，遣使赐公，以示至意。公于诸大帅中独称世忠与飞可属以大事。时刘豫颇于伪境聚众，世忠自楚州引兵渡淮击败之，直至淮阳而还。上赐公手书曰："世忠既捷，整军还屯，进退合宜，不失事机，亦卿指授之方。卿更审虚实，徐为后图，或遣岳飞一窥陈、蔡，使贼支吾之不暇也。"

初，公在淮上，谋渡淮北向，惟倚世忠为用。世忠辞以兵少，欲摘张俊之将赵密为助。以行府檄俊，俊拒之，谓世忠有见吞之意。公奏乞降圣旨，而俊亦禀于朝。鼎白上曰："浚以宰相督诸军，若号令不行，何以举事？"俊亦不可拒，乃责俊当听行府之命，不应上禀于朝。复下浚一面专行，不必申明，虑失机事。时议者以为得体。

公又渡江抚淮上诸屯，属方盛暑，公不惮劳，人皆感悦。时防秋不远，公以方略谕诸帅，大抵先图自守以致其师，而后乘机击之。

上谓宰执曰："近日金星犯毕，占法边有败兵，当谕与张浚令诸帅戒守边者，天既有象须修人事以应之。"

公谓："东南形势，莫重于建康，实为中兴根本，且使人主居此，则北望中原，常怀愤惕，不敢自退自逸。而临安僻居一隅，内则易生安肆，外则不足以号召远近，系中原之心。遂奏请圣驾以秋冬临建康，抚三军，而图恢复。"时韩世忠自淮阳已还楚州，张俊既城盱眙，进屯泗州。岳飞亦遣兵至蔡州焚其积聚。至是，公承诏入觐，力请上进临建康，以为不可缓，然朝论者极鲜，惟上断然不疑。会牒报豫有南窥之意，公复往江上视师。

刘豫闻上将亲征，告急于金主，求兵为援。金主听豫自行，至是分道入寇。先是刘麟令乡兵伪胡服，于河南诸处十百为群，人皆疑之，以为金、伪合兵而至。公奏："金方疲于奔命，决不能悉大众复来，此必皆豫兵。"而边报不一，刘光世奏御贼事宜，谓庐州难守，张俊驻军泗州，亦请益兵，众情恟惧，议欲移盱眙之屯，退合肥之戍，召岳飞尽以兵东下，公独以为不然，乃以书戒俊及光世曰："贼豫之兵以逆犯顺，若不剿除，何以立国，平日亦安用养兵为？今日之事，有进击，无退保。"而赵鼎折彦质皆移书抵公，欲飞兵速下，且拟条画项目，请上亲书付公，大略欲退师还江南，为保江之计，不必守前议。于是世忠统兵过淮，遇敌骑，与额哩页贝勒等力战，既而亦还楚州。或请上回临安。公奏："若诸将渡江则无淮南，而长江之险与敌共之。淮南之屯，正所以屏蔽大江。使贼得淮南，因粮就运，以为家计，江南其可保乎？今淮西之寇，正当合兵掩击，况士气甚振，可保必胜。若一有退意，大事去矣。又岳飞一动，则襄汉有警，复何所制？愿朝廷勿专制于中，使诸将不敢观望。"上乃手书报公："近以边防所疑事咨卿，今览所奏甚明，俾朕释然无忧。非卿识高虑远，出人意表，何以臻此？"公奉此诏，异议乃息。时刘光世舍庐州而退。公怪之，即星驰至采石，遣人喻其众曰："若有一人渡江，即斩以徇。"且督光世复还庐州。光世遣王德领兵至前羊市，遇刘麟游兵败之，而贼众数十万，已次于濠寿之间，张俊拒之。杨沂中为俊统制，公即遣沂中至濠州与俊合，且使谓之曰："上待统制厚，宜及时立大功，或有差跌，浚不敢私。"又遣张宗颜等自泗州来为其后继。猊以众数万，欲犯建康。沂中悉众以出，纵大军乘之，大破贼众，横尸满野京东，虏骑寻亦退走。朝方大恐，上以手书赐公曰："贼虽犯顺，侵寿及濠。卿奖率师徒，临敌益壮，遂使凶渠宵遁，同恶自焚。寤寐忠勤，不忘嘉叹。"仍令浚具上都督府随行官吏军兵推赏。公言赏或滥加，则将士解体，遂惟保奏有功者。

浚还平江，随班入见，力请幸建康，且言："天下者，陛下之天下。陛下自不致力，以为之先，则人有解体之意。日复一日，终以削弱。异时复诏巡幸，其谁信之！何哉？彼知以此为避地之计，无意以图天下故也。"

中原遗民有自汴都来者，言刘豫自猊、麟败后，意沮气丧，其党皆携贰。房中谓豫必不能立国，而民心日望王师之来。朝廷因是遂谋北伐。公乃出行淮上，抚诸军，且筑庐州城。五月还。

初，以道君皇帝远在沙漠，公奏遣问安使何藓往金国通问。至是，还，始知道君及宁德皇后已相继上仙。公遂奏："臣近得此信，不胜痛愤。愿陛下刚健有为，成败利钝，在所不恤。况孝悌可以格天，推此心行之，臣见其福，不见其祸也。"

公专任国政，"首言亲民之官，治道所急，而比岁内重外轻，遂条具郡守、监司、省郎、馆阁之人迭补之法。以郡守监司有治状者除郎官郎，曹资浅者除监司郡守,馆职未历民事者除通判。"仍乞降诏。又以太阳氛气四合奏复贤良方正科,皆从之。乘舆发平江,至建康,几事丛委,公独以身任之。人情赖公以安,每见,必深言仇耻之大,反复再三,上未尝不改容流涕。时天子方励精图治,事无巨细,必以咨之,赐诸将诏,往往命公草之。四方灾异,必以闻祥瑞,皆抑不奏。

上谓宰执曰:"昨日张浚呈马,因为区别良否,皆不差。"浚曰:"臣闻陛下闻马足声而知良否。"上曰:"然。"浚曰:"物犹易知。惟知人为难。"上曰:"人诚难知。"

上曰:"边事未靖,军需取于诸路者尚多,斯民重困,它日兵寝,当一切蠲之。虽常赋,亦与除一二年。朕之此心,天实临之。"浚曰:"圣意如此,天必助顺。"

宰执奏事,浚因论淮西地险可守。陈与义曰:"见王德《淮西图》,路几不可方轨。"上曰:"地形虽险,亦在将兵者如何耳。李左车谓井陉之道,车不得方轨,骑不得成列,而韩信卒由井陉以破赵,是险不足恃也。"浚等叹服。

初,公自淮西归,与赵鼎同在相位,以招徕贤才为急务,从列要津,多一时之望,人号为"小元祐"。又以人主当务讲学以为修身致治之本,荐尹焞置之讲筵,有旨促召赴阙。会旱灾。及郦琼之变,公力求去,而周秘等交章论之,遂罢职奉祠,秘等复论。公跋扈不臣等罪大乞,远窜。上批:"浚散官,安置领表。"鼎营救之甚力,且以公母老为请,上意稍解,遂命分司、居永州。

初,朝廷命赵鼎出使如公故事将行,鼎言:"陛下建炎中遣张浚出使川陕,国势百倍于今。浚有补天浴日之功,陛下有山河之誓,君臣相信,古今无二。而终致物议,以被窜逐。夫丧师失地,浚则有之,然未必如言者之甚也。大抵专黜陟之典,受不御之权,则小人不安其分,谓爵赏可以苟求。一不如意,便生觖望。是时,蜀士至于醵金募人,诣阙讼之,以无为有,何以自明?故有志之士欲为国立功者。每以浚为戒,且浚有罪,台谏论之可也,人主诛之亦无憾也。今乃下至草泽行伍,凡有求于浚而不得者,人人投牒丑诋,及其母妻,甚者指为跋扈,抑何甚哉!"

时以金国使来讲和,大赦。浚在永州,上言:"金自宣和以来,挟诈反覆,非可结以恩信者。借令金国有故,上下纷杂,天属尽归,河南遂复。数年之后，人情益解，士气渐消，彼或内变既平，指瑕造隙，肆无厌之欲，发难从之。请其将何辞以对？自尧舜以来，非兵无以立国，未闻委质夷狄可以削平祸难。远而石晋，近而叛豫。著人耳目，历历可想"。前后凡五上疏争之。

公知福州之明年奏言："臣切念自群下决回銮之计，国势不振。事机之会，失者再三。向使虏，还梓宫，归两殿，供须一无所请，宗族随而尽南，则我德虏，必深和议不拔。人心懈怠，国势浸微，异时衅端卒发，何以支持？幸今虏怀反覆，士气尚可作，人心尚可回。愿因权制变，转祸为福，用天下之奇才，据天下之要势，夺敌之心，振我之气，措置一定，大勋可集。"继闻淮上有警，连以边计奏知，又条画海道舟船利害。上嘉公之忠，遣中使奖谕。公时大治海舟至千艘，为直指山东之计，以俟朝命。又明年春，献缗钱六十万，助军费，诏奖之。

浚在宫观，因天申节缴奏《无逸篇》。疏略曰："伏考周公《无逸篇》，商王中宗、高宗、周文王非徒自享安荣，而有国长久。自祖甲之后，立王生则逸，是以罔或克寿。仰惟圣德日新，大孝之诚，昭格天地寿福无疆，宜过商宗、周王甚远。"

公念桧欺君误国，使灾异数见，彗出西方，欲力论时事，以悟上意。又念太夫人计氏年高，言之必被祸，恐不能堪。太夫人觉公形瘁，问故，公具言所以。太夫人诵先雍公咸绍圣初举科制策曰："臣宁言而死于斧钺，不忍不言而负陛下。"至再三，公意遂决。乃言曰："当今时势，譬若养大疽于头目心腹之间，不决不止。决迟则祸大而难测，决速则祸轻而易治。惟陛下断之于心，谨察情伪，豫备仓卒。庶几社稷有全安之理。不然，异时以国与敌者反归罪正议。此臣所以食不下咽，而一夕不能安也。"桧见之大怒，命台谏论公，章四五。上以特进、提举江州太平兴国宫，连州居住。

公在连作《四德铭》以示其人曰："忠则顺天，孝则生福，勤则业进，俭则心逸。"连人相与镌之于石，家传人诵焉。公去国至是几二十年退，然若无能者，而天下士大夫无贤不肖，皆倾心，健将悍卒见之者必咨嗟叹息。下至儿童、妇女亦知有张都督，每使者至虏必问公今安在？

和议定时，国书中有"不得辄易大臣"之语，盖桧恐公复用也，尤忌公甚。令台臣王珉、徐哲每弹事，必及公。至目为国贼，必欲杀之。

又令张柄知潭州。汪君锡为湖南提举,以图公。又令张常先为江西运判笺注,张宗元与公寿诗,亦与狱,株连及公。又捕赵鼎子汾下大理,令自诬与公等谋大逆,狱上。而桧病,不能书矣。

桧既死,上始亲庶政,公复官,判洪州。时丧母将归葬,行至江陵,会以星变诏求直言。公乃复奏,大略谓:"向者讲和,陛下以太母为重尔。幸而梓宫亟还,此和之权也。不幸用事之臣,听命于虏而阴蓄其邪心,故身死之日,天下相庆,盖恶之如此。方其蓁于富贵,聚敛珍货,皆为身谋而不为陛下谋也。坐失事机二十余年,有识痛心。夫贤才不用,政事不修,形势不立,而专欲受命于虏,适足启轻侮之心而政堕其计中也。"万俟卨、汤思退见之,大怒,以为虏未有衅,而浚所奏乃若祸在年岁间者,或笑以为狂。汤鹏举等交章论公,名系罪籍,唱为异议,以动国是,乞行窜逐,谪居永州。

陈俊卿间为上言:"浚忠义,且兼资文武,可付以阃外。臣素不识浚,闻其失陕服,散淮师,而许国之心白首不渝。今杜门念咎,老而练事,非前日浚也。愿且与一近郡,以系人心,庶缓急可以相及。"上纳其言,许浚自便。俊卿又屡言浚可用,寻命浚判建康府。

逆亮之毙,其余党尚据鸡笼山,而李显忠兵在沙上。浚往沙,上劳军,以建康激赏犒之。一军见浚,以为从天而下。浚谕显忠曰:"圣驾将巡幸到此,而贼未退,得无虑乎?"

上至建康,浚迎谒道左,卫士见浚复用,至以手加额。浚见上首言:"国犹身也,元气充则外邪远。朝廷,元气也。用人才、修政事、治甲兵、惜财用,皆壮元气之道也。"上嘉纳之。

上欲付浚以江淮之事,已而中止,乃命杨存中为江、淮等路宣抚使、虞允文副之,中书舍人刘珙不书录黄,具论其不可。珙,子羽子也。上谓宰相曰:"珙之父为张浚所知,此奏专为浚地尔。乃寝存中宣抚之命,俾专措置。"至是,召存中还,而以命浚。上既还临安,有劝浚求去者。浚念旧臣无它在者,人心尤以已之去就为安危,乃不敢言去。日治府事,细大必亲焉。出入将相三十年,素为士卒所畏爱,至是复总军政,皆乐为用。

浚谓:"金长于骑,我长于步,制骑莫如弩,卫弩莫如车。"乃令专制弩治车。又谓:"三国以后,自北窥南,未有不由清河、涡口两道以舟运粮。盖淮北广衍,粮舟不出于淮,则惧清野无所得,有坐困之势,于是东屯盱眙、楚、泗以扼清河,西屯濠寿以扼涡、颖,人心毕归,精兵可集。"即奏言之。又乞多募福建海船,由东海窥登莱,由清河窥淮阳。

浚奏言:"两淮之人,素称强力,而淮北义兵,尤为忠劲,自虏残虐,遑遑无归。臣欲措置御前万弩营,募民强壮堪充弩手之人,不刺臂面,以御前效用为名,令结为甲队,递相委保,有功同赏,有罪同罚,于建康置营。"诏从其请,两淮之人,欣然愿就。浚亲训抚之。未几成军。

金人围海州,诏镇江都统张子盖往援,仍听张浚节制。浚为书勉子盖以功名,子盖即驰赴之,遇敌于石湫隘,子盖率精锐先入虏,遂大败,引去。及奏功,浚以去岁淮上功赏之滥,乃命统制官以下公共报明,有冒滥者重罪之。

孝宗即位,召公赴行在。赐公手书曰:"朕初膺付托,以眇然一身,当万机之烦,夙夜祗惧,未知攸济。公为元老,宜辅朕初政。公其疾驱,副朕至意。"公遂就道,至即引见。上改容曰:"久闻公名,今朝廷所恃惟公。"赐坐,降问再四。公言:"人主以务学为先。人主之学本于一心,一心合天,何事不济?所谓天者,天下之公理而已。必兢业自持,使清明在躬,则赏罚举措无有不当,人心自归,仇敌自服。"上竦然曰:"当不忘相公之言。"又奏:"今日便当如创业之初,每事以艺祖为法,自一身一家始,以率天下。"浚见上天锡英武,力陈和议之非,劝上坚意以图事功。且谓新政以人才为急,人才以刚正为先。因疏当今小大之臣,有经挫折而不挠,论事切直者凡十数人,荐于上。于是,除公江淮宣抚使,复往江上。

史浩议欲城瓜州下,公议。公谓不守两淮而守江干,是示敌以削弱之形,怠军民战守之气,不若先城泗州。浩既参政,公所规画,浩必沮之。

公谓临幸建康,以动中原之心,用师淮壖,进舟山东,以遥为吴璘之援。上召陈俊卿等,问公动静饮食颜貌,曰:"朕倚魏公如长城,不容浮言摇夺。"制除公枢密使,开都督府。时虏将富察特默及伪知泗州大周仁屯虹县,都统萧琦屯灵壁。公谓至秋必为边患,当及时扫荡。

公上疏谓:"庙胜之道,在人君正心以正朝廷,正朝廷以正百官,正百官以正万民。今德政未洽，宿弊未革。愿发乾刚奋独断，尽循太祖、太宗之法。"

时命李显忠出濠州以趋灵壁，邵宏渊出泗州以趋虹县，公自往临之。军事利钝难，必乞。上以诸葛亮在建兴六年所上奏置之左右。显忠围灵壁，败萧琦；宏渊围虹县，降富察特默大周仁，乘胜尽克宿州。公恐盛夏人疲，急召显忠等还师，而上亦戒诸将以持重，皆未达。伪副元帅赫舍哩志宁率兵至，显忠与战，连日未决。谍报敌大兴河南之兵将至，会邵与李不相能，遂引而归，敌亦解去。公时在盱眙，去宿州不四百里。传云敌且至，公亟北渡淮入泗州，抚将士，已乃还维扬，待罪。

上对近臣未尝名公，独曰魏公，每遣使来，必令视公饮食多寡、肥瘠何如，其眷礼如此。

诏议讲和，公累疏争之，曰："自昔议和之臣，始以怯懦误国，全身保家，其终必至于降。盖有草降表以待用而阴图其富贵者矣！不可不察。"已而，召公赴行在。公沿途复上疏争之，且曰："自秦桧主和，阴怀他志，卒成逆亮之祸。桧之大罪未正，而其党复出为恶。臣闻立大事者，以人心为本。今内外之议未决，而遣使之诏已下，失中原之心，失将士之心，失四海倾慕陛下之心，他日谁为陛下出力用命哉？"又曰："窃谓徽宗、钦宗不幸不返，此亘古非常之巨变。凡在臣庶不如无生，且八陵痛隔赤子，涂炭国家于虏，大义若何？况夫逆亮凭陵移书侮慢，邀求大臣坐索壤地，其事近在前岁。今议者不务力为自强之计，因金帅一移书，遂遣朝士奔走麾下。再贻书，则又欲遣侍从、近臣趋风听命，复将衰吾民膏血以奉仇人，欺陛下以款之之名，而共为和之之实。其说固曰：吾将款之而后修吾兵政，不知使命。一遣岁币，一出国书，一正将士，褫气忠义，解体人心愤怨，何兵政之可修？"又不过曰："吾将款之，而后理吾财用，不知今虽遣使，而兵不可省备，不可彻重之，以岁币之费，虏使之来，复有它须，何财用之可理。此可见其欺陛下以款之之名，而实欲行其宿志，贪其富贵，岂复以国事为心哉？"

先是，朝廷遣王之望、龙大渊为通命使副。公言："臣见王之望、龙大渊之，望甚言守备不至。臣窃以为金以大兵临我，自秋及春，凡半年，余见我无备，胡不直入，徒以虚声，迫胁中外，往者固不须论。今岁边防更密，坐待其来，破之，必矣。"及至入见，又力陈和议之失。上为止誓书，留使人，而令通书官胡昉先往，谕敌以泗州不可割之意，敌械昉等。上闻之谕公曰："和议之不成，天也。"以汤思退与公为左右仆射，公仍都督。上书《圣主得贤臣颂》以赐之。

初议以四月进幸建康。公又言当诏之望等还，上从之。幸建康之议思退，初不与闻，乃与其党密谋为陷公。计俄，诏公行视江淮。自公受任督府且将三年，讲论军务，不遑寝食，所招来山东、淮北忠义之士，以实建康、镇江两军，凡万二千余人，万弩营所招淮南壮士及江西群盗又万余人，要害之地，城壁皆筑，其可因水为险者，皆积水为堰，置江淮战舰，诸军弓矢器械悉备。两年冬，金屯重兵十万于河南，为虚声，胁和，亦有刻日决战之语。将士望金至成大功，而金亦知吾有备，卒不敢动。至是，公又以宰相来抚诸军，将士踊跃思奋。金闻公来，亦檄宿州之兵归南京，沿边清野以俟。淮北来归者日不绝，山东豪杰悉领节度，且以檄谕契丹，金益惧。

右正言尹穑论浚跋扈，乃罢督府，而以钱端礼、王之望代之。汤思退令之望盛毁守备以为不可恃，又令穑论罢督府官属冯方，又论浚费国用不赀，又论乞罢浚都督。浚亦请解督府，诏如其请。言者诋浚愈力。浚留平江，上章乞致仕者八，上许之。上察浚之忠，欲全其去，制除少师、判福州。

浚行次余干，以家事付栻、杓曰："吾尝相国，不能恢复中原，尽雪祖宗之耻，即死，不当葬我先人墓左，葬我衡山足矣"！疾革，呼栻等于前，问："国家得无弃四郡乎？"且命作奏，乞致仕而薨。

公之学一本天理，尤深于《易》、《春秋》、《论》、《孟》。尝论《易》疏曰："易有太极，是生两仪。太极一也，两仪三之也。分为二，而七、八、九、六之数，成五行之象。于是大著。"又曰："天数二十有五，地数三十，凡天地之数五十有五，此天地之中数也。何以知其然？盖一、三、五、七、九合为天数。而天数不过五；二、四、六、八、十合为地数，而地数不过五。天地奇偶，合之为十，总之为五十有五。自然之数，皆不离中，中故消息盈虚之妙、阖辟变化之机，皆在于我而动静莫违焉，中其至矣。"

铭养正书室曰："天下之动以正而一，正本我有养之斯。吉道通天地万化流出，精思力行无忘朝夕。"

为王十朋作《不欺室铭》，曰："泛观万物，心则维一。如何须臾，有欺暗室。君子敬义，不忘栗栗。"西山真德秀跋曰："卫武公年九十五矣，犹作抑戒以自警，曰：'相在尔室，尚不愧于屋漏。无曰不显，莫予云觏。'盖耄期不乱如此，故其没也，谓之叡圣武公。张公作此铭于易箦之际，其视武公，尤有加焉。王公与公均为一代正人，故其诗与铭大略同旨，后之有志于正心诚意之学者，当深味之。"

于本朝大臣最重李文靖公，谓近三代气象。又以寇忠愍、富文忠、范文正之事为可法。异时归老山林，当作三贤堂于葬庐之侧，庶朝夕想像，如见其人也。

每训子及门人曰："学以礼为本，礼以敬为先。"又曰："学者当清明，其心默存圣贤气象，久久自有见处。"

尝作诗曰："群凶用事人心去，大义重新天意回。解使中原无左衽，斯文千古未尘埃。"朱文公跋曰："举大义以清中原，此公平生心事也。观于此诗，可见其寝食之不忘，然竟不得遂其志，可胜叹哉！"以后并文公语。

文公跋公墨帖曰："公平生心事，无一念不在君亲，而其学又以虚静诚一、求之于天为本，故其与人言，未尝不依于此。"今观其所与刘氏书帖、诗文，可见矣。

又曰："公在京城中，亲见二帝'北狩'，皇族系虏，生民涂炭，誓不与虏俱生。委质艰难之际，事有危疑，人方畏避，则挺然以身任之。不以死生动其心。南渡以来，士大夫唱为和说，其贤者则不过为保守江南之计。夷狄制命，率兽逼人，莫知其为大变。公独毅然以虏未灭为己责。必欲正人心，雪仇耻，复守宇，振遗黎，颠沛百罹，志逾金石。晚复际遇，主义益坚，虽天啬其功，使公困于谗慝之口，不得卒就其志，然而表著天心，扶持人纪，使天下之人，晓然复知，中国之所以异于夷狄，人类之所以异于禽兽者，而得其秉彝之正。则其功烈之盛。亦岂可胜言哉？"

论诛范琼曰："自靖康后，纪纲不振，王室陵夷。公首唱大义，率诸将诛傅、正彦，乘舆返正，复论正琼罪，而后国法立，人心服。自武夫悍卒、小儿灶妇、深山穷谷、裔夷绝域皆闻公名，盎然归仰忠义之感，实自此始也。"

杜甫诗云:"艰危须藉济时才。"熹思至此,不觉感叹!济时才,分明难得。勉斋问:"志与才互相发否?"曰:"有才者未必有志,有志则自然有才。人多言张公才短,然被他有志后,终竟做得来乃正当。"

张公才力虽不逮,而忠义之心虽妇子孺子亦皆知之。

宋子飞言:"张公谪永州时,居僧舍,每夜与诸子弟宾客盘膝环坐,至更定而寝,率以为常。"

或问文公赵、张优劣。曰:"若论理会朝政、进退人才赵又较镇密,无疏失。若论担当大事、竭力向前,则赵不如张。虽是竭力向前,只是他才短,虑事疏处多,他尽其才方照管得。若才有些不到处,便弄出事来,便是难。赵公也是不谙军旅之务,所以不敢担当。万一虏人来到面前,无以应之,不若退避耳。"

——《宋名臣言行录·别集下》卷三,《四库全书》本

《张魏公荐士》[(宋)李心传]

隆兴初,张忠献公再入为右相,上注意甚厚,使公条奏人才可用者。公奏虞雍公允文、陈魏公俊卿、汪端明应辰、王詹事十朋、张尚书阐,可备执政;刘观文珙、王阁学大宝、杜殿院起莘,宜即召还;胡资政铨,可备风宪;张舍人孝祥,可付事任;冯提刑时行、冯少卿方,可备近臣。朝士中,林侍郎栗、王侍郎柜、莫少卿冲,可任台谏。皆一时选也。时刘、王、杜三人,皆以论事去国,故公请召之,其后悉为名臣。终孝宗朝,不显用者数人而已。

——《建炎以来朝野杂记》甲集卷八,中华书局2000年版

《拜张魏公墓下》[(宋)朱熹]

衡山何巍巍,湘流亦汤汤。我公独何往?剑履在此堂。念昔中兴初,孽竖倒冠裳。公时首建义,自此扶三纲。精忠贯宸极,孤愤摩穹苍。元戎二十万,一旦先启行。西征奠梁益,南辕抚江湘。士心既豫附,国威亦张皇。缟素哭新宫,哀声连万方。黠虏闻褫魄,经营久彷徨。玉帛骤往来,士马且伏藏。公谋适不用,拱手迁南荒。白首复来归,发短丹心长。拳拳冀感格,汲汲勤修攘。天命竟难谌,人事亦靡常。悠然谢台鼎,骑龙白云乡。坐令此空山,名与日月彰。千秋定军垒,岌嶪遥相望。贱子来岁阴,烈风振高冈。下马九顿首,抚膺泪淋浪。山颓今几年?志士

日惨伤。中原尚腥膻，人类几豺狼。公还浩无期，嗣德炜有光。恭惟宋社稷，永永垂无疆。

——《朱文公文集》卷五，《四部丛刊》本

《祭张魏公墓文》[（宋）朱熹]

惟公功存社稷，泽在生民。上比列星，多历年所。英灵陟降，千古如存。曰有遗丘，乃寄兹土。熹夙深宗慕，亦误知怜。兹幸分符，获参守奉。瞻言螭首，馈奠莫亲。寓此一觞，谅蒙昭鉴。

——《朱文公文集》卷八七，《四部丛刊》本

附录四　张浚著述序跋汇编

《紫岩易传跋》[（宋）张献之]

曾王父忠献公，潜心于《易》，尝为之传，前后两著稿，亲题第二稿云："此本改正处极多，绍兴戊寅四月六日某书始为定本矣。"献之顷尝缮录之，附以《读易杂说》通为十卷，藏之于家。忠献尝为屏山刘公书云："无他用心，惟静默体道，卒究圣人心法。"又答澹庵胡公书云："杜门亦惟圣贤之道是求。"夫求而得之者，其在是矣。惜其传之未广，揭来春陵，刻于郡斋，与学者共之。

——《紫岩易传》，《四库全书》本

《紫岩易传提要》[（清）纪昀]

[臣]等谨案：《紫岩易传》十卷，宋张浚撰。紫岩者，浚自号也。其曾孙献之《跋》云："忠献公潜心于《易》，尝为之传，前后两著稿。亲题第二稿云：'此本改正处极多，绍兴戊寅四月六日，某书始为定本矣。'献之尝缮录之，附以《读易杂说》，通为十卷，藏之于家。"据此，则《杂说》一卷，似献之所续附者。然考献之是《跋》在嘉定庚辰，而朱子作浚《行状》已称有《易解》及《杂说》共十卷，则献之特缮录而已，未尝编次也。其书立言醇粹，凡说阴阳、动静皆适于义理之正。末一卷即所谓《杂说》，胡一桂议其专主刘牧，今观所论《河图》，信然。朱子不取牧说，而作浚行状但称尤深于《易》、《春秋》、《论》、《孟》，不言其《易》出于牧，殆讳之欤？

——《紫岩易传》，《四库全书》本

《张浚〈紫岩易传〉提要》[潘雨廷]

《紫岩易传》十卷，宋张浚著。浚字德远，号紫岩，绵竹人。终身不主和议。孝宗隆兴二年（1164）卒，谥忠献，事迹详朱子所撰《行状》及《宋史》本传。此书改定本成于绍兴二十八年（1158），仅传于家。后有曾孙献之，刻于丁宗嘉定十三年（1220）。

张氏之《易》与《汉上》相似（《汉上易》较此书早成二十余年），亦能言理而兼象。如蒙初曰："蒙自离变坎，变其明而离明之体常存于中，初六'发蒙'，发其明也。"豫初曰："初本震体，用震变坤，失其刚矣。刚德一失，邪枉若是，吁！可畏哉。"晋卦曰："晋自乾变，六变而离位乎上，坤位乎下，明以顺故康。康，安之至也。"明夷上曰："明夷自坎变，至上而安其险；不变而明德以衰，复入于地，盖商纣之象云。坎四变互乾，承上为登天；六变坤在离上，为入地。嗟夫纣之不道，晦而已，人主其慎夫，惑之者哉。惑斯怠，怠斯晦，夫明性本有也，卒归于暗亡者，习焉耳，习不可不慎也。"解卦曰："震变坎为解，至四之变而后出坎险。解，蹇之反也。解二阳亦陷于阴，惟其刚动不息，以复于震，故蹇难以散。"旅卦曰："离一变为旅。旅，明德之失也。德失而后有旅。"《系辞》释大有上曰："大有自乾变，五变有坤体，七变而复归于乾。乾为天，坤众为人，互兑在下曰'履信'。坤复变，乾下有伏坤曰'思乎顺'。群阳从之，成立于上曰'尚贤'。"凡此皆准八宫之象。张氏诚京氏之知音，承其理而舍其术，千载一人而已。于谦卦曰："乾上自剥居谦之三曰'下济而光明'，光明艮体，坤三自剥居谦之上曰'上行'。阳止于外而在坤上为剥，阳止于内而在坤下为谦。观一阳升降，天地人鬼之情状毕见矣。"于随卦曰："随否之变，刚自乾来，下坤之柔曰随，一变随，再变归妹，三变泰。"于晋卦曰："观四进而为晋，之五曰'柔进'。"盖能昧乎李挺之之变卦图，亦能有合于汉易之卦变者也。张氏法此宫世消息与卦变体象而说理，其见甚高，惜尚未及爻变耳。

若注坤卦曰："坤道贵顺，坤所谓顺，顺于道，非顺于事。"又曰："听唱而应，臣之事也。然唱之不以道，亦可应乎？坤之先迷，厥旨安在哉，其戒乎君心未格而强之以难行者耶。君子必先正君，君正道合，上以正而唱，下以正而应，得主之道，莫加于此矣，学者不可不辨。"其一生耿耿之心，毕现于辞焉。于注"得朋"、"丧朋"及离二之"黄离"等，皆有此义。又谓蒙"初筮"有尊德乐道之心。需"饮食宴乐"当君子谨养中和，庶几不负天下系命在我而丽泽及之于后。鼎之"正位凝命"，犹分定而后礼化行。中孚"翰音之凶"，谓虚文终不足以欺天下后世。皆纯正精微，非泛泛之说也。

此外注剥上曰："以一阳而履五阴，阳之刚终莫能变，旋至于复，盖顺止之功。"此用一"旋"字，殊切于象，清焦循悟旋卦，即此象也。注大壮九三之"用罔"曰："用罔则中和之积参天地，故能兴大利成大事。扬雄以'罔直蒙酋冥'配四时，罔继以直，发生之德，从此出也。用罔有先天之功。"可谓得"罔"字之确解焉。于晋初之"罔孚"，以当孟子所谓"我无官守言责"，故曰："若受命而罔孚，必当思所以孚，安可裕"，"罔"字之义亦同。夫罔者无也，然动直由是而起，罔可忽乎哉？又谓四德中"不言智而言贞，恶夫智容有不贞者，贞固而其为智也大矣"，诚是。若第十卷为《读易杂记》，大半言河洛先后天之数，皆平稳。尚承刘牧、朱震之说，以九为河图，十为洛书。

总观此书，能因象明理，宋易中佼佼者也。凡研习宋易者，除程、朱外，《汉上》与此书，盖不可不读者也。

——《读易提要》，上海古籍出版社 2003 年版

《中兴备览序》[（宋）张浚]

左宣奉大夫、守尚书右仆射、同中书门下平章事兼知枢密院事、都督诸路军马，臣张浚上进。臣恭被圣训，令臣以所见闻，置册来上，用备乙夜观览，顾惟遭逢之盛，无愧古人。谨斋戒沐浴，条列大纲，百拜以进，目之曰，《中兴备览》第一。臣之继此，又将有所献也。《易》曰：君不密则失臣，臣不密则失身，机事不密则害成。愿陛下尚戒之焉，臣顿首谨序。

——《中兴备览》，商务印书馆 1924 年版

《跋张魏公帖》[（宋）魏了翁]

上帖所谓留意圣贤之学，爱养精神，使清明在身，自然读书有见处，以之正身正家而事业从此兴矣。此数语盖公推所以淑其身者而淑诸人也。

有能服行无斁虽等而至于为圣为贤，岂外是乎？

——《鹤山集》卷六一，《四库全书》本

《跋张魏公帖》[（宋）魏了翁]

公自绍兴十六年，因天申节缴进无逸篇，遂有连州之役。至二十年移永，二十五年秦桧卒。而后，公有出殿豫章之命，则太夫人寻亦不待养矣。此数帖正在连州，时崎岖险侧，有人所不堪，而即其自处，则从容自得，蔼然有孝敬忠信之意。盖白驹考盘人也，呜呼！所谓读易者诵说训诂云乎哉！

——《鹤山集》卷六二，《四库全书》本

《跋张忠献公所与张忠简阐三帖》[（宋）魏了翁]

张忠献公再相首荐张忠简及虞忠肃、陈正献、王文忠、汪端明皆可备执政，刘忠肃、胡忠简诸公可备风宪，然大抵皆绍兴末年所与同志叶谋者也。自戊午议和，胡忠简以言语得罪十有八年之间，窜逐者相望而能于此时诵言义不可和者，如张忠献之三十余疏，如张忠简累千百言则尤难其人，然则二公盖又同为人所难能也。功之成不成天实为之，而著明大义炳若日星，使为人子为人臣者莫不晓然知其分之所当止。兹其有功，又恶可以浅近计哉此帖！盖隆兴癸未督府所书，时六十有七，距卒之日才一年耳！呜呼！是所谓鞠躬尽力死而后已者，真可敬仰也！

——《鹤山集》卷六二，《四库全书》本

《跋张魏公帖》[（宋）魏了翁]

公平生凡五谪而居永者三，绍兴七年，自祠官谪永一也。二十年，自连移永二也。二十六年，以母还蜀犹不为时论所容自蜀还永三也。此帖所谓零陵之行以词翰及事实考之。盖七年九月以后也，方被谗放逐之余，而感恩思过无纤毫忿怼困踬之意，且为从母赙丧志葬期，有以慰其母心。昔人谓仁义人，其言蔼如也，非公之谓与。后，九十二年蜀国同郡人费谊属魏某识，其后于是书于靖州客舍。

——《鹤山集》卷六三，《四库全书》本

《跋张忠献吕忠穆与李忠肃书》[（宋）魏了翁]

明受之变不有居者，谁守社稷不有援也，守将奚为复辟之，后张吕李郑诸贤以次受上赏。盖人臣所当为，人主所当报，各适其分焉耳！而或者犹不免著书以诋平江之功，惟文肃于吕张二公情谊始终无少猜间。呜呼！其深明于事君交友之分者乎不宁，惟是张忠献以李忠定杀谏臣攻之。至再隆佑泛舟之役，公与吕忠穆亦异论。迨其间退之后，死丧之际，考于是帖则怀人忧世，固未尝有纤介之嫌信乎！周比和同之别，特毛发耳，而公私谊利县隔霄壤。呜呼！其严乎前史臣魏某谨书。

——《鹤山集》卷六三，《四库全书》本

《跋张魏公不欺室铭》[（宋）真德秀]

卫武公年九十五矣，犹作抑戒以自儆曰：相在尔室，尚不愧于屋漏。无曰不显，莫予云觐。盖耄期不乱，如此，故其没也。谓之：睿圣武公张忠献公作此铭于易箦之时，其视武公尤有加焉？王忠文公与公均为一代正人，故其诗与铭大略同旨，后之君子有志于正心诚意之，学者当深味其旨！

——《西山文集》卷三四，文渊阁《四库全书》影印本

《跋张魏公五遂堂墨帖》[（宋）真德秀]

懿哉！曾子之论孝也，世人知不得于亲之为非孝。亦熟知夫居处不庄，事君不忠，莅官不敬，朋友不信，战陈不勇，之非孝乎！五者之于事亲，若无所与，而曾子云尔者。盖父母之于子，全而生之者也。所谓全者，岂独四支百体之备而已。有是形，则有是性，举天下之善，无不具焉。自居处必庄，以至于战陈必勇，皆善之目也。一善不存，则为亏其性，亏其性，则为辱其亲矣。尚焉得为孝乎？然曾子于此，必总之以敬之一辞者，善具于性，而主之者心。是心常存，然后能不失其性，故敬则五者皆遂，不敬则五者皆失。此曾子所以战战兢兢，至于启手足而后知免欤！或者以战陈非儒者事，而有疑焉呀？子以为古者文武之教，亦若今之二致乎！垂弧矢于有生之初，习射御于幼学之际，凡皆为武备设也。孔子曰：我战则克，圣门高弟，执干戈以卫宗国，班班见传记间，为人臣子而不知兵，临敌荼然，忠勇俱丧，又安得为孝乎？愚故推明忠献名堂之意，以遗耕道诸孙友民，相与共勉焉！

——《西山文集》卷三六，文渊阁《四库全书》影印本

《跋张魏公与刘氏帖》[(宋) 朱熹]

张忠献公平生心事无一念不在君亲，而其学又以虚静诚一、求之于天为本，故其与人言，亦未尝不依于此。今观其所与宝学刘公屏山先生、共父枢密书帖诗文，亦可见矣。刘公从公川陕，并心国事，故公于其兄弟父子之间，眷眷如此，亦岂苟然者哉！先生之子玶有味其言，欲广传之，以悟当世，因属熹书其后。淳熙辛丑八月甲子新安朱熹敬书。

——《朱文公文集》卷八一，《四部丛刊》本

《跋张魏公为了贤书佛号》[(宋) 朱熹]

世之学士大夫措身利害之涂，驰骛而不反是，以生死穷达之际。每有愧于山林之士，观丞相魏公所以慨然于贤老者，则可见矣。呜呼！服儒衣服学圣人之道，诚能一以义理存心，而无惑于利害之际，则其所立当如何哉？乾道丁亥冬十有二月九日新安朱熹书。

——《朱文公文集》卷八一，《四部丛刊》本

《跋张魏公诗》[(宋) 朱熹]

群凶用事人心去，大义重新天意回。解使中原无左衽，斯文千古未尘埃。举大义以清中原，此张公平生心事也。观于此诗，可见其寝食之不忘。然竟不得遂其志，可胜叹哉！

——《朱文公文集》卷八三，《四部丛刊》本

《书张魏公与谢参政帖》[(宋) 朱熹]

浚再拜。曩以急于禄养，未及尽心于学。兹缘罢退，初欲托庇三衢，庶有承教之便。比又恭领处分，俾居福唐，失此依赖，殊用慊然。差人种种，悉荷留意，尤所感激。浚再拜。

熹伏读丞相张忠献公所与参政上蔡谢公手书。是时张公已建大功，登右府矣，而其执礼之恭如此，且又欿然自以为未始学者，而有受教之愿焉，甚盛德也。谢公外孙甄述祖出以见示，三复之余，叹仰不足，谨录一通，藏之巾箧，而敬书其后以归之。庆元丙辰二月甲寅具位朱熹谨记。

——《朱文公文集》卷八三，《四部丛刊》本

《又跋》[(宋) 朱熹]

此张魏公所与谢参政书也。凡三幅，前幅称"判府参政文丈钧座"，

后又一书，内一幅云"某以未被受告命，不果具细阶拜书，伏幸照察"，其恭如此。

——《朱文公文集》卷八三，《四部丛刊》本

《跋扬州伯父所藏张魏公帖》［（宋）楼钥］

魏公谪连州凡四载，夫人侍太夫人居长沙。绍兴二十年，移永州，始迎版舆同处时，伯父扬州以湖南漕兼潭帅权臣当国士夫，或以倾覆迁客为进身计，伯父义概凛然。刘杼山在全，则持使节以过之，魏公在连，则时节馈问其母自潭过永。又津其行，魏公所以致谢之勤也。百谪不怨，惟思报上德，而收拾人物之心犹不少忘，可以略见公之所存矣。

——《攻愧集》卷七四，《四库全书》本

参考文献

一 古籍

（宋）胡宏：《胡宏集》，吴仁华点校，中华书局1987年版。

（宋）李心传：《建炎以来朝野杂记》，中华书局2000年版。

（宋）吕祖谦：《东莱集》，四库全书本。

（宋）杨万里：《诚斋集》，四部丛刊影印宋钞本。

（宋）张浚：《中兴备览》，商务印书馆1924年版。

（宋）张浚：《紫岩易传》，四库全书本。

（宋）张栻：《张栻集》，杨世文点校，中华书局2015年版。

（宋）朱熹：《朱子全书》，朱杰人、严佐之、刘永翔主编，上海古籍出版社、安徽教育出版社2002年版。

（元）脱脱等：《宋史》，中华书局1985年版。

（明）杨慎编：《全蜀艺文志》，刘琳、王晓波点校，线装书局2003年版。

（清）黄宗羲：《宋元学案》，全祖望补修，陈金生、梁运华点校，中华书局1986年版。

二 专著

蔡方鹿：《一代学者宗师——张栻及其哲学》，巴蜀书社1991年版。

蔡方鹿主编：《张栻与理学》，人民出版社2015年版。

蔡哲修：《南宋中兴名相：张浚的政治生涯》，台北：花木兰文化出版社2010年版。

陈谷嘉：《张栻与湖湘学派研究》，湖南教育出版社1991年版。

陈来：《朱子书信编年考证》，上海人民出版社1989年版。

陈来等：《中国儒学史》（宋元卷），北京大学出版社2011年版。

傅增湘辑：《宋代蜀文辑存》，北京图书馆出版社2005年版。

傅增湘辑：《宋代蜀文辑存校补》，吴洪泽补辑，重庆大学出版社2014年版。

顾宏义：《朱熹师友门人往还书札汇编》，上海古籍出版社2017年版。

韩钟文：《中国儒学史》（宋元卷），广东教育出版社1998年版。

何尊沛：《张浚　张栻》，四川人民出版社1986年版。

侯外庐等主编：《宋明理学史（上册）》（第2版），人民出版社1997年版。

侯外庐等主编：《宋明理学史（下册）》，人民出版社1987年版。

胡昭曦：《宋代蜀学论集》，四川人民出版社2004年版。

胡昭曦、刘复生、粟品孝：《宋代蜀学研究》，巴蜀书社1997年版。

王佐、文显谟修，黄尚毅等纂：《民国绵竹县志》，巴蜀书社1992年版。

蒋文光主编：《张浚墓志并盖》，辽宁美术出版社2001年版。

任仁仁、顾宏义编撰：《张栻师友门人往还书札汇编》，中华书局2018年版。

粟品孝：《朱熹与宋代蜀学》，高等教育出版社1998年版。

王铁：《宋代易学》，上海古籍出版社2005年版。

向世陵：《理气性心之间——宋明理学的分系与四系》，湖南大学出版社2006年版。

曾枣庄、刘琳主编：《全宋文》，第187册，上海辞书出版社、安徽教育出版社2006年版。

邹重华、粟品孝主编：《宋代四川家族与学术论集》，四川大学出版社2005年版。

三　论文

鲍希福：《张栻朱熹论心性》，《中国哲学史》1993年第2期。

蔡东洲：《关于张栻祖墓碑的重建》，《中华文化论坛》2011 年第 3 期。

蔡东洲：《张栻后代辨析》，《中华文化论坛》2007 年第 2 期。

蔡方鹿：《试论张栻的哲学思想》，《社会科学研究》1983 年第 6 期。

蔡方鹿：《首届张栻学术讨论会综述》，《哲学研究》1991 年第 12 期。

蔡方鹿：《魏了翁与宋代蜀学》，《社会科学研究》1992 年第 6 期。

蔡方鹿：《张浚的易学思想及其影响》，《周易研究》2004 年第 1 期。

蔡方鹿：《张栻经学探析》，《四川大学学报》（哲学社会科学版）2007 年第 5 期。

蔡方鹿：《张栻、魏了翁的实学思想及对湘蜀文化的沟通》，《湖南大学学报》（社会科学版）2005 年第 1 期。

蔡方鹿：《张栻"异端"观研究》，《湖南大学学报》（社会科学版）2014 年第 1 期。

蔡方鹿：《张栻易学之特色》，《西南民族大学学报》（人文社会科学版）2007 年第 6 期。

蔡方鹿：《张栻与湖湘文化》，《湖南社会科学》1989 年第 5 期。

蔡方鹿：《张栻与岳麓书院》，《社会科学研究》1991 年第 4 期。

陈代湘：《朱熹与张栻的学术交往及相互影响》，《东南学术》2008 年第 6 期。

陈谷嘉：《论张栻本体论的逻辑结构体系》，《孔子研究》1988 年第 4 期。

陈谷嘉：《论张栻以"性"为本体的道德学说》，《求索》1990 年第 3 期。

程嫩生、陈海燕：《论中国书院教育中的义利之辨》，《青海社会科学》2011 年第 5 期。

成中英：《朱熹与张栻的论学：性体情用心统与性体心用导向心之九义》，《四川师范大学学报》（社会科学版）2014 年第 3 期。

邓洪波：《讲道以化科举：南宋书院建设的目标与理想》，《北京联合大学学报》（人文社会科学版）2011 年第 3 期。

冯伟：《张南轩理气诗论》，《中国韵文学刊》2003 年第 1 期。

郭翠丽：《宋代理学学派交融与碰撞之特点》，《南昌大学学报》（人文社会科学版）2010年第4期。

郭美华：《无蔽之心与善的意蕴》，《社会科学》2014年第3期。

何英旋、吕锡琛：《张栻的书院道德教育》，《湖湘论坛》2008年第6期。

何兆泉、胡晓静：《张栻〈孟子说〉及其思想探析》，《求索》2011年第6期。

何忠礼：《试论南宋孝宗朝初年与金人的和战——兼论对张浚和史浩的评价》，《浙江学刊》1998年第6期。

胡昭曦：《宋代蜀学转型的再探讨》，《湖南大学学报》（社会科学版）2015年第6期。

姜锡东、周云逸：《论王十朋对南宋理学家的影响》，《浙江学刊》2013年第2期。

金生杨：《宋代巴蜀易学研究》，博士学位论文，四川大学，2007年。

金生杨：《张浚与佛学》，《世界宗教研究》2012年第2期。

赖尚清：《朱子与张栻"〈仁说〉之辩"书信序次详考》，《厦门大学学报》（哲学社会科学版）2014年第4期。

李承贵：《张栻佛教观探微》，《四川师范大学学报》（社会科学版）2007年第3期。

刘焦：《"张栻思想与现代社会"国际论坛综述——纪念张栻诞辰880周年》，《四川师范大学学报》（社会科学版）2014年第3期。

刘学智：《张栻"儒佛之辨"刍议》，《湖南大学学报》（社会科学版）2014年第1期。

刘蕴梅：《论张栻哲学的特点》，《四川大学学报》（哲学社会科学版）1986年第4期。

宁淑华：《南宋湖湘学派的文学研究》，博士学位论文，福建师范大学，2009年。

彭华：《蜀学之形神与风骨综论——以文史哲或经史子集为考察对象》，《殷都学刊》2014年第3期。

舒大刚：《南轩"孝悌"学案》，《宋代文化研究》2014年版，第21辑。

舒大刚、李冬梅：《巴蜀易学源流考》，《周易研究》2011 年第 4 期。

苏铉盛：《张栻早期仁学思想考》，《孔子研究》2003 年第 5 期。

苏铉盛：《朱子与张南轩的仁说论辨》，《湖南大学学报》（社会科学版）2012 年第 6 期。

唐明贵：《张栻〈论语解〉的理学特色》，《哲学动态》2010 年第 8 期。

陶俊：《从张栻"学者之诗"看理学对诗歌的积极影响》，《广州大学学报》（社会科学版）2010 年第 2 期。

陶亚舒：《首届张栻学术讨论会述要》，《孔子研究》1992 年第 2 期。

田浩：《宋代中国的儒家书院》，黄梓根译，《湖南大学学报》（社会科学版）2005 年第 6 期。

王德忠：《张浚新论》，《东北师大学报》（哲学社会科学版）1992 年第 3 期。

王丽梅：《"己丑之悟"新考：张栻晚期工夫论》，《求索》2006 年第 4 期。

王丽梅：《张栻早期工夫论考》，《社会科学家》2006 年第 1 期。

王立新：《湖湘学派与核心湖湘文化》，《湘潭大学社会科学学报》2003 年第 1 期。

王立新、方红姣：《"湘学"论略》，《湘潭大学社会科学学报》2001 年第 1 期。

王轶英、黄艳：《南宋张浚幕府探析》，《西南大学学报》（社会科学版）2011 年第 5 期。

王煜：《胡宏、张栻与魏了翁对佛教的批判》，《湖南大学社会科学报》1992 第 1 期。

魏隽如：《关于张浚的评价问题》，《历史教学》1990 年第 12 期。

吴泰：《南宋初宋金陕西"富平之战"述论》，《西南大学院学报》（社会科学版）1983 年第 3 期。

夏令伟：《南宋史浩与张浚之争析论》，《四川师范大学学报》（社会科学版）2010 年第 4 期。

向世陵：《张栻的"性善"论说》，《湖南大学学报》（社会科学版）2014 年第 1 期。

向世陵：《张栻论天人合一的主体实现》，《孔子研究》1990 年第 4 期。

肖永奎、舒也：《张栻的性论思想辨析》，《湖北大学学报》（哲学社会科学版）2015 年第 3 期。

肖永明：《张栻〈论语解〉的学风旨趣与思想意蕴》，《湖南大学学报》（社会科学版）2011 年第 5 期。

邢靖懿：《张栻理学研究》，博士学位论文，河北大学，2008 年。

许浩然：《周必大的历史世界》，博士学位论文，南京大学，2013 年。

许家星：《朱子、张栻"仁说"辨析》，《中国哲学史》2011 年第 4 期。

阎邦本：《读〈再论张浚——兼答阎邦本同志〉》，《四川师范学院学报》（哲学社会科学版）1998 年第 1 期。

阎邦本：《对〈张浚事迹述评〉的几点商榷》，《四川师范学院学报》（哲学社会科学版）1989 年第 2 期。

阎邦本：《对〈张浚事迹述评〉的几点商榷之二》，《四川师范学院学报》（哲学社会科学版）1992 年第 5 期。

杨万里：《"学者"滋味与张栻书法思想体系构建》，《内蒙古大学学报》（哲学社会科学版）2015 年第 1 期。

杨万里：《追寻"学者"滋味：张栻题画诗的审美旨趣》，《中国韵文学刊》2014 年第 1 期。

殷慧、郭超：《传道、济民、修己——张栻礼学思想析论》，《湖南大学学报》（社会科学版）2015 年第 6 期。

曾小明、肖永明：《张栻仁学的发展》，《湖湘论坛》2008 年第 1 期。

曾亦：《张南轩与胡五峰之异同及其学术之演变》，《湖南大学学报》（社会科学版）2009 年第 6 期。

张卉：《张栻对朱熹心性论的影响》，《四川师范大学学报》（社会科学版）2013 年第 6 期。

张劲松：《张栻在宋代道学中的宗主地位及其影响》，《四川师范大学学报》（社会科学版）2014 年第 3 期。

张琴：《胡宏与朱熹关于〈中庸〉心性思想之分歧》，《求索》2010 年第 9 期。

张琴:《论张栻理学体系的逻辑结构》,《中国哲学史》2014年第2期。

赵海萍、蔡东洲:《绵竹张栻祖墓的历史考察》,《中华文化论坛》2005年第2期。

赵建伟:《首届张栻学术讨论会在蜀召开》,《社会科学研究》1992年第1期。

郑晓江、肖义巡:《论杨万里的儒学思想》,《南昌大学学报》(人文社会科学版)2005年第2期。

钟雅琼:《张栻胡宏思想的传承及调整》,《孔子研究》2014年第3期。

钟雅琼:《张栻学术交游研究》,硕士学位论文,四川大学,2012年。

钟雅琼:《忠孝仁义惟实为贵——论张栻的家学渊源》,《四川师范大学学报》(社会科学版)2014年第5期。

朱汉民:《湖湘学派初探》,《求索》1987年第6期。

朱汉民:《论湖湘学派与湖南书院的相互促进和影响》,《教育评论》1989年第5期。

朱人求:《南宋书院教化与道学社会化适应》,《孔子研究》2010年第2期。

邹锦良:《南宋文化视野下的周必大研究》,《孔子研究》2014年第6期。

邹锦良:《"知行"之辩:周必大与张栻的学术交谊考论》,《孔子研究》2013年第4期。